日本国債のパラドックスと財政出動の経済学

ワルラス法則を基盤とする新たな経済学に向けて

向井文雄

新評論

はじめに

二〇〇八年九月に発生したリーマン・ショックとそれに続く世界同時不況は、世界経済のみならず現代経済学にも強い衝撃を与えた。序章でもふれるように、P・クルーグマン（二〇〇八年ノーベル経済学賞受賞）は、二〇〇九年の講義で、「過去三〇年間のマクロ経済学の大部分は『良く言っても見事なまでに無益で、悪く言えば積極的に害をもたらした』」と率直に述べた（出典は序章注1参照）。

また、リーマン・ショックの四か月後に成立した米オバマ政権で国家経済会議委員長を務めたL・サマーズ（現ハーバード大学教授）は、現代マクロ経済学の主流が取り組んできた膨大な成果は、「ホワイトハウスの危機対応政策において何の役割も果たさなかった」と述べた（出典は序章注3、4参照）。

一方、リーマン・ショックから五年を経過しても、世界経済は依然としてかつての活力を取り戻していない。これは、マクロ経済学の混迷のために、適切な経済対策が取られていないことを意味するのかもしれない。また、仮に現在の経済対策が有効だとしても、より有効な経済政策の可能性はないのだろうか。

では仮に、現行のマクロ経済学に何らかの見直しを行うとすれば、どのような方向が考えられるだろうか。本書では、大きく(1)一九三〇年代の大恐慌からの回復過程、および(2)「日本国債のパラドックス」に着目し、今後のマクロ経済学に関して新しい提案を行うとともに、財政政策にも新たな光をあてる。

まず(1)については、大恐慌、一九九〇年代以降の日本の長期停滞、リーマン・ショックによる世界同時不況という三つの「重い不況」を比較することで、大恐慌の回復過程に関する通説を再評価する。大恐慌研究の権威の一人でもあり、オバマ政権で大統領経済諮問委員会委員長に任じたC・ローマー（現カリフォルニア大学バークレー校教授）は、就任直後の講演（二〇〇九年三月）で、リーマン・ショック後の経済対策に関して大恐慌を題材に論じ、その中で、（ニューディール期の）「一九三三年から三七年までの経済成長は、戦時を除けば我々が経験したなかで最も高い成長だった」と述べた（出典は第2章注6参照）。

この三〇年代の回復の決定的な要因は、ローマーやB・バーナンキ（FRB＝連邦準備制度理事会議長、元プリンストン大学教授）らの研究により、財政出動ではなく金融緩和政策への転換だったことが通説とされている。この通説からは、バブルは抑制せずに放置し、バブル崩壊後に適切な金融緩和政策を行えば、経済は容易に回復するという考え方が導かれた（これを一般に「Ｆｅｄビュー」という。Ｆｅｄは米国の中央銀行制度にあたる連邦準備制度［ＦＲＢはその意思決定機関］を指す）。

しかし、今回のリーマン・ショックでは、バーナンキ議長自身が率いるFRBがこの「通説」に従って、（前例のないレベルの）大規模で非伝統的な金融緩和政策を行ったにもかかわらず、通説から予想されていたような迅速な回復は見られなかった。ショック発生から五年を経た現在、たしかに米国経済には回復の兆しが見られるものの、大恐慌時の強力な回復とは異なり、回復の速度は緩慢である。これは、大恐慌からの回復には、通説とは異なる別の要因が介在した可能性を強く示唆するように思われる。

こうした観点から本書では、まず第一部で先に述べた「三つの重い不況」（本書ではこれらを「重不況」と呼ぶ）が、発生頻度の高い軽微な不況とは異なるメカニズムを持つ可能性に着目し、それを支配するメカニズムを、財政出動の再評価を行いながら見直す。

続いて第二部では、第一部を踏まえ、「日本国債のパラドックス」を糸口に考察を進める。「日本国債のパラドックス」とは、発行残高が巨額に達し、しかも毎年急速に増え続けているにもかかわらず、国債の金利が世界最低水準に維持されていることを指している。また世界的にも、リーマン・ショック後のゼロ金利下では予想以上に高い財政乗数（財政政策の影響の大きさを示す）が計測されており、マンデル＝フレミング・モデルやリカード公債中立命題は働いていないようにみえる。本書では、これらの問題を体系的に説明できる新しい観点を提案したい（具体的には、ワルラス法則を資金循環で捉えることで、需給が不均衡状態にある市場間の資金的な相互作用を経済モデルに導入するもの）。

なお、この提案はごく基礎的な部分に関するものであるため、内容は極めて単純である。また本書全体の記述も、数学的には加減乗除だけで理解できるレベルである。

最後に終章では、以上を踏まえて、現在の「重不況」からの脱出策としての財政政策の意義を再評価するとともに、財政の持続可能性の問題などをあらためて整理する。また、この観点からは、重不況下では（財政再建のために）消費税増税を歳出削減と同時に行えば、大不況となる可能性が強いことも示される（第４章）。

本書の試論が、世界同時不況下の経済政策をめぐる議論に新たな観点を加味するものであればと願っている。

二〇一三年八月

著者

日本国債のパラドックスと財政出動の経済学／目次

❖コラム一覧

序章　世界同時不況で明らかになった現代マクロ経済学の限界

◉「世界同時不況」直前までの現代マクロ経済学

リーマン・ショックが経済学に与えた影響についてワプショット〔二〇一二〕は、『自由市場は時間の経過とともに必ず自己を正しく修正する』という仮説が「かつて広く受け入れられていた」と述べ、それが今回の世界同時不況で「誤りであることがあまりにもはっきりと証明され」たと述べている。

規制のない自由な「市場」が、自律的に経済を修正し均衡へと回復させる力があるとしたら、世界で最も徹底した自由化が行われ、最も歪みが少なかったはずの米国金融市場こそ、世界で最もその力が強い市場だったはずだ。ところが、その自由な市場で巨大な歪みが蓄積され、〇八年九月一五日の「リーマン・ショック」で崩壊した。それにより、世界経済は五年後の二〇一三年現在も苦しんでいる。

一九六〇年代までは、経済学者たちは、三〇年代の大恐慌からの回復は、財政出動によってもたらされたと理解していた。しかし、その後、フリードマン＝シュウォーツ（Friedman & Schwartz〔1963〕）を嚆矢として、B・アイケングリーン（カリフォルニア大学教授）、C・ローマー（前大統領経済諮問委員会委員長。

現カリフォルニア大学教授)、Ｂ・バーナンキ（米連邦準備制度理事会［ＦＲＢ］議長。前プリンストン大学教授）らの研究により、金融政策の失敗とその修正が大恐慌期の経済を左右したという理解が通説となった。

こうした通説を元に、適切な金融政策さえ行われれば、もはや大恐慌のような事態は生じないものとされるようになった。また、その観点から、バーナンキらを中心に、九〇年代初頭のバブル崩壊前後の日本銀行による金融政策に対しては、厳しい批判が行われた。すなわち、バブルはコントロールが難しいのに日銀が積極的に「バブル潰し」を行ったこと、そしてバブル崩壊後の金融緩和政策が不十分だったことが、その後の日本の長期停滞の原因とされた。

◉現代マクロ経済学に対する失望

しかし、今回の世界同時不況は、大恐慌等に関するこれらの通説に打撃を与えると同時に、現代マクロ経済学全体にも痛撃を与えた。

クルーグマン（二〇〇八年ノーベル経済学賞受賞者）　ポール・クルーグマン（プリンストン大学教授）は、〇九年六月のライオネル・ロビンズ記念講義で「過去三〇年間のマクロ経済学の大部分は『良く言っても見事なまでに無益で、悪く言えば積極的に害をもたらした』」と率直に論じた[1]。実際、マクロ経済学は、世界同時不況を予測できるモデルを持っていなかったし、対策を検討し有効な対策を提言するために使え

（1）出所：英エコノミスト誌 "What went wrong with economics" *The Economist* Jul 16th 2009（http://www.economist.com/node/14031376）

る理論的枠組みも持っていなかったのだ。

サマーズ（オバマ政権の国家経済会議［NEC］前委員長）　したがって、政策の現場では、第一線のマクロ経済学者たちが過去のものとして嘲笑の的とすらしてきたケインズ経済学のIS／LMモデルが専ら使われたのである。ローレンス・サマーズ（ハーバード大学教授）は、一一年四月九日にブレトン・ウッズで開催されたコンファレンスにおいて、「DSGE[2]はホワイトハウスの危機への政策対応において何の役割も果たさなかった、と述べた。流動性の罠を取り込んだIS／LMだけが使用された。」と述べた[3]。また「マクロ経済学に健全なミクロ経済学の基礎付けをしようとした膨大な研究は、政策当局者としての自分にとっては基本的に役に立たなかった」と述べた[4]。

アイケングリーン　また、B・アイケングリーン（カリフォルニア大学バークレー校教授）も、一三年二月に、今回の世界同時不況に関して「…しかし、多くの経済学者たちの研究は的外れだったという考えは広く共有されており、もっと恐ろしいことに経済・金融危機をなんとかしようとする政策決定者に対してなされた経済学者たちの助言の多くはほとんど役に立たなかった」と述べている[5]。

◉平穏期を扱う現代マクロ経済学と今回の強烈なショック

カーメン・ラインハート（メリーランド大学教授）とケネス・ロゴフ（ハーバード大学教授、元IMFチーフエコノミスト）は、世界同時不況危機について、「統計的にみて『正常な』経済成長の期間を基準にした標準的なマクロ経済モデルは、本書（引用注：原著は二〇〇九年刊）を執筆中もアメリカと世界に影響をおよぼしている強烈なショックを分析するのには、ほとんど役に立たないと考えられる」と述べている

（ラインハート＝ロゴフ［二〇一二］三二八頁）。「統計的にみて『正常な』経済成長の期間を基準にした」の意味は、「…新たに起きた危機をごく狭い視界で捉えるという好ましからぬ傾向を示す。すなわち、限られた時期の狭い範囲から抽出した標準的なデータセットに基づいて、判断を下そうとする」（前掲書五頁）から理解できよう。

これは、大恐慌や世界同時不況のように発生頻度の低い経済現象を、必ずしも発生頻度の高い「平穏な時期の」データを使って理解することはできないという認識を示している。

◉世界同時不況では、予想以上に財政乗数が高かった

こうした観点は、最近の「財政乗数」に関する研究によっても支持される。財政乗数とは、財政支出の増加がどれだけＧＤＰを増加させるかを表す指数である。

従来、財政乗数は、景気等に関係なくおおむね一定の値をとると考えられていたが、リーマン・ショッ

（2）ＤＳＧＥモデル（「動学的確率的一般均衡モデル」）は、ＲＢＣ理論を原型としたミクロ経済学的基礎付けのあるモデルに、様々な仮定を導入することによって時間的な変化を考慮した動学的分析を行うもの。新しい古典派（ＲＢＣ理論）も、ニューケインジアンも専らこれを用いる。

（3）出所：ブログhimaginaryの日記「サマーズ「ＤＳＧＥモデルはまるで経済政策の役に立たなかった」」二〇一一年四月一〇日（http://d.hatena.ne.jp/himaginary/20110410）。原文はMark Thomaのブログ"What is "Real" Research?" *Economist's View .Saturday*, April 09, 2011）http://economistsview.typepad.com/economistsview/2011/04/what-is-real-research.html）

（4）出所：前掲、ブログhimaginaryの日記「サマーズ「ＤＳＧＥモデルはまるで経済政策の役に立たなかった」」。原文はThe Economistのブログ"What the economists knew" *Free Exchange* Apr 9th 2011（http://www.economist.com/blogs/freeexchange/2011/04/economics_0）

（5）"Our Children's Economics"（Project Syndicate, Feb.11.2013）訳は「道草」（http://econdays.net/?p=8085）による。原文はhttp://www.project-syndicate.org/commentary/how-economics-will-change-in-the-next-20-years-by-barry-eichengreen

ク後の実証研究により、景気拡張期には低いかマイナスですらあるかもしれないものの、景気後退下特に「ゼロ金利下」では予想以上に高いことを示す結果が二〇一〇年頃から続々と出てきている(6)。そしてついにIMFも、二〇一二年一〇月の「世界経済見通し」第一章で財政乗数の再評価結果を示し、IMFが従来は財政乗数を二分の一から三分の一程度に過少評価していた可能性が強いことを明らかにした。

これは、通常の不況を前提に構築された経済モデルをそのまま単純に、重い不況下の経済には当てはめられないことを意味する。

◉「重不況」と平穏期の景気循環の分離

本書も、ラインハート＝ロゴフ同様、今回の世界同時不況が、これまで高頻度で起きてきた在庫循環のような「通常の」景気循環とは異なると考える。したがって、これは、通常の景気変動を元にした経済モデルでは扱うことはできないと考える。

R・G・ホートレーは、ケインズや、ケインズの師であるA・マーシャルの後を継いだピグー、ロバートソンがいずれも不況対策として公共事業の重要性を主張したのに対して、その無効を主張した経済学者(英国財務省に在籍)だが、一方で「穏やかな不況は低金利政策で回復できる。…他方、不況が非常に深刻な場合、企業家の冒険心は削がれるであろう。利子率がいかに低くても商人は財を購入しない(7)」と、「穏やかな不況」と「不況が非常に深刻な場合」の違いを述べている。

本書では、数十年に一度レベルで発生するような(通常とは異なるメカニズムを持つ可能性のある)、こうした重い不況を「重不況」として、通常の不況とは区別して取り扱うことにする。

ここで重不況とは、現象的には、①生じる失業や企業の倒産などの痛みの規模・程度、あるいはそれが続く期間が数十年に一度しか発生しないような規模であり、②（①と若干ダブるが）脱出に長い時間が必要な不況だと考える。また、メカニズム的観点から見れば、③バブル崩壊を契機に発生し、④おおむね「流動性の罠」が生じるか、生じかねないようなレベルの不況を指すと考える。

重不況の特徴を通常の不況と比べると、⑤需要不足が大きいため不況の影響が明確に出やすい。⑦通常の不況は一、二年で回復に向かうため、財政出動などの実施が遅れ、好況期と重なってしまう場合があるが、重不況は長く続くためこの問題が生じない。⑧通常の在庫循環程度の不況では、不況下でも景気回復「期待」が依然として根強く企業を支配しているが、重不況ではむしろ「長期停滞」期待（予想）が強く定着し固定化する傾向がある。

仮にこの「重不況」が、在庫循環レベルの不況と同じであれば、不況からの脱出策には両者で違いがなく、平穏期に行われてきた従来の対策を行えば容易に脱出できているはずだ。だが、そうはなっていない。

◉本書の目的

本書では、こうした認識を踏まえて経済学に新たな理解を追加しようとする。具体的には二つ…今回の世界同時不況や日本の長期停滞などの「重不況」からの脱出政策として「財政出動」を再評価すること、そして財政出動の効果を否定する様々な理論仮説や分析と、その基盤となっている現代マクロ経済学のい

（6）Auerbach & Gorodnichenko［2011］など参照。

（7）伊藤［二〇〇六］一三八頁（引用元：Hawtrey, R.G.［1931］*Trade Depression and the Way Out*, pp.30-31）。

くつかの基礎的仮定を再検討することである。

ここで、財政出動を否定する理論仮説や分析とは、たとえば①リカード公債中立命題、②マンデル＝フレミング・モデル、③クラウディング・アウト、④あるいは例えばローマー論文などである（これらについては、第1章以後、必要に応じて説明する）。

一方、これらの基盤となっている現代マクロ経済学の「いくつかの基礎的仮定」とは、たとえば、①セイ法則を基盤とする長期基本モデルとワルラス法則の関係、②財市場の需要不足とマクロ的な資金循環・予算制約の関係、③フロー（財市場）とストック（貨幣、債券、土地市場）の関係などである（これらは、第4章以後で順次説明していく）。

本書では、これらの基礎的仮定を再検討することによって、「強い需要不足下」では、上記の「財政出動の効果を否定する」諸理論仮説などが十分に機能しないことを示す。また、現行のマクロ経済学体系は、セイ法則を基盤とする長期基本モデルを核とし、それが短期では経済実態と乖離してしまう点を、補完的なサブモデルを付加して説明するという枠組みで構築されているが、本書は、ワルラス法則を基盤とした単一の基本モデル体系を提案する（第6章、第7章）。

とはいっても、非常に基礎な部分に関する提案であるために、その内容は（逆に）非常に単純である。

第一部　三つの重不況

「重不況」の第一は、現在の「世界同時不況」だろう。そして、この危機対策にあたって重要な事例として各国に参照されたのは、まずは一九三〇年代の「大恐慌」であり、これについで一九九〇年代以降の「日本の長期停滞」である。第一部では、世界同時不況下では財政乗数が高いという評価を手がかりに、これらの三つの重不況のプロセスを、財政出動の評価を中心に再確認していく。第1章ではリーマン・ショックに始まる「世界同時不況」を概観し、その対策の検討で参考にされている「大恐慌」を第2章で、ついで日本の「長期停滞」を第3章でみてみよう。

第1章　世界同時不況：拡張的緊縮政策の結末

世界同時不況は、発生して未だ十分な時間を経ておらず、現在も世界的に進行中の重不況であることから、ヨーロッパ各国で強力に進められた「緊縮財政」政策などを中心に現状を概観するに止める。

第1節　世界同時不況の発生と経過

二〇〇八年九月一五日に発生したリーマン・ショックを契機に、世界は大恐慌以来とされる世界金融危機に見舞われた。アラン・グリーンスパン前ＦＲＢ議長は、直後の十月二三日に開催された議会公聴会で、これを「一〇〇年に一度の信用危機」（We are in the midst of a once-in-a-century credit tsunami.）と表現した。これは、一般には三〇年代の大恐慌を念頭に置いた発言と受け取られた。

1　米国の住宅バブル

危機は、米国住宅市場への資金流入でバブルが発生し、それが崩壊したことで発生した。

グローバル・インバランス　バブルの原因の第一には、いわゆるグローバル・インバランスがある。東アジア各国は、九〇年代末のアジア通貨危機が、海外からの短期投資資金の過度の流入とその急速な引き上げで発生した教訓に基づいて、外貨準備の積み増しを積極的に行うようになった。外貨準備の積み増しは自国通貨を売ってドルを買うことだから、自国通貨安となる。自国通貨安は輸出競争力の向上をもたらしたから、それは同時に輸出立国政策でもあった。各国は、これにより為替レートの安定と同時に高度成長を実現した。これは、当然各国に経常収支の継続的黒字をもたらしたが、それには他の国が継続的赤字でなければならない。つまり、この間米国の経常収支赤字が増加したのである。

かつての日米通商摩擦の例からすれば、これは激しい貿易摩擦を生じさせるはずだった。ところが、米国は、ゴールドマン・サックス出身のR・ルービン財務長官の下で、九五年頃から「金融立国政策」に転換しており、それに必要な海外からの資本流入を促進するため、高金利・ドル高政策が取られ、その結果として経常収支赤字増をある程度許容していたのである[1]。

これにより、東アジア各国の経常収支黒字分（＝資本収支赤字＋外貨準備増）の資金が、米国に還流を続け、米国はその資金を運用することで金融立国が可能となり、国内の住宅投資や消費も活発化したから、世界経済には好循環が生まれているように見えた。しかし、それは、米国に巨額の対外負債の累積的増加をもたらし続けた。これが「グローバル・インバランス」である。

グリーンスパン　バブルの原因の第二には、米国では、二〇〇〇年代初頭のＩＴバブル崩壊対策として、

（1）国際収支のメカニズムから、資本収支の黒字（及び外貨準備の減少）で海外資金の流入を超過させるには、必ず同額の経常収支赤字が必要になる（経常収支赤字＝資本流入）。コラム6参照。

金融政策の名手、マエストロとも讃えられたグリースパンFRB議長（当時）が積極的に金融緩和政策を取ったことがある。リーマン・ショック後、これは、（IT）バブル崩壊を、新たな（住宅）バブルを作ることで回復させたと批判されることになった。この政策は、東アジアからの資金流入と合わせて、米国内に資金を溢れさせたのである。こうした資金を住宅市場に呼び込むために、住宅金融分野では証券化の手法が高度に活用され、サブプライムローン[2]を組み込んだ証券化商品にも多額の資金が流入した。

2　住宅バブル崩壊

ところが〇七年に住宅価格の下落が始まったことで、住宅バブルは循環が行き詰まり、資金の流入が止まったことで崩壊した。この結果、住宅関連証券化商品の価格が暴落し、市場では、そうしたリスク・不確実性の高い資産を売って、国債などの安全性の高い資産に移し替える動き（「質への逃避」と言われる）が急速に広まった。それにより、不動産関連金融商品への依存度が高くなっていた投資銀行やヘッジファンドなどは、資金調達のための担保が不足し、資金不足状態となった（流動性危機）。そして、不足する資金確保のために、まだ売れる優良な証券資産の売却が進められたことから、住宅関連以外の各種の証券化商品、金融商品の価格も暴落した。

これに対して、バーナンキ議長が率いるFRBは、信用の崩壊を食い止め、流動性危機に対処するために、様々な手段で、資金を供給していった[3]。

だが、金融機関等は、目の前の支払資金不足への対応のために、まだ売れる優良な手持資産の売却を続け、資産内容を悪化させていった。資産内容の悪化は借入資金の返済能力を低下させたから、事態はソルベンシー危機（支払能力に関する危機）へと移行し、ついには金融機関等の破綻が始まった。大手投資銀行ベア・スターンズの破綻（救済合併）、そしてリーマン・ショック（大手投資銀行リーマン・ブラザースの倒産）により、金融市場で信用の広範な崩壊が生じたのである。

この結果、米国の大手投資銀行は、他の銀行等による救済合併（ベア・スターンズ、メリルリンチ）、倒産（リーマン・ブラザース）、ＦＲＢの支援を受けやすいが厳しい規制を受ける銀行持ち株会社への転換（ゴールドマン・サックス、モルガン・スタンレー）で消滅した。また、大手保険会社ＡＩＧは、政府、ＦＲＢによって救済され、シティ・グループも公的資金の注入など政府の救済を受けた。

一方、米国の住宅債券などを組み込んだ証券化商品は、金融工学を活用したリスクの分散化で低リスク高リターン化されたと格付け会社が評価したことで、欧州の金融機関や投資家が広く購入していたため、米国の金融危機は世界に波及した。欧州では、ドイツやフランスなどの大手銀行が、信用危機による資金不足に対応するために、共通通貨ユーロ導入以来、多額の投資を行ってきたギリシャ、アイルランドなどのユーロ圏周縁国から資金を引き揚げたため、それまで資金の流入でバブルが発生していた周縁国では、次々にバブルが崩壊し、それがユーロ危機につながっていった。

一方、これは実体経済にも波及した。住宅関連の需要減少はもちろん、住宅価格の値上がり分を担保に借入で消費を拡大していた米国の消費は大きく落ち込んだ。また、金融危機に伴う金融機関の貸渋りで、

（2）サブプライムローンとは、通常の住宅貸付けの審査に通らないような信用度の低い人向けのローンのこと。
（3）特にリーマン・ショック後は、これまでにないほど広い範囲の資産買い上げが行われた（売りにくくなった証券などの資産をＦＲＢが買い上げ、その資産買上代金として民間金融機関に資金が供給される）。この意味で「非伝統的金融政策」と呼ばれる。

設備投資関連需要も縮小した。自動車購入や耐久消費財購入のための消費者ローンの縮小などを背景に、自動車などの耐久消費財は需要が減少し、米国の大手自動車メーカーＧＭとクライスラーは揃って政府の救済を受け、二〇〇九年春には相次いで破綻した。

また、これは、米国への輸出に依存していた東アジア経済にも波及し、東アジア各国への輸出で活況を呈していた日本にも大打撃を与えた。消費の減退は主に耐久消費財に集中的に生ずるから、先進国の中でも、高機能耐久消費財やそのための高機能部品の輸出に特化していた日本は、最大級の打撃を受けた。先進国中で金融面の影響がもっとも小さかった日本の落ち込みが最も大きかったのはこのためである。

第２節　世界同時不況下で取られた対策とその評価

世界的に見れば、金融緩和とともに、当初は各国の大規模な財政出動がリーマン・ショック直後の経済をある程度支えたが、しだいに財政出動に伴う政府債務の増加が政治問題化し、欧州諸国を中心に次々に「緊縮財政」政策がとられるようになった。

1　ＦＲＢなどによる金融政策とその評価

この危機では、ＦＲＢなどが大胆な金融緩和政策を取っているため、当初は、大恐慌や日本の長期停滞のようにはならないという見方が強かった。二〇一二年のＮＨＫのインタビューで、〇一年ノーベル経済学賞受賞者ジョセフ・Ｅ・スティグリッツ（コロンビア大学教授）は、次のように語っている。「この危機が始まった時、全てのアメリカ人が『我々は日本の二の舞にはならない』と言っていた。…それで、我々はどうなった。日本の二の舞になっている」[4]。これは、「大胆な」金融緩和政策の効果が当初考えられていたよりも、かなり小さかったことを意味する。

リーマン・ショックが起きた〇八年九月一五日から五年が経過した時点で、その五年間に明らかになったことを簡単に整理してみよう。

金融緩和、信用緩和、量的緩和政策の効果

ベン・バーナンキＦＲＢ議長は、プリンストン大学教授時代から、日本の長期停滞の原因がバブル崩壊後の日本銀行の金融政策にあったとする、日銀批判の急先鋒だったし、大恐慌研究の専門家でもあったから、バブル崩壊で生じた世界同時不況への対応には、これ以上の人材はないと考えられた。バーナンキ議長指導下のＦＲＢの大胆な金融緩和政策（信用緩和、量的緩和政策）によって、次のような成果があった。

① 当初の金融のシステミック・リスクは速やかに解消した。

② 金融部門は、比較的速やかに回復した。

③ 米国経済はデフレ（一般物価の下落）には陥らなかった。

しかし、五年目の現在でも（回復の兆しが見え始めたところであるが）未だ次のように言えるだろう。

④ ＧＤＰの水準は、かつてのトレンドに比べて依然低い水準で推移している。

⑤ 失業率は依然高い水準にとどまっている。

（4）出所：道草 http://econdays.net/?p=7140 原文：ＮＨＫ Ｂｉｚ Professor at Columbia University）http://www.nhk.or.jp/bizplus-
番組サイトの飯田キャスターブログ（7/31/2012 Joseph Stiglitz, blog/100/128979.html#more

四年後、金融政策の有効性には限界があると認識するようになったＦＲＢなど中央銀行関係者

発生から四年後の一二年時点には、中央銀行関係者の評価は、次のように変化した。

①「効かない金融政策：ジャクソンホールの謎」（英エコノミスト　一二年九月八日）　「**中央銀行はなぜ政策が成功しないのか不思議に思っている。**特定の病気に関する世界最高の専門家たちが、難治性の深刻な症例を研究するために会合を開いたと想像してみてほしい。彼らは互いに矛盾する診断と治療を行った。**だが、彼らの心を絶えず苦しめているのは、ある当惑する事実だ。自分たちがやったことが何一つうまくいかず、なぜうまくいかないのか分からないのだ。**この描写が、カンザスシティ連銀が主催し、世界中の中央銀行総裁やエコノミストが出席するワイオミング州ジャクソンホールで行われた年次経済シンポジウムでの雰囲気を要約している[5]」。

②「米国のＱＥ３、高いコストと心理的効果に要注意」（英フィナンシャル・タイムズ　一二年九月二〇日）　「米国のデューク大学は今月、大企業八八七社のＣＦＯ（最高財務責任者）に金利低下にどのように対応するか尋ねた。その結果は、…調査対象者の約九一％が、金利が一％低下しても事業計画には影響がないと答え、八四％の人が、二％の金利低下に対してさえ関心がないと述べたのだ。調査は『ＣＦＯたちは、金融面の対策が特に効果的なわけではないと考えている』と結論付けていた。つまり、投資や雇用を増やすという観点から見て効果的でない、ということだ。…／**地区連銀総裁が相次ぎ異例の発言**　『ＦＲＢがやることは、どんなことも一時的な効果しかない』。セントルイス連銀のジェームズ・ブラード総裁は先日、ロイターに対してこう語った。一方、ダラス連銀のリチャード・フィッシャー総裁は九月一九日の力強い講演で次のように述べている。『ＦＯＭＣの委員の誰も、本当の意味で、何が景気回復を阻んでいるのか分

かっていない。経済を回復軌道に戻すうえで何が有効なのか誰も分かっていない。雇用を創出し、民間設備投資を拡大させて消費と最終需要を喚起してくれることを我々が期待している層は、理論が示すほどには我々（ＦＲＢ）の政策に反応してくれていない(6)』」

理論が示すほどには……

金融政策が実体経済に影響を与えるには、通常は一年〜二年、最大三年程度のラグ（遅れ）があるとされる。しかし、かつてないほどの大規模な金融緩和政策が行われ四年を経過したにもかかわらず、実体経済には理論的に予想されていたような効果はみられなかったのである。これは英国でも同様のようだ。

五年後、回復の兆しを見せつつある米国

一三年七月の時点で、米国経済は回復の兆しを見せている。この回復は（三分の一に圧縮されたとはいえ）「財政の崖」下でのものだから、ＱＥ３（量的緩和第三弾）の効果が現れ始めているのかもしれない。しかし、それは、三〇年代のニューディール政策による回復の力強さとは大きく異なるもののようだ。

また、これは、かつてＩＴバブルの崩壊を新たなバブル（住宅バブル）で救済した（その住宅バブルの崩壊で今の世界同時不況が生じた）と批判されたグリースパン前ＦＲＢ議長の轍を踏む政策でもある。

（5）出所：JB Press（http://jbpress.ismedia.jp/articles/-/36083）、原文 *The Economist*（http://www.economist.com/node/21562177）

（6）出所：JB Press（http://jbpress.ismedia.jp/articles/-/36164）、原文 *FINANCIAL TIMES*（http://www.ft.com/intl/cms/s/0/fc517d2e-033d-11e2-bad2-00144feabdc0.html#axzz27oYYa5SQ）。なお、ＦＯＭＣ（連邦公開市場委員会）はＦＲＢの金融政策を決定する組織。

なぜなら、現在の回復は、住宅分野の回復の貢献が大きい。しかし、この回復は（七月時点で見ても）投資目的の需要も多く、市場への資金流入で維持されるバブル的要素を含んでいるようだ。図らずもここに資金を供給しているのがＦＲＢである。すなわち一二年九月に開始されたＱＥ３の主眼は、市場からＭＢＳ（住宅ローン担保証券）を大量に買い取ることで市場に資金を供給することにあるからだ。

これがうまく実需につながっていけばよいが、ＱＥ３の縮小プロセスを誤れば、この（ミニ？）バブルは崩壊してしまう可能性がある。

2　財政出動とその評価

リーマン・ショックの前後で財政出動の評価には大きな変化があった。その変遷をみてみよう。

リーマン・ショック前…財政政策は景気とは無関係

かつては、三〇年代の大恐慌からの回復は、財政出動の成果と考えられていた。しかし、七〇年代以降、新古典派経済学の復活とケインズ経済学の影響力低下とともに、金融面の影響が重視されるようになっていった。この結果、リーマン・ショック前には、景気対策としての財政政策は有害無益であり、景気対策としては金融政策しかないと考える人々が多くを占めるようになっていた。

「財政と景気は全く関係がないのでございます」

岩田規久男学習院大学教授と八田達夫東京大学教授の対談で八田氏は次のように証言している（岩田・

八田［二〇〇三］二三一―二三三頁）。「…一九九六年秋のことですが、大蔵省（当時）から私にお声がかかりました。どうせ八田は消費税反対といい出すだろうから…釘を刺しておこうと考えたのでしょう。…その日の午後には、主計局調査課長の『ご説明』を受けました。…その課長は、『最新の経済学の理論では、ケインズ経済学は死んだということになっております。財政と景気はまったく関係がないのでございます』というんですね。大蔵省は、一九九七年の増税に際して、主税局も主計局も本心から、景気に対する対策をまったくしていなかったと思いますね」。

リーマン・ショック後の財政出動

しかし、リーマン・ショックで巨大な需要不足が現実化しつつあったことや、現代マクロ経済学の中心に位置していたRBC理論やニューケインジアンのDSGEモデルが無力さを示し、この危機に際して有効性を示したのが（オールド）ケインジアンのIS／LMモデルだったことなどから、各国は一斉に、大規模な財政出動を行った。

当時、こうした大規模な財政出動については、新古典派系経済学の正統に位置する「新しい古典派」の元祖ロバート・ルーカス・Jr.（一九九五年ノーベル経済学賞）ですら「景気後退期に世間にお金を流し込み、支出が落ち込み過ぎるのを防ぐのは不適切なことではなく、我々はまさにそれを実施したのです」と擁護している(7)。当時の大規模財政出動については、大方の支持があったと言える。

「拡張的緊縮政策」への支持拡大

ところが、その財政出動で各国の政府債務が巨額化したことから、次第に緊縮財政政策が各国で支持を集めるようになった。その主な理論的根拠である「非ケインズ効果」仮説とは、政府の累積債務が大きいときには、拡張的な財政政策をとると増税不安で景気が後退し、緊縮的な財政政策をとると増税不安が解消されるために景気が回復するというもので、これを踏まえた経済政策論が「拡張的緊縮理論」である。(8)

ハーバード大学のアレシナ＝アルダーニャ（Alesina & Ardagna［2009］）などの研究は、非ケインズ効果を実証的に支持しているように見えた。また、ラインハート＝ロゴフ（Reinhart & Rogoff［2010］）は、政府の累積債務額がGDPの九〇％を超えると、経済成長率が急低下することを示したが、これも非ケインズ効果仮説と整合性があるように見えた。(9) 財政再建と緊縮政策に同調する人びとは、こうした実証研究に飛びついた。この結果、二〇一〇年には、緊縮財政で景気が回復するという「拡張的緊縮政策」がヨーロッパ各国の政治家や政策官僚を支配するようになった。

トリシェECB（欧州中央銀行）総裁（当時）の発言

これを、当時のECB総裁、ジャン＝クロード・トリシェの発言で見てみよう。

①「緊縮財政により景気が減速することはない」（ロイター 一〇年七月九日）　「トリシェ総裁は九日、ユーロ圏の各国政府がほぼ同時に進めている大幅な歳出削減が景気を減速させるとの見方を否定した。…総裁はECBウォッチャー向けの会合で講演し『ECBは歳出削減が経済成長を損ねるとの見方にまったく同意しない』と述べた(10)」。

②「緊縮財政の堅持と物価上昇警戒が重要」（ウォール・ストリート・ジャーナル、二〇一一年一月二四日）　「欧州中央銀行のトリシェ総裁は、…インタビューに応じ、財政政策とインフレに対する自身の強硬路線を擁護した。…ユーロ加盟国は今年、トリシェ総裁が繰り返し訴えてきたように、軒並み緊縮策を実施する見通し。…欧州では、財政規律は「家計、企業、投資家、預金者の信頼感を改善」し、成長や雇用創出に寄与するという。…ＩＭＦ（や）国連（が示した懸念について）…トリシェ総裁はこれを否定し、「財政政策の健全化が成長を阻害するとの単純な理論は信じない」と述べた[11]」。

緊縮財政実施後に生じたヨーロッパの大不況…悪化する雇用

しかし、緊縮財政政策の実施後、ヨーロッパの景気は悪化を続けた。

二〇一一年一月から一三年六月への失業率の変化をユーロスタット（ＥＵの統計機関）で見ると、米国

（7）二〇一一年九月二四日付ウォールストリート・ジャーナルのインタビュー記事："Chicago Economics on Trial" から（http://online.wsj.com/article/SB10001424053111904194604576583382550849232.html?mod=rss_opinion_main），訳は，二〇一一年九月二七日の「himaginaryの日記」（http://d.hatena.ne.jp/himaginary/20110927/department_of_huh_no_department_of_wtf_robert_lucas_edition）による。

（8）「非ケインズ効果」については、Giavazzi & Pagano［1990, 1996］などの研究があるが、我が国においては、対立する仮説等を論争的にまとめた浜田・堀内・内閣府［二〇〇四］で否定する結論が示されている。Alesina & Ardagna［2009］については、その後ＩＭＦの研究者（Guajardo *et al.*［2011］）によって問題点が指摘されている。また、アレシナとの複数の共同研究でこの効果を支持する結果を示したイタリアの経済学者ペロッティ（Perotti［2011］）は、これらの共同研究の実証性に問題があったことを認め、緊縮財政下で景気拡大が見られた4つのケース（デンマーク、アイルランド、スウェーデン、フィンランド）のいずれでも、景気拡大のドライバーは「輸出の増加」だったことを明らかにし、拡張的緊縮政策の採用には慎重であるべきことを提言している。

（9）しかし、二〇一三年には、この論文には重大な誤りがあることが判明し、ちょっとしたスキャンダル扱いをされた。

（10）出所：ロイター（http://jp.reuters.com/article/domesticEquities4/idJPnTK041099320100709）

（11）出所：ウォール・ストリート・ジャーナル（http://jp.wsj.com/Finance-Markets/node_175169/?nid=NLM20110124）

と日本が改善したのに対し、ＥＵ圏全体は一一年一月の九・五％から一三年六月の一〇・九％へ一・四％ポイント悪化している。ユーロ圏のみでは一〇・〇％から一二・二％へと二・一％ポイント悪化（このうち二五才未満の若者では二〇・六％から二三・九％へと三・三％ポイント悪化）した。

一三年五月現在の各国失業率（括弧内は若者の率）は、フランス一〇・八％（二六・五％）、イタリア一二・〇％（四〇・三％）、ドイツ五・四％（七・六％）、英国七・七％（二〇・七％）、アイルランド一三・五％（二六・一％）、スペイン二六・八％（五六・二％）、ポルトガル一七・八％（四二・三％）、ギリシャ二六・九％（五八・七％）などである（なお米国は七・五％、日本四・一％）。上記ＥＵ各国中で改善したのはドイツのみである（このほかＥＵ圏で明確な改善があるのはバルト三国とトルコ）[12]。

失業率八％程度だった米国で、雇用が大統領選で重要な争点となったことを考えれば、ヨーロッパ各国の水準がいかに高いかがわかる。スペインやギリシャの失業率は、大恐慌期の米国の水準[13]を超えている。失業率は、緊縮財政政策の実施後、明確に悪化を続けた（後出の図26も参照）。これを受けて欧州委員会（ＥＵの執行機関）も、一三年五月の経済・財政政策勧告で、六か国に関して財政赤字目標達成期限の延長を、五か国に対して過剰財政赤字是正手続き（ＥＤＰ）の解除を勧告するなど緊縮財政の緩和に転換した。

ＩＭＦの「財政乗数」見直し

序章でもふれたように、現在の世界同時不況のような、流動性の罠に近い状況ないしは「ゼロ金利下」では、財政政策の有効性が高まるという研究が現れてきている[14]。

ＩＭＦ（国際通貨基金）は、毎年二回、春（四月）と秋（九月か一〇月）に「世界経済見通し」（World Economic Outlook：ＷＥＯ）を出しているが、その一二年一〇月版（IMF［2012］）の第一章で、ＩＭＦは従来「財政乗数」を過少に見積もってきたこと、このために緊縮財政政策の経済への悪影響も過少に見積もられていた可能性があることを公式に認めた。

ＩＭＦの財政乗数見直しについて、アントニオ・ファタス（欧州の経営大学院ＩＮＳＥＡＤ教授）による解説「**過小評価された財政乗数**[15]」（一二年一〇月八日）を見てみよう。

「その第一章ではこれまでの成長予測において財政乗数[16]の大きさが過小評価されていた可能性をめぐって優れた分析がなされている。…この度の『世界経済見通し』でＩＭＦは自らが最近行った世界経済の成長予測を再検討したうえで、財政再建のインパクトを計測するにあたって暗黙のうちに採用されている乗数の値が〇・五程度であることを明らかにしている。…経済見通しの分析では乗数は〇・九－一・七の範囲内にある可能性が示唆されているが、この数字は、かつての（一一年前の）推計結果と完全に一致しており、つい最近のアカデミックな研究結果によっても支持されているところである」。

（12）以上の出所：Eurostat（ＥＵの統計部門）http://epp.eurostat.ec.europa.eu/portal/page/portal/eurostat/home

（13）一般に二五％前後とされるが、信頼性の高い Coen［1973］では三四年の二一・三％がピークである。

（14）たとえば Woodford［2011］や Christiano *et al.*［2011］など。

（15）出所：道草（http://econdays.net/?p=7183）。原文：http://fatasmihov.blogspot.jp/2012/10/underestimating-fiscal-policy.html

（16）財政乗数の意味を、ファタスの文章の引用で示せば「財政乗数の値は一－一・五の範囲のどこかにある（とは）…、政府支出の一％の増加はＧＤＰの一－一・五％程度の増加につながる、ということである」。

第2章　大恐慌：要因評価の変遷

大恐慌は、現在の世界同時不況への対応の検討に際して、最も重要な事例として広く参照されている。ここでは、その評価を再検討する。

第1節　大恐慌の発生と経過

一九二九年－三〇年代に、米国から世界に波及した「大恐慌」は、フランクリン・D・ルーズベルトのニューディール政策やケインズ経済学を生み、ドイツではナチス台頭の主な要因の一つともなった。これを主に米国で見てみよう。はじまりは、二九年の「暗黒の木曜日」（一〇月二四日）の株価大暴落である。

第一次大戦後、米国は、戦争で疲弊した欧州への輸出や、国内の自動車など耐久消費財ブームで好況に湧いた。しかし、欧州の復興と共に、農業や工業では次第に供給過剰が顕在化していった。生産過剰による農業不振や鉄道などの産業分野の不振で、設備投資資金の需要は必ずしも強くなかった。このため、潤沢な資金は、まずフロリダの土地投機（その後崩壊）に、ついで株式市場に流れ込んだ。

株式市場では、資金流入による株価高騰がさらに市場への資金流入を加速した。また、継続的な株価上昇の中で、値上がりした株式を担保とするブローカーズ・ローンによる資金が流入し、さらに株価を高騰させた。こうした中で米国の鉱工業生産指数は二九年夏頃には頭打ちとなり、実体経済と株式市場の乖離に伴う不安心理やFRBの金融引締政策などで、年末にはついに暗黒の木曜日を迎えた。

当初、影響は株式市場に止まるとみられたが、三〇年に入り、ブローカーズ・ローンの焦げ付きや、ほぼ重なって発生した農業恐慌などによって影響は金融機関に波及し、連鎖的に金融危機が発生していった。

これが最終的に世界的な大恐慌に発展していった背景には、当時各国が次々に金本位制に復帰した点があるとされる。金本位制は実質的な為替レートの固定相場制であり、国際間の自由な資金移動を意味するため、各国の金融政策の独立性が失われていた。[1]これにより各国は有効な対策が制約されていたため、危機が世界金融システムを通じて各国に波及し、世界的な大恐慌につながったと考えられている。

米国では、フーヴァー政権が市場不介入主義、財政均衡主義にとらわれていたため、税収の減少に応じて政府支出も抑制された（特に厳しく財政均衡が求められる州や市町村では、連邦政府の財政支援がないなかで財政支出は急速に減少した）。この結果、米国経済は三三年には、二九年に比較して実質GDPが二六・五％（名目で四五・六％）減少し、失業率は二一・三％[2]に達した。

また、この間米国がスムート＝ホーレー法で関税引き上げを行ったことなどを契機に、各国はブロック

（1）原因は「国際金融のトリレンマ」である。これは、国際金融政策において、①為替レートの安定、②国際間の自由な資金移動、③各国の独立した金融政策の三つのうち二つは両立できるが、三つを同時には実現できないことをいう。金本位制の意義は①と②の実現にあったため、金融政策はこの二つの実現にとらわれ、③は実現できなかった。

（2）推計には二四・九％、二五・二％という数字もあるが、ここではCoen［1973］によった。

経済化による国内産業保護を志向し、世界貿易は縮小していった。

その後、三三年三月に新たに大統領に就任したフランクリン・ルーズベルトによって、ニューディール政策が行われ、景気は三五－三六年にかけて一旦持ち直したかに見えた。しかし、これをみたルーズベルトは均衡財政路線に転換し、FRBや財務省も金融引き締めに転じたことから、[3] 三七－三八年にかけて、景気は再び大不況（「ルーズベルト不況」と呼ばれる）に陥った。

日本では、立憲民政党内閣の井上準之助蔵相などによる「旧平価による金解禁」（三〇年一月）をはじめ、緊縮財政政策、国際競争力強化のための構造改革、合理化、デフレ政策等が重なったことで、深刻な「昭和恐慌」が発生した。これを受けて成立（三一年一二月）した立憲政友会内閣の高橋是清蔵相が、金輸出再禁止や積極財政への転換などを行ったことで、他の主要国に先駆けて経済は回復に向かった。

しかし、スムート・ホーリー法などを契機に世界的に保護主義、ブロック経済化が進んだため、わが国では、昭和恐慌による農村の疲弊などを背景に軍国主義化が進んでいった。

第2節　サプライサイドの対策とその評価

大恐慌対策として、まずサプライサイド（供給側）を改善する政策を見てみよう。二九年三月に就任したフーヴァー大統領の政策は、基本的にサプライサイドの視点に基づいていた。

具体的には「精算主義」が有名である。精算主義とは、不況が生産性の低い企業や能力の低い労働者を淘汰し、生き残った生産性の高い企業や優秀な労働者が経済を牽引することで、経済が効率化し回復・成長軌道に復帰するという考え方である。そこでは、不況を一時的なものと考え、しばらく我慢すれば生産性の高い企業だけが生き残り、経済も自動的に回復すると考えられていた。しかし、結果は、経済の連続的下降であり、フーヴァーの任期中（三三年三月まで）、米国経済は未曾有の悪化を続けた。

同様のことは、日本の昭和恐慌でも生じた。日本は、第一次大戦でヨーロッパ諸国の輸出が縮小した世界市場を埋めるように輸出を拡大し、好景気（大戦景気）に沸いたが、大戦の終了とともに、競争力のない日本製品は世界市場で敗退し国内は不況に見舞われた。このため、競争力のない企業を整理して経済全体の競争力を高めようという「財界整理」論が支持を集めた。これは、二七年発生の「昭和金融恐慌」で競争力のない企業が倒産したことである程度進んだとされるが、井上蔵相は、さらに緊縮財政と金輸出解禁（旧平価による金本位制復帰）による為替安定によって、産業競争力の一層の強化を図ろうとした。しかし、それは次の「昭和恐慌」（大恐慌の日本版）を招いたのである。

第3節　金融政策とその評価

大恐慌からの回復原因の「通説」の変遷をあらためて整理すると、次のとおりである。

① 一九三〇年代－六〇年代：ケインズ経済学が隆盛であり、大恐慌からの回復はニューディール政策に伴う財政出動の成果と考えられていた。

② 七〇年代－二〇〇〇年代：マネタリズム、新古典派経済学の隆盛とともに、財政政策が否定され、金

（3）財政削減が行われたこの時期に、FRBは預金準備率を引き上げている。また、欧州の情勢不安などで、米国には大量の金が流入しつつあり、それによって米国のマネーストックが拡大を続けたことが景気にプラスの効果を与えていたと考えられるが、米財務省は三六年一二月以降、金流入による流通通貨量増加を相殺する政策（不胎化政策という）をとるようになった。

融緩和政策の効果及びその後の戦時特需の効果によるということが通説となった。

②の根拠の一つには、マネタリズム(4)の影響力拡大がある。その後の大恐慌研究に大きな影響を与えたフリードマン＝シュウォーツ（Friedman & Schwartz［1963］）は、大恐慌の原因をＦＲＢの硬直的な金融政策に求め、大恐慌はＦＲＢが適切な金融政策で対処すれば避けることができたと主張した。

1　金本位制などの通貨問題は米大恐慌を支配したか

こうしたなかで、アイケングリーン（Eichengreen［1992］）らは、各国の比較研究などから、米国の大恐慌が世界に波及した原因として、金本位制がかかわっていることを明らかにした。

すなわち、金本位制では、経常収支赤字国から黒字国に経常収支差額の支払いのための金が流入する。黒字国では、流入した金を中央銀行が企業等から買い取り企業に代金を支払えば、国内貨幣流通量がその分増え、それが賃金、利子、配当、仕入代金などとして広く市場に還流するから、景気がよくなり輸入が増え経常黒字が減少する。一方、赤字国は、金流出で国内の貨幣流通量が縮小して景気が後退し輸入が減少する一方、黒字国の輸入増加に応じて輸出が増えて景気は拡大する。これで、均衡に向かうはずだった。

ところが、当時の米国は、インフレ防止などのため、金流入が増えても貨幣流通量を抑える政策（不胎化政策という）をとったため、景気は十分上昇せず輸入も増えなかった。このため、英国、ドイツやイタリアなど貿易赤字で金の流出が続いていた国々は、いつまでも輸出を伸ばすことができなかった。これらの国々は、不況下にもかかわらず、金流出を抑制するために高金利政策を継続せざるを得ず、景気は悪化していった。こうしたプロセスを通じて米国の恐慌は世界に波及していったのである。

大恐慌が世界に波及した原因として、こうした理解は納得できるものである。では、こうした通貨的な要因と、米国自体の大恐慌の発生プロセスとの関係はどうだろうか。

大恐慌発生の原因として通説となった「通貨収縮」と世界同時不況

こうした問題について、バーナンキ［二〇一三］（原著［二〇〇〇］）は、「（最近の研究によって）特に、大恐慌の重要な原因が通貨収縮であること、回復の主要な要因が通貨リフレーションにあることの証拠は大いに補強された。」と述べている（三四頁）。まず発生の「原因」としては通貨収縮が上げられている。金融引き締めが経済に負の影響を与えること自体は幅広い合意があり、本書もそれに同意する。

だが、ここで大恐慌時の「国際間の比較研究」で大きな成果を上げたアイケングリーンらの研究にならって「重不況間の比較検討」を行ってみよう。そこで最も大きな問題は、今回の世界同時不況は、明らかに金融政策による「通貨収縮」なしで発生したことだ。そもそもこれらの研究の価値は、中央銀行が通貨収縮を行わなければ大恐慌のような重不況は再びは発生しないことが実証された点にあったはずだ。ところが、今回の大不況はＦＲＢによる通貨収縮なしで発生してしまったのである。(5) 通貨収縮説が標的としたのは政府・中央銀行の金融政策だったが、バーナンキ自身がＦＲＢ議長として、適切な金融政策を取っ

（4）マネタリズムとは、貨幣数量説の観点から、経済成長に見合った通貨供給を行うことが経済の安定化と成長につながるとする経済学派で、主唱者はミルトン・フリードマン（一九七六年ノーベル経済学賞受賞）。一九七〇年代のスタグフレーションの原因として政府による裁量的な財政政策を批判し支持を集めた。

（5）たしかに大恐慌ほど悲惨ではないが、それは失業保険や預金保険制度といったセーフティネットが整備されてきたからだ。これらの整備は、通貨収縮原因説のはるか昔のケインズ経済学全盛時代に行われている。

たはずにもかかわらず、大恐慌に準ずるような大不況が生じたのである。ただし、本書では原因論はこの程度にする。本書の関心は、重不況発生の原因ではなく、回復要因にある。

大恐慌からの回復要因としての通貨リフレーション

バーナンキの「回復の主要な要因が通貨リフレーションにある」という説はどうだろう。第1章で引用したスティグリッツの「この危機が始まった時、全てのアメリカ人が『我々は日本の二の舞にはならない』と言っていた」という自信の背景にあったのはこうした見方だったと考えられる。これについても今回の世界同時不況をみると、バーナンキ自身がＦＲＢ議長として、大恐慌回復時に比べてはるかに徹底した金融緩和政策、通貨リフレーション政策を行ったにもかかわらず、回復は五年目にようやくその兆しが見えたという緩慢な状況である。これは、Ｃ・ローマーが「一九三三年から三七年までの経済成長は、戦時を除けば我々が経験したなかでもっとも高いものだった[6]」と述べる大恐慌の回復時とはまったく異なる状況である。これは、真の回復要因が通説の外にある可能性を強く示唆する。

2　Ｃ・ローマー論文は金融政策の重要性を示したか

現在、緊縮財政政策を取っている欧州の国々では、（不十分との見方もあるが）大恐慌時よりははるかに緩和的な金融政策が取られているが、効果があるようには見えない。素直にみれば、従来の通説の元になった大恐慌期金融政策の有効性の「実証」とは、何だったのかと思わざるを得ないのではないだろうか。

こうした実証研究の例をローマー（Romer［1992］）で見てみよう。これは、Ｃ・ローマーの代表的研究の一つとされ、大恐慌からの回復の原因が、財政出動ではなく金融緩和だったことを実証したものとして、その後の大恐慌の理解に決定的な影響を与えたとされる。

　ローマーは次の(1)式を使って、一九二〇－二一年と三七－三八年について金融乗数と財政乗数を推計し、金融乗数に〇・八二三、財政乗数に〇・二三三を得ている。そして、これにより当時の金融政策と財政政策の景気への影響を見ると、三九年までは、財政政策の効果は見られないという結論を導いている。

　実質GNP成長率の通常成長率[7]からの乖離＝金融乗数×［マネーストック（M1）[8]の通常の伸び率[9]からの乖離］－財政乗数×［実質GNP比でみた財政赤字[10]］……(1)

　しかし、これにはいくつかの疑問点がある。順に見てみよう。

乗数の計測対象が緊縮政策のみである問題

　計測期間を見る限り、(1)式で計測したのは緊縮政策のみである。一般に財政拡張は景気拡大、財政緊縮は景気後退のように、財政政策の影響はおおむねどの方向にも対称だと考えられている。しかし、金融引き締めが景気後退につながることに異論はないが、重不況下の金融緩和が単独で景気を拡張させるか否か

(6) 大統領経済諮問委員会委員長就任直後の〇九年三月九日にブルッキングス研究所で行った講演（http://www.brookings.edu/~/media/events/2009/3/09%20lessons/20090309_romer.pdf）。

(7) 一九二三－二七年の平均成長率。

(8) マネーストック（通貨残高）とは、国・金融機関以外の企業や家計が保有する通貨のこと。通貨には、現金のほか当座預金や普通預金などが含まれる。どのような種類の預金等までを含めるかについて範囲の異なるいくつかの定義があり、M1、M2、M3などと表示される。また、定義は国によっても少しずつ異なる。米国のM1は、現金と要求払預金（当座預金など）の合計である。

(9) 一九二三－二七年の平均伸び率。

(10) 論文では「財政黒字額」を使っているが、ここではわかりやすく、符号をマイナスにして「財政赤字額」と表記した。

については、ケインズは否定的だったし、[11] 世界同時不況下のＥＵ諸国の例をみても疑問がある。したがって、ここには、財政緊縮と金融引締めだけで計測した結果を、そのまま財政拡張と金融緩和側の効果にも適用し、財政出動と金融緩和の有効性を論じている問題があるように見える。

異なるメカニズムと統計的手法

異なる効果のメカニズム

そもそも、財政出動とは、公共投資や政府消費の増加で経済に直接需要を追加する政策である。したがって、財政出動の効果は需要の追加ベースで「直接」把握できる。その影響のメカニズムは直接的、具体的に把握可能であり、因果関係も明確である。[12] これに対して金融政策の影響は、すべてが間接的であるため、通常それは⑴式のように統計的な相関で把握するしかない。

効果把握の方法としての統計的手法の問題

たしかに⑴式のように複数の変数間の関係を統計的に捉える手法は一見洗練されたものに見える。しかし、こうした方法は、他の様々な要因の影響を分離することが難しく、見かけだけの相関、疑似相関が生じやすい。つまり、高い相関は、必ずしも因果関係の存在を意味しない場合がある。これに対して効果発生のメカニズムに従って単純に影響や効果を積み上げる方法の方が本来的に優れている。しかし、金融政策ではこれが使えないため、メカニズムが異なる財政出動と金融緩和の二つの影響を比較しようとするときは、結局、両方に使える統計的な方法を使うことになる。

そして、財政出動・緊縮が政府の決定に基づいて（経済にとって外生的に）行われる部分が大きいのに対して、マネーストックは、経済取引の活発さの変化に基づいて（内生的に）変動する部分が大きい。このため、統計的には、マネーストックとＧＤＰの相関はそれだけで高くなる。しかし、その変動は、経済変動に受動的に対応した変化であって、経済変動の原因ではない（**第5章**参照）。

このように特性の違う指標を同じ統計的枠組みに入れて比較した結果、財政出動の影響が過小に評価される一方、因果関係のない相関によって、金融政策の効果が過大に評価されている可能性が強い。

財政政策のラグが政府支出の種別ごとに多様なため、財政政策の効果の山が分散する

ローマーは、財政政策のラグ（効果が出るまでの遅れ）に金融政策と同じ一年を使っている。この問題を、田中・安達［二〇〇三］の図表４－４（八八頁）の枠組みにしたがって作成した**図1**でみてみよう。この図で「連邦政府赤字額12月移動和（以下「連邦政府赤字額」と略）」と消費者物価の変動を比較すると、景気が反転した三三年は消費者物価上昇が先行し、「連邦政府赤字額」の上昇は半年ほど遅れている。したがって、一見して消費者物価上昇の原因は、財政出動ではないように見える。

しかし、この「連邦政府赤字額」指標は各月の過去一二か月分の収支（収入支出の差）の和をその月の数字とする一二か月移動和で作成されている。このため、毎月の収支の変動そのものに比べて、指標の変化は大きく遅れるのである。

さらに重要な問題は財政出動のラグの分散性である。政府支出の種別ごとに効果のラグの長さには違い

（11）ケインズはこれを「ひもをおすことはできない」と表現した。序章で紹介したホートレーの観点もこれに近い。この金融政策の非対称性問題については、多くの実証研究があるが、結論には必ずしも一致がないようだ。しかし、好況期と不況期では、引き締めと緩和の効果に何らかの違いが見られるという点は認められるのではないだろうか（北坂［二〇〇三］など参照）。

（12）財政出動には、クラウディングアウトやマンデル＝フレミング・モデルなど、その効果を相殺するメカニズムがあるとされる。これらについては、「重不況下では抑制される」ことを第６章で整理する（序章でふれた財政乗数問題などに係わる）。

図1　連邦政府赤字額12月移動和とCPI前年比伸び率

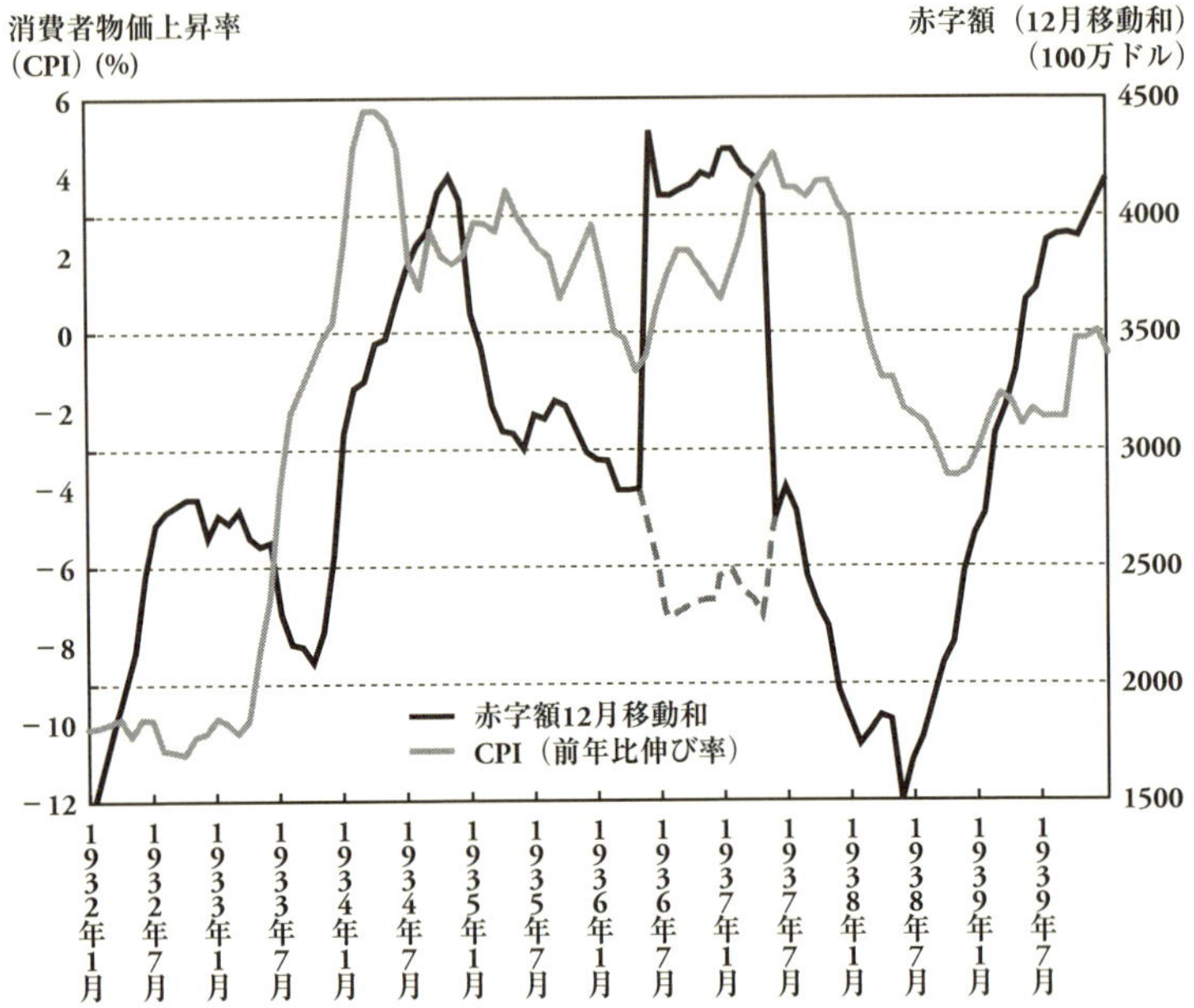

データ出所：全米経済研究所（National Bureau of Economic Research）: NBER Macrohistory Database

があるため、財政政策の効果の山は分散し低くなる。財政政策のラグを一つにしてしまうと政策の効果が十分捉えられない。

まず、政府の消費的支出や職員給与などの定常的支出は、政府支出後に民間経済に波及していくから、経済への影響は支出後に生ずる。しかし、公共事業（軍艦などの発注も同様）では、発注を受けた企業は、受注と同時に原材料や中間財、建設機械等を発注し、労働者を集め、建設や生産を開始する。政府の支払いは基本的に納品後や工事完了後に行われる。だが、公共事業の効果は、発注直後から様々な市場に波及し物価や賃金に（政府の支出以前に）影響を与える。支出を基準に見ると、ラグはマイナスにもなる。

特に三三年には、ゴールデンゲートブ

コラム1

三六年六月の退役軍人年金一時金の一括支給

田中・安達［二〇〇三］の図では、一九三六年六月単月の収支差額（欠損額）データにゼロが置かれている。実は、この月には、巨額の退役軍人年金一時金が支給されている。

この一時金は、三二年に、生活が困窮していた退役軍人たちが、ワシントンに向けて、軍人年金の前倒し一時金支給を求めて行進を行い（「ボーナス・アーミィ」と呼ばれた）、規制しようとした政府側が発砲して流血事件が起きたことなどで大きな政治問題になり、紆余曲折を経て、支給案が議会を通過した。

ルーズベルト大統領は、財政的観点から拒否権を発動したが、議会は三六年一月に再度、拒否権を覆す圧倒的多数で可決し、支給が確定した。総額で十八億ドルという巨額であり（当時のGDPは五百－六百億ドル程度）、これが当時の会計年度末にあたる六月に一括支給された。もちろん、これは経済に巨大な影響を与えた可能性が強い。このため本書の図1では、これによる財政赤字額を加えている（図1の点線は、「加えない」場合）。

リッジの着工をはじめ完成までに数年を要するような大規模な発注が重なっている。つまり、三三年時点の財政出動に効果があったという主張と、図1とは矛盾しない。

一方、三六－三七年の連邦政府赤字額の大幅増は、**コラム1**で述べるように、三六年六月に巨額の退役軍人年金一時金が一括支給されたことによる。それは一〇〇％退役軍人である個人に支給されたため、ほぼ全部が最終的に消費支出に充てられたと考えられる。この場合は公共事業のような前倒し効果はなく、一時金受取り後に、それを分割して少しずつ消費していくことになるため、経済への波及は政府支出後に遅れて現れる。こうした理解は、図1の三六年六月以降の消費者物価の変動によくマッチしている。

つまり、財政出動は、こうした異なるラ

グを持つ支出の集合体であり、単一のラグを使える金融政策とは異なる。財政政策に一年という一律のラグを設定するローマーの方法では、財政政策の効果は適切に把握できない[13]。それは、財政政策を単に金融的波及の視点だけで捉えたものともといえる。

財政出動の規模を「財政赤字」で見る問題

また、財政出動の指標として「財政赤字」を使うことにも問題がある。

第一に、そもそもリカードの公債中立命題によれば、国債と税を区別する意味はない。したがって、財政赤字額（＝公債発行額）を特別視する意味はない（これについてはあらためて**第4章**で説明する）。

第二に、財政出動を財政赤字額で捉えることは、「財政支出」が直接「需要」を左右するメカニズムを無視している。米国では「毎月の財政収支」（その月の財政支出と収入の差額）が公表され、予算の管理で重視されている。しかし、この財政収支とは単に資金的な収入と支出の差を表すだけだから、これは結局（財政政策と金融政策に同じ一年のラグを使う点も含めて考えると）、単に財政が「金融市場にどれだけ資金を供給したか」という金融的な側面のみを見ているにすぎない。

第三に、通常、GDP統計等で経済成長への政府支出の寄与度は「政府支出の変化率」で計算されている。また、財政政策の効果を表す「財政乗数」の計算も通常は「政府支出」で行われる。これは需要を作り出しているのが「支出」だと考えられているからだ。

第四に、財政赤字額には減税分が含まれるが、減税には、政府消費・投資のような直接の効果はない。減税は、特に大恐慌のような重い不況期には、貯蓄にまわる割合が小さくなく、重い不況期にはその貯蓄が設備投資に回ることもほぼない[14]。減税を含めることは「財政出動」の効果を小さく見せてしまう。すなわち、財政出動規模の把握は、政府の総支出額の変動で把握されるべきである。

3 マネーストックの増加は国債増発（に対する）投資に依存

財政出動と金融政策の関係についてさらに見てみよう。ただし、以下では、ローマー論文とは異なり、景気回復過程をみる。クー［二〇〇七］は、大恐慌の底の一九三三年から三六年へのマネーストック増加の原因が、実は政府の財政出動に伴う国債の増発にあったことを明確にした。

同書[15]は、当時の銀行の資産残高の内訳を紹介し《金融政策有効論の根拠である》マネーストックの増加は、ほぼ一〇〇％が政府債への投資増加に見合うもので、「民間への貸出し」や投資は全く回復していないことを明らかにした。当時の金融緩和政策は、民間の設備投資や消費には全く効果がなかったのである。

したがって、金融政策のみかけの影響力の大きさは、疑似相関によるものと考えられる。

（13） 前岡他［二〇一三］は、こうした関数モデルを使わず、今回の世界同時不況に関して、ＯＥＣＤ三四か国のリーマン・ショックからのＧＤＰや失業率の回復率五指標を被説明変数として、公的固定資本形成やマネタリーベースの変化率等二六指標で単純にクロスセクション分析（ラグの分散は影響しない）したところ、被説明変数五指標全てに有意の相関があったのは公的固定資本形成（公共投資）の増減のみで、マネタリーベース（金融政策）の変化は五指標いずれにも有意の相関はなかったという。

（14） また、財政赤字額では不況による税収の減少分も財政出動額にカウントされるため、税収変動の影響を大きな割合で含んでいる。そして、税収の増減は、景気や経済成長率変動の影響を受動的に受ける部分が大きい。

（15） 図表3－6（一五〇頁）。

図2　米連邦準備制度加盟銀行資産残高内訳推移

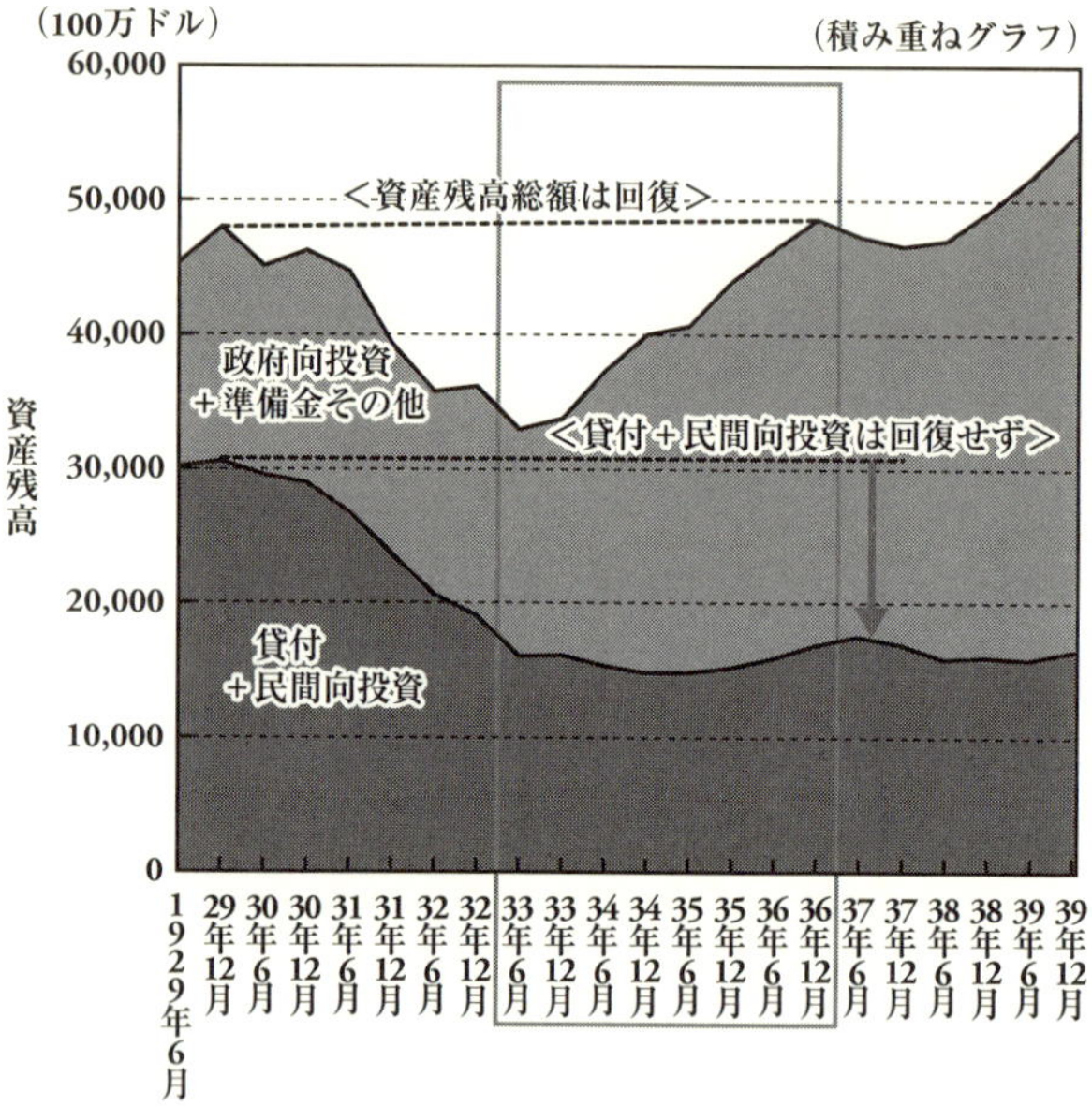

データ出所："BANKING AND MONETARY STATISTICS 1914-1941", THE BOARD OF GOVERNORS OF THE FEDERAL RESERVE SYSTEM, 1943.

大恐慌時の銀行の資産運用先の推移を見る

ここでは、それをわかりやすく見るために、毎年の推移をグラフで見てみよう。**図2**は、米国銀行（連邦準備制度加盟銀行全行）の資産運用先の推移を示したものである。[16]

なお、これは、銀行の貸借対照表の資産側（資産運用側）を見ている。これと総額が一致し表裏一体の関係にある貸借対照表の右側は主に銀行の負債で構成されるが、銀行の負債とは家計や一般企業の預金だから、以下でみる銀行の資産残高総額の変動はマネーストックの変動に連動している。

まず資産残高総額は三三年を底に増加に転じ、三六年には恐慌前の二九年の水準に回復している。通説は、この変化が三三年から三六年への米国経済の拡大過程と連動していることから、流入する「金」の非不胎化政策などの金融緩和政策でマネーストックが増えたことが、恐慌からの脱出に有効だったと考えた。

マネーストック増加は国債投資増による　しかし、図2で銀行の資産運用先を見ると、三六年の「貸付」と「民間向投資」（社債などの購入）は三三年に比べてほとんど増えていない。マネーストックの増加は、民間実体経済への資金供給をほとんど増やしていない。逆に、増加したのは、政府向投資（米国債や財務省短期証券）と準備金（連邦準備制度への準備金積み増し）である。

これは、この期間に民間に資金需要がなかったか、貸し渋りで貸出が行われなかったかのどちらかだ。後者だとしても、それは、金融緩和が企業への資金供給という点では機能しなかったことを意味する。企業部門は三三、三四年と資金余剰だったにもかかわらず（後出の**図6**参照）、設備投資をしなかった。したがって、金融緩和があっても、民間企業等に資金需要はなく、マネーストックの拡大はなかった。財政出動こそがマネーストックの循環的上昇を可能にしたと考えられる。国債の重要性は、後述の5でみる日本の昭和恐慌でも、また、**コラム2**で述べる日本の二〇〇〇年代の量的緩和でも確認できる。

つまり、金融緩和によるマネタリーベースの増加で国債が消化され、その国債に基づく財政出動が企業の売上増加を通じて民間資金の増加を招き、それが金融機関に預金として還流することで銀行の資産残高が増大し、さらにそれが政府の財政出動資金として使われるという循環が生じたのである。マネーストックの変化は、財政出動のための国債発行とGNP成長によって、受動的に生じたのである。流入する金の

（16）図2は積み重ねグラフなので、「資産残高総額」＝「貸付＋民間向投資」＋「政府向投資＋準備金その他」の関係になっている。

コラム2

日本の二〇〇〇年代の量的緩和でも、マネーストックの増加は国債発行に依存

田中［二〇〇六］は、二〇〇〇年代の日本の量的緩和政策に関して、当時のマネーストックの増加が国債の発行額に依存していたことを示している（同書第8章表1参照）。

九九年－〇三年（ゼロ金利政策と量的緩和政策期の前半に相当）のマネーストック（旧M2＋CD）の各年の変化率平均二・三％に対する信用面の寄与度を個別に見ると、民間向け信用（貸出と投資）は平均▲二・八％とマイナスであり、それを公共部門向け信用（国債投資等）四・一％増がカバーしている。

これは、マネーストックの増加が、大恐慌時と同様に、国債発行規模に依存していたことを示す。しかし、その発行規模は小泉政権下で抑制され続けたため、量的緩和政策等がマネーストックを増加させる効果は小さく、内需の拡大にも効果は低かった（これは重不況のためである。好況なら民間向けが増える）。

非不胎化政策への転換などの金融緩和（マネタリーベースの増加）は、政府の国債発行がなければ、マネーストックや生産の増加に結びつくことはなかったと考えられる。

重不況下では、金融機関から民間設備投資などへという経路が十分機能せず、金融機関の資金は財政出動のファイナンス（国債投資）に流れる経路のウエイトが高まり、結果としてマネーストックは国債発行（つまり財政出動）の規模に依存することになったと考えられる。

さらに詳しく分解し因果関係を見る

次に**図3**で、三三年六月から三六年一二月への変化をさらに詳しく見ると、総資産は三三〇億ドルから四八七億ドルへと一五七億ドル（四八％）増である。これから使われない準備金増加四三億ドルを除くと、

図3　米連邦準備制度加盟銀行資産残高内訳推移

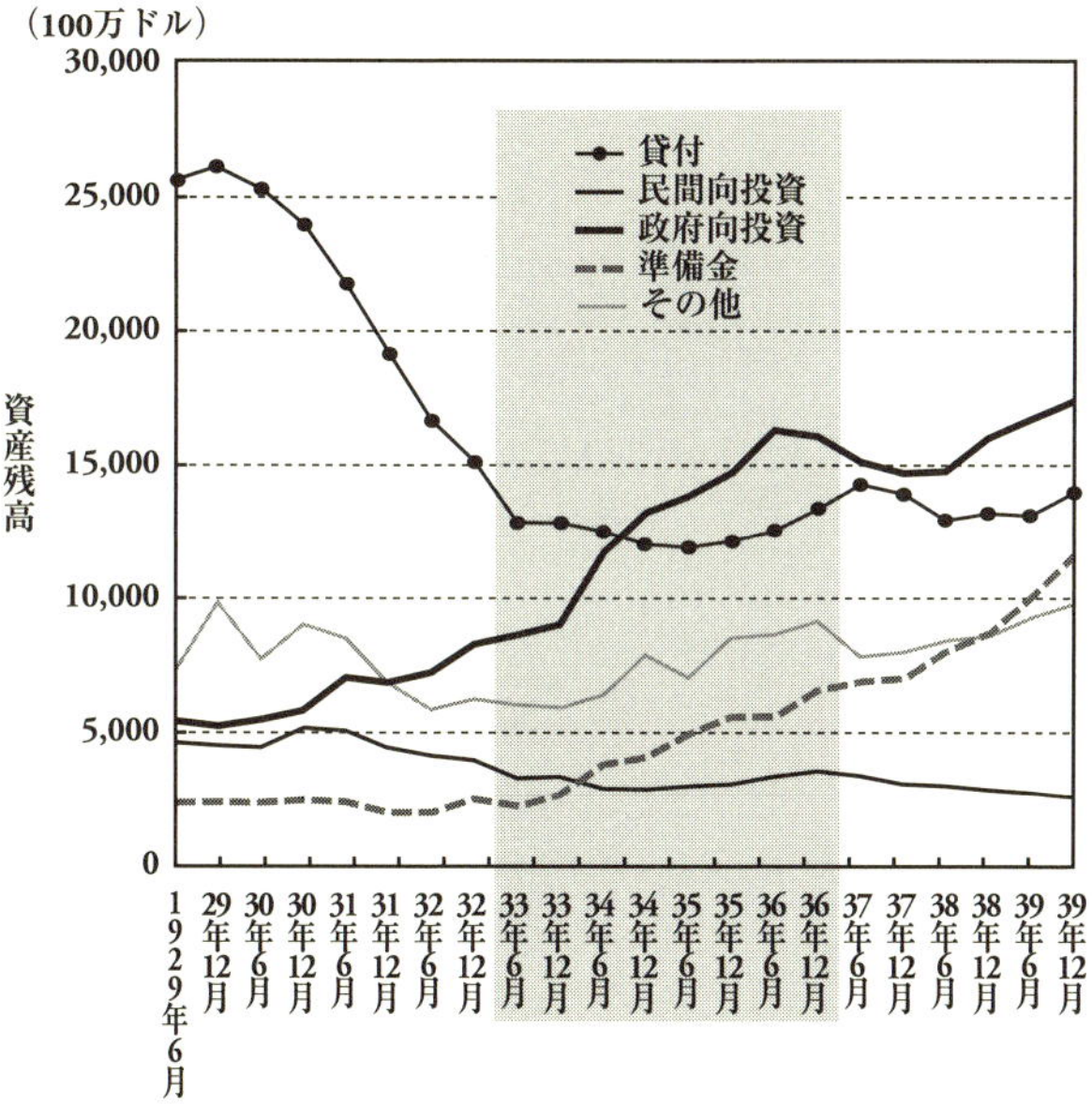

データ出所：図2と同じ

残りは一一四億ドルだが、このうち貸付と民間向投資（社債投資）の増加は合計で七億ドルに過ぎず、政府向投資（公債投資）の七四億ドルの増加（伸び率八七％）とは桁違いである。政府向投資は三三年七月からの会計年度[17]だけで約三一億ドル増加しているが、これは民間銀行の公債引受だけでGDPの五・五％の巨額に達したことを意味する（三三年の名目GDPは五六四億ドル）。

民間向投資と貸付は三六年に至ってようやくわずかながら伸びているが、これがすべて金融緩和の直接の効果だとしても、効果が出るまでには三年近くのラグがあったことになる。しかも、この貸付の伸びは、当時のGNPの伸びを遙かに下回っている。

（17）当時の米連邦政府の会計年度は、前年の七月から当年の六月までの一年間が、年度末の六月が属する年を冠する会計年度になる。

ポートフォリオ・リバランス効果　以上の点は、いわゆるリフレ論が量的緩和政策の効果として重要と考えるポートフォリオ・リバランス効果の評価にもかかわる。

この効果は、量的緩和で資金が大量に供給されると、金融機関は、安全性の高い貨幣や国債だけでなく、相対的にリスクの高い社債などの保有も増やすため、企業が社債を発行しやすくなり、マネーストックが拡大するという効果である。

しかし、**図3**をみると、証券投資は確かに増えているが、増加のほとんどは社債（民間向け）ではなく国債（政府向け）投資である。後出の図6（五二頁）からもわかるように、当時、民間企業部門は資金余剰であり、社債の発行は縮小していた。このため、当時の「投資」拡大は、服部［二〇〇七］が言うように、国債増発で、はじめて可能になったのである。(18)同じことが、後述する日本の昭和恐慌期の高橋財政期でも確認できる。

これに対して、財政出動による国債増発と連動しなかった二〇〇〇年代日本の量的緩和政策（〇一年三月‐〇六年三月）では、平成一五年版経済財政白書（七七‐八〇頁）等が評価するように、ポートフォリオ・リバランス効果は確認されていない。これは、重不況下で（見かけ上でも）この効果が生ずるには、同時に、国債増発（財政出動）が不可欠なことを意味すると考えられる。

ルーズベルト不況　ルーズベルト不況は、三三年以降の景気回復を見て、ルーズベルトが（三六‐三七年に）財政出動の縮小と金融の引き締めに転じた後に生じている。

まず、**図3**を見れば、一九三七会計年度（三六年七月‐三七年六月）の財政出動縮小を反映して「政府向投資」が先行して減少している。「貸付」減少はそれから約一年遅れ、ＧＤＰの変化に沿って縮小している。また、**図4**をみると、三八年の実質GNPの落ち込み（名目値はさらに落ち込み）に対して、マネーストック（M2）の変化は相対的に小さい（伸び率の低下にとどまる）から、マネーストックが実体経済（GNP）を動かしたとは考えにくく、マネーストックの変化は受動的なものと見るのが自然だろう。

次に名目GDPは三八年を底に三九年には三七年の水準を回復した。図2を見ると、三三年から三六年への変化と同様、資産残高総額は伸びているが、伸びたのは、政府向投資（国債）と準備金であり、民間向投資（社債）と貸付は伸びていない。つまり、回復は財政出動によると考えられる。

したがって、ルーズベルト不況の原因は、財政出動の減少→実体経済の活動の縮小であり、回復も、財政出動の増加→実体経済の活動拡大から始まっている。つまり、ルーズベルト不況の原因と回復は、金融政策ではなく財政出動だったと考えるのが自然である。

以上から、ローマー［一九九二］論文における「金融的要因の影響の大きさ」は、景気変動に応じて受動的に変化するマネーストックと成長の関係を無視できない割合で包含している可能性が高く、景気回復の駆動因を適切に捉えたものとは言えない可能性が強いと考える。

4　マネーストックとGNPの連動状況から因果をみる

あらためて生産とマネーの関係を見てみよう。**図4**をみると、マネーストック（マネーサプライ）は、GNPとほぼ連動しているから、両者に相関があるのも当然である。しかし、図2で見たように三三−三

（18）貨幣の内生説に基づく理論的な説明や日本の量的緩和についての実証的分析は服部［二〇〇七］第5章参照。

図4　マネーサプライ，物価，実質GNP

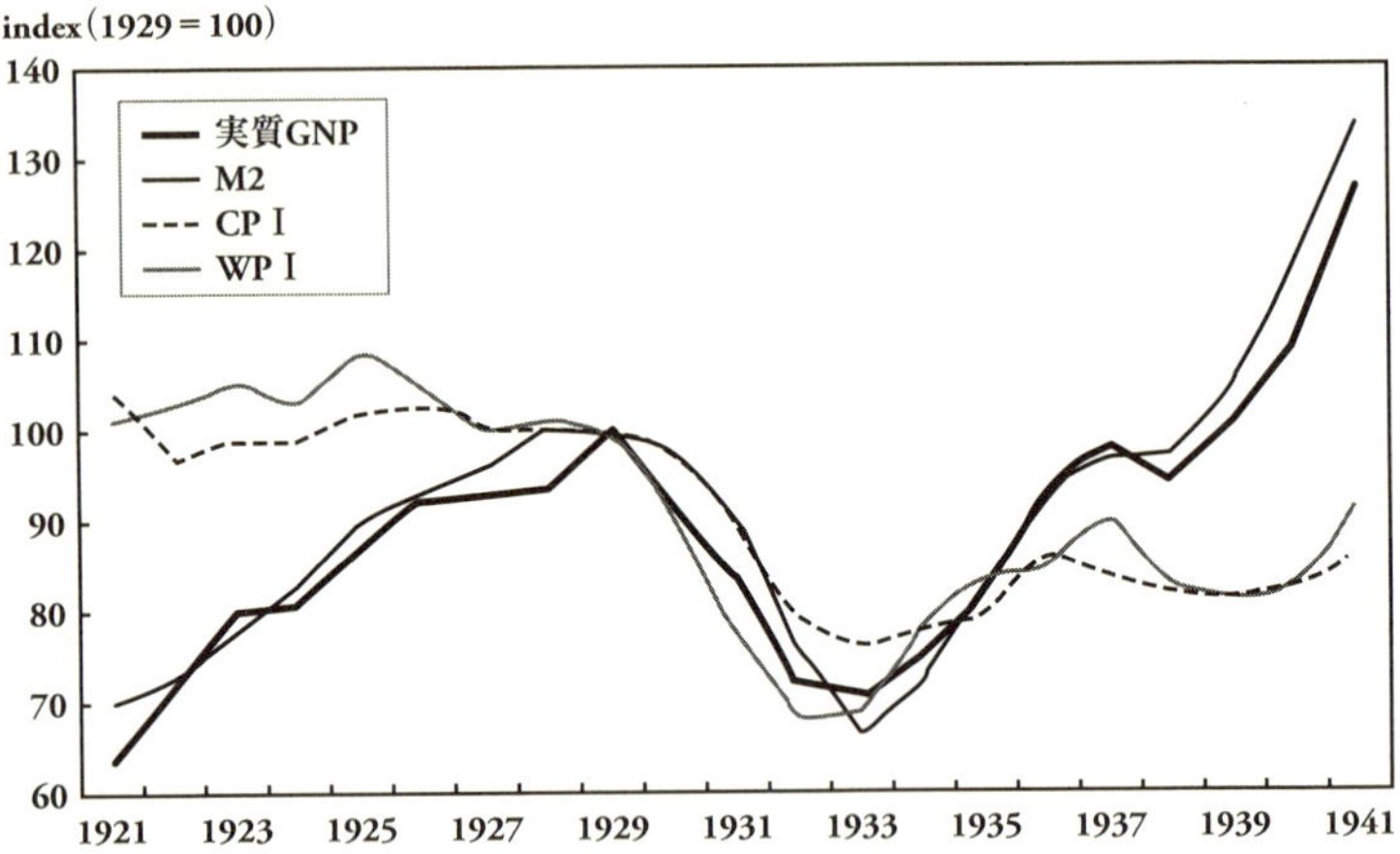

出所：経済企画庁物価局［1999］「ゼロインフレ下の物価問題検討委員会報告書」（平成11年6月）
データ出所：Robert, J. Gordon［1986］, *The American Business Cycle*, The University of Chicago Press.

図5　大恐慌期のM2と鉱工業生産指数（月次データ）（1929-35年）

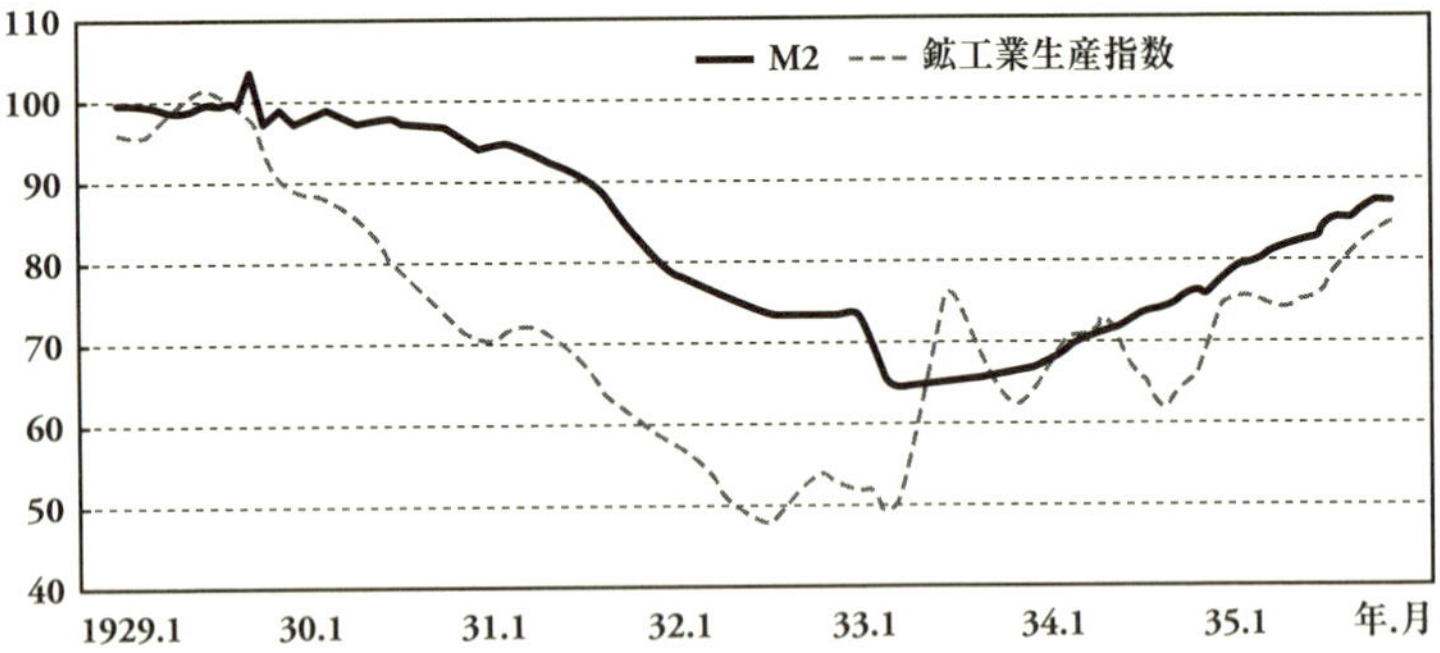

注1：1929年9月を100とする。
注2：季節調整値。
出所：服部［2007］p. 176

六年については銀行貸付・民間向投資が伸びていないのだから、その相関は、金融環境の変化や金融政策の変化が大恐慌回復の駆動因だったことを意味しないと考える。(19)

金融政策のタイムラグ

GNP、マネーストックと物価の関係に関する図4をみると、三〇―三三年の経済の落ち込み局面では、WPI（生産者物価）が先行して下落し、それに応じてGNPが落ち込んでいる。つまり、実体経済の落ち込みが先行し、金融環境を反映するマネーストック（M2）、それにCPI（消費者物価）の落ち込みは遅行している。また、マネーストックと鉱工業生産指数の変化を示す**図5**を素直に見ると、マネーストックの変動は明らかに、鉱工業生産の落ち込みに対して遅れている。

金融緩和政策が経済に波及し具体的な効果が生ずるには、一定のタイムラグがあるとされる。例えば、白川［二〇〇八］は、金融政策の効果が発揮されるまでの「ラグは一―二年程度である」（一八六頁）としている。一方、藤野［一九九四］は「信用乗数の波及過程が、実際上では一年半から三年を超える期間を要する」と評価している（二三一―二四四頁）。

金融政策の影響にタイムラグが存在することと、マネーストックと名目GDPがほとんどラグなし、ないしはマネーストックの方が遅れつつ変化しているように見える図4、図5の状況は、金融政策が経済を動かす原因だという観点とは整合的ではない。これらの変化の多くは、実体経済の変化に応じてマネース

（19）岡田・安達・岩田［二〇〇二］は、米国だけでなく、昭和恐慌下の日本においても、貸付の増加は「生産の増加に約三―四年程度も遅れて実現している」と述べている（一八五頁）。

図6　企業部門での資金余剰

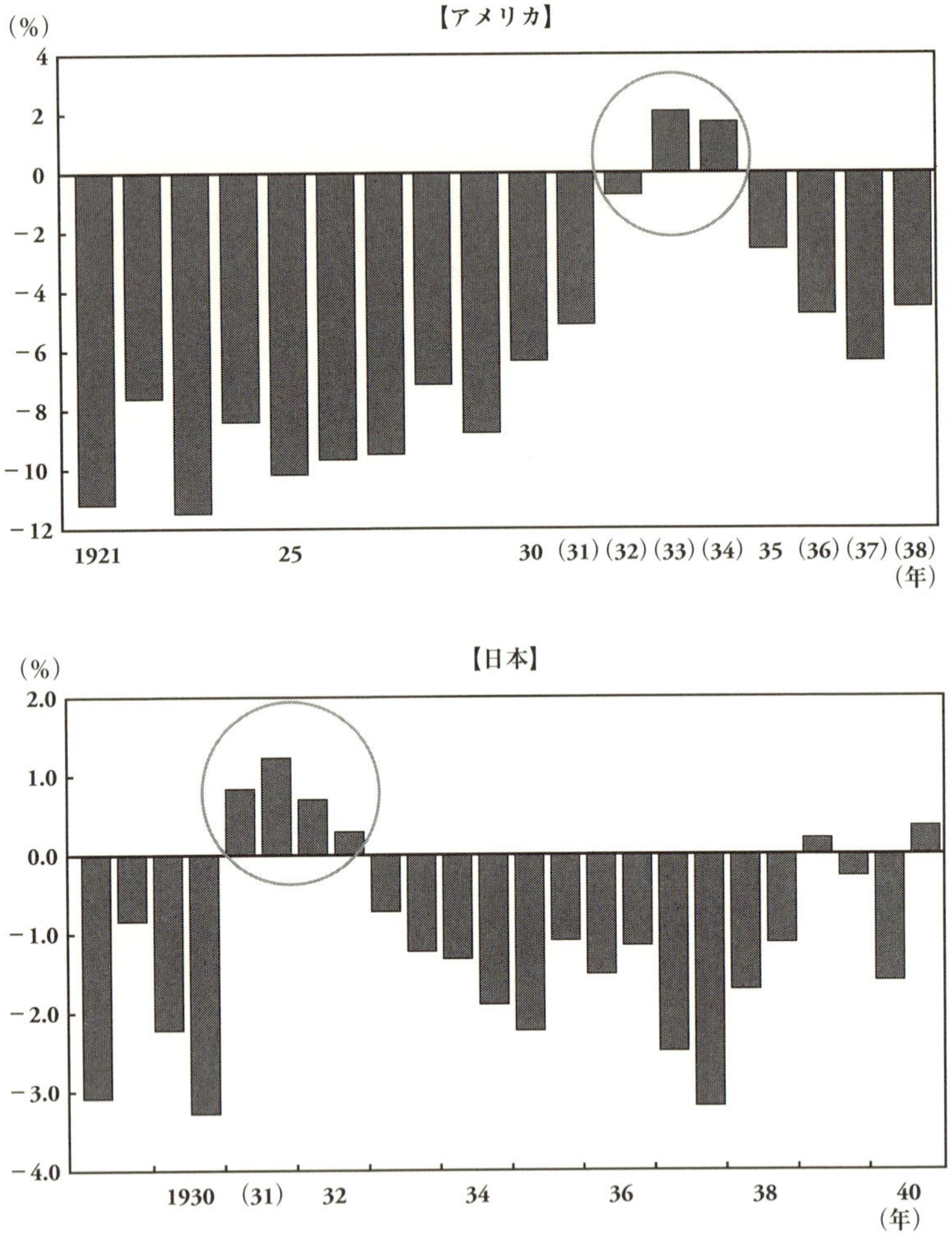

注：(上) フリーキャッシュフローの対名目GDP比率。(下) フリーキャッシュフローは税引後純利益＋減価償却費－設備投資で算出。それを法人企業総資産で割ったものを使用。

出所：原田・岩田［2002］p.187，図8-11①②（原図出所：上＝NBER等をもとにCSFB証券作成，下＝日本銀行「明治期以降本邦主要経済統計」等よりCSFB証券作成）

トックが受動的に変化した状況を表していると考えるのが自然である。

レジーム転換

大恐慌に関するテミン［一九九四］、日本の昭和恐慌についての岡田・安達・岩田［二〇〇四］などは、この問題を「レジーム転換[20]」で説明している。これは貨幣量変化の機械的な影響だけでは、恐慌からの回復に説明できない部分があることを示すものでもある。例えば、岡田・安達・岩田［二〇〇二］は、昭和恐慌からの回復の原因を金融緩和に求めるが、銀行の貸付が増加しなかったにもかかわらず景気回復が生じた理由として、金融緩和に伴うレジーム転換が企業の期待を変化させ設備投資が活発化したが、当初、企業は設備投資資金を内部留保でまかなった（参考**図6**）と解釈している（一八五－八頁）。

金融政策の転換は、資金需給や将来期待の変化によって、直ちに金利等に具体的な変化を与える。したがって、金融界にはインパクトがあっただろう。だが、図2、図3に見るように、企業への貸出には変化がなかった。これは、実体経済には直ちにはインパクトを与えなかったことを意味する。

そもそも、金融投資の失敗と実体経済企業の設備投資失敗の影響の差は桁違いに大きい。実体経済企業にとっての設備投資は、自らの生死を分ける重大な意思決定である。単に金融政策が転換したという認識だけで、重不況下で新たな設備投資の決断が下せるものだろうか。

（20）政策レジームとは、個々の政策的な「措置」とは異なり、「一般的戦略あるいは繰り返し措置をとるためのルール」を言う（サージェント［一九八八］第3章五九頁）。ここで「措置」は個々の政策や施策あるいはさらにそれらに基づく個々の行政の活動を意味すると考えて良い。これに対して、レジーム転換とは、個々の政策的な措置の単独の変化ではなく、政策レジーム全体が入れ替わることを言う。その結果、変化後の政策レジームに基づいて個々の措置も一斉に変化する。

図7　昭和恐慌期前後の市中金融機関総資産額の推移

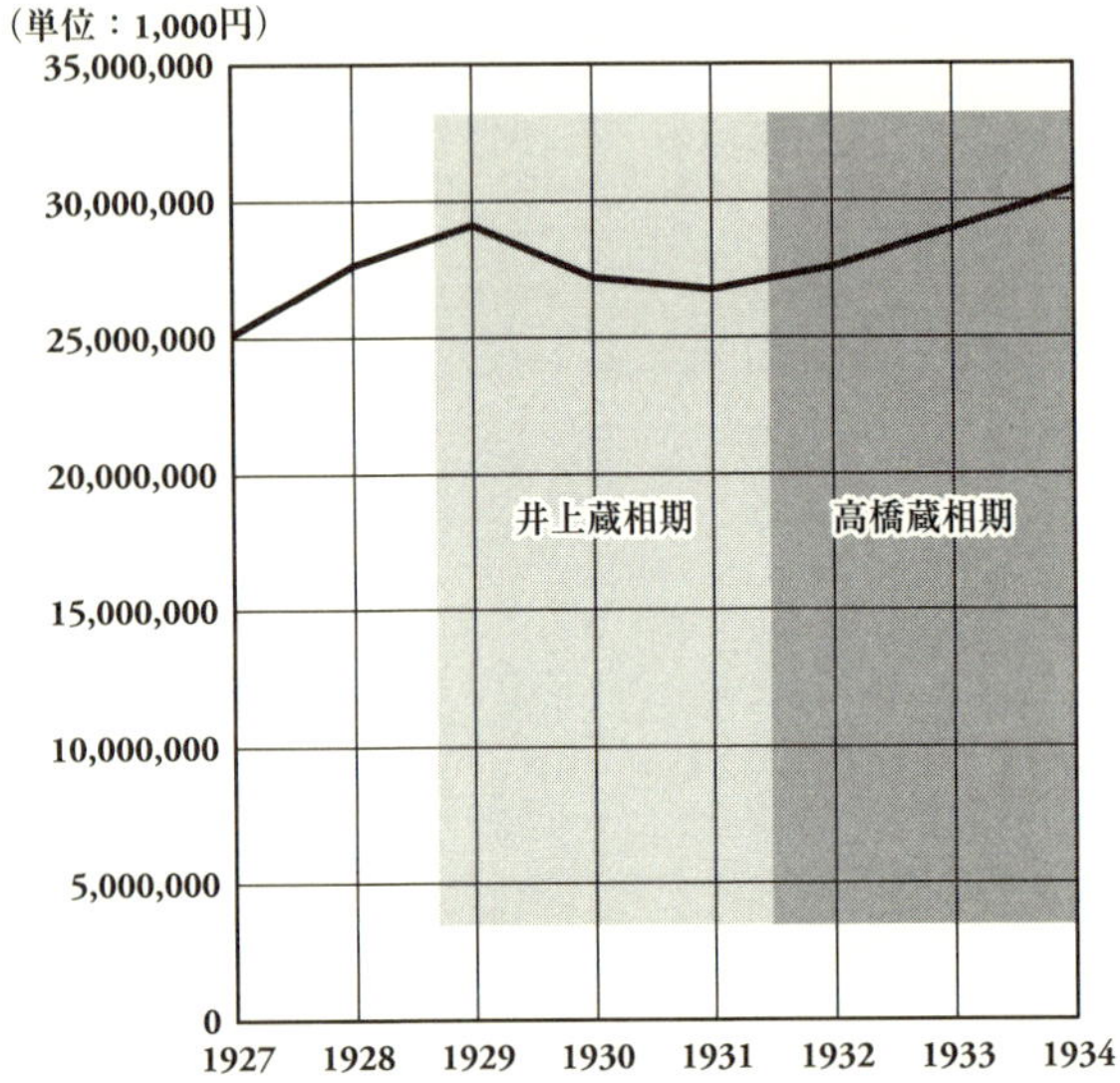

データ出所：藤野・寺西［2000］

むしろ、緊縮財政から財政出動という明確な転換があり、それが実体経済に具体的な需要を追加することではじめて、実体経済企業は、レジーム転換を実感し、設備投資を行うことができたのではないだろうか。レジーム転換は必ずしも金融政策の独占物ではない。

以上の簡単な検討からは、大恐慌からの回復過程については、金融政策の変化が実体経済、GNPの変化を引き起こしたとは言えないようにみえる。

5　日本の昭和恐慌も同様

では米国以外ではどうだろうか。米国の大恐慌と同時に発生した日本の昭和恐慌を見てみよう。**図7**は当時の日本の市中金融機関の資産総額（マネーストックの変化とほぼ連動）の推移である。

図7のように、井上蔵相期には、緊縮財政と

金解禁政策（三〇年一月実施）などにより、二九年をピークに、（米国ほどではないが）市中金融機関の資産残高が減少している。これが昭和恐慌である。そして、三一年一二月に就任した高橋蔵相の積極財政下で、三三年には二九年のピークをおおむね回復した。

この回復は、岩田［二〇〇四］などの見方のように、金融政策の転換が原因だろうか。そこで、市中金融機関の資産の内訳の変化を**図8**で見てみよう。まず、民間向けを見ると、貸出金ははっきり減少している。また、株式・社債投資はわずかな伸びに止まっている(21)。

これに対して、総資産の伸びは、主に内国債・地方債投資に依存している。高橋財政といえば三二年一一月からの「日銀の国債引受」が有名だが、日銀は、その約九割を売りオペで市中金融機関に売却しており、市中金融機関の国債保有増は日銀の四倍以上の規模となっている(22)。景気回復期の銀行総資産の増加は、金融機関の国債投資の増加ではじめて実現したのである(23)。

---

(21) 貸出の減少は国債発行によるクラウディング・アウトだろうか？　しかし、この間、図7で金融機関の資産残高は増えている。これはほぼ同額で負債側の預金が増えているのである。つまり、金融機関からの貸出の減少にもかかわらず金融機関以外の民間の資金量が増えている。また、市中金利の上昇は特に見られない。したがって、貸出減少は企業が借入金の返済に努めていることを意味すると考えられる。

(22) 日銀の内国債及び地方債保有額は一九三一年から三四年の間で三・九三億円の増加、これに対して市中銀行は一七・〇二億円の増加。金融以外の民間は一・六八億円の増加、海外は〇・二四億円の減少である。また、政府財投部門は一二・九五億円の増加である。

(23) 岡田・安達・岩田［二〇〇二］［二〇〇四］は、国債の日銀引き受けの開始二か月前から物価が上昇し始めていることを、レジーム転換による期待変化の証拠としているが、すでに政府の三二年度一般会計予算総額は前年度比三五％増と急増しており、第3章で見た発注段階の景気波及メカニズムを考慮すれば、物価の変化は自然なものと言える。政府の発注があれば、リスク・不確実性の高い恐慌下でも安心して原材料や労働者を手配できたはずだからだ。また、三一年一二月の金本位制からの離脱によって輸出も増加していた。

図8　昭和恐慌期前後の市中金融機関資産額内訳の推移

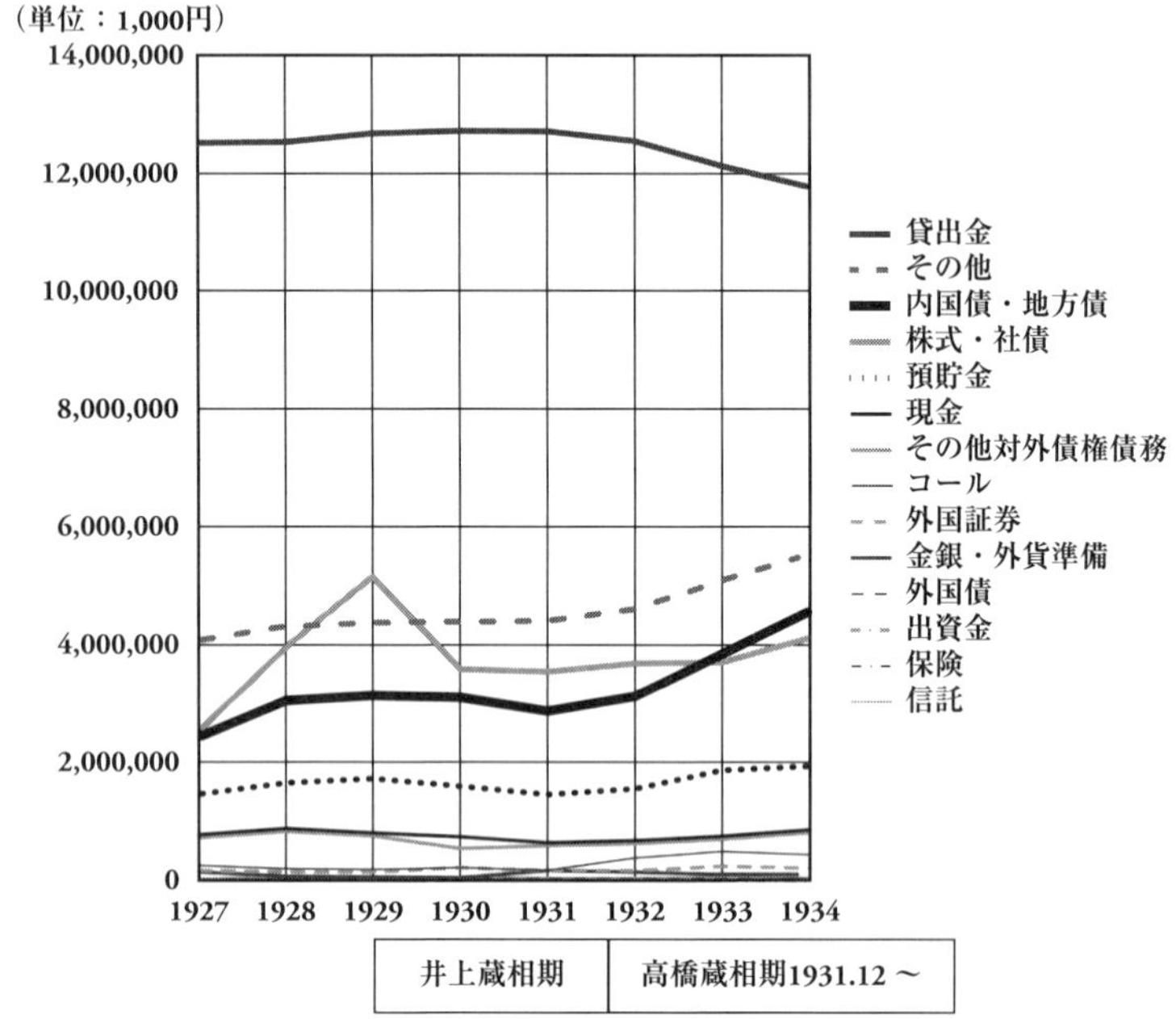

データ出所：藤野・寺西［2000］

すなわち、米国と同様、景気回復は、金融機関から企業への直接の資金供給で設備投資等が増加して生じたのではない。マネーストックの変化も、米国と同様、財政出動拡大のために国債が増発され、銀行が国債投資を拡大したことで生じたのである。

以上のように、米国の大恐慌、日本の昭和恐慌、日本の長期停滞下の二〇〇〇年代の量的緩和といういずれも重不況下の三つのケースでは、マネーストックの規模は、国債の発行規模に左右される割合が大きかったと考えられる。マネーストックは財政出動に従属して変化したと考えられるのである。これは、設備投資などの民間経済活動の回復が、金融面のレジーム変化で生じた期待の変化によるというよりも、政府発注の拡大で生じたことを示すと考える。

第4節　財政出動とその評価

財政出動の効果については、ニューディール政策の効果の否定をはじめ、理論的、実証的な否定論が多い。本書の目的の一つは、その反証を提示することだ(24)。

なお、C・ローマーも、オバマ政権の大統領経済財政諮問委員長就任直後の〇九年三月の講演では、「自分の研究が財政政策の効果がないと受け取られたのなら、それは違う。単にニューディール政策での財政出動の規模が小さかっただけだ」と整理している。これは、一九四〇年以降の戦争特需に伴う財政出動を前提とするもので、出動の規模が大きいなら効果も大きいという主張を意味する。ローマーは、ローレンス・サマーズとともに、世界同時不況対策として、米国の大規模な財政出動を主導した。

1　回復要因を各需要項目の変動で見る

大恐慌からの回復を需要の変動から見てみよう。需要側の対策を考えるには、需要を項目に分解して考えるのが有効だ。需要は通常次のように分解される。

総需要＝民間消費＋住宅投資＋民間設備投資＋純輸出＋政府消費・投資(25)……(2)

需要不足からの回復には、需要を構成する各項目のいずれかが増加すればよい。**図9**は二九年を一〇〇

(24) 理論的には、クラウディング・アウト、リカードの公債中立命題、マンデル・フレミング・モデルなどに係わる論点がある。

(25) これらについては、本書の第6章、第8章で整理する。在庫投資は省略した。

図9　大恐慌期米国GDP構成項目の1929年比の変動

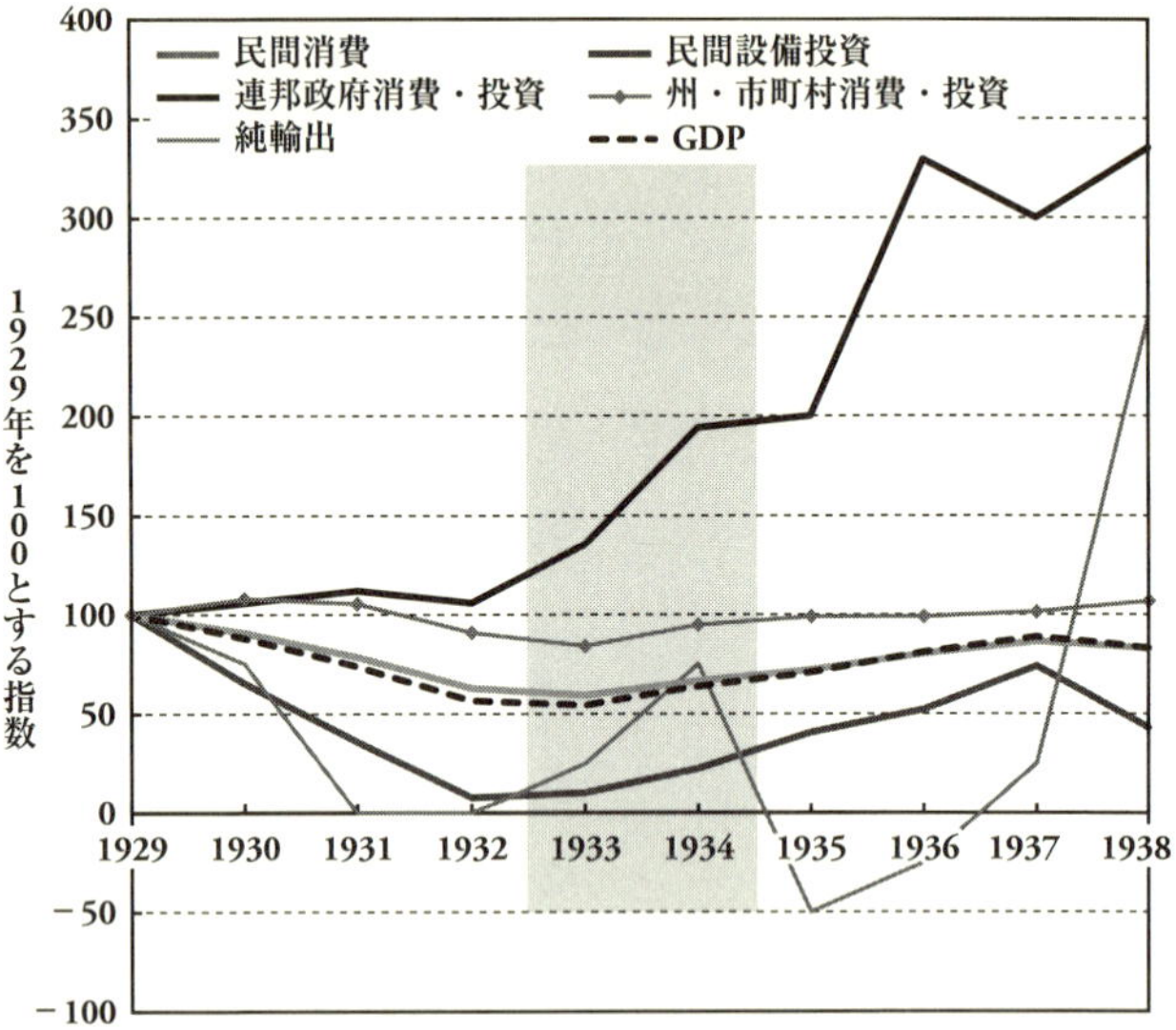

データ出所：米商務省経済分析局（Bureau of Economic Analysis）

とする指数だが、三三年を底とする回復期を見ると、「連邦政府消費・投資」つまり財政規模拡大の変化率がもっとも大きい。

民間設備投資・純輸出の動向

もっとも、民間設備投資の変化は二九年からの落ち込みが大きすぎるために小さく見えるが、三三年から三四年への変化は実額で一七億ドルから三七億ドルへと二〇億ドルの増加である。一方、連邦政府の支出は二三億ドルから三三億ドルへと一〇億ドルの増加にすぎない。これは民間設備投資の伸びが重要であることを意味するのだろうか。

だが、図2、図3を見れば、銀行から企業への「貸付」等は増加していないから、この設備投資増加には、金融政策の変化は、直接は関係していない。財政出動が設備投資を誘発したと考えられる。

図10　大恐慌期米国の公共建設の推移（軍関連を除く）

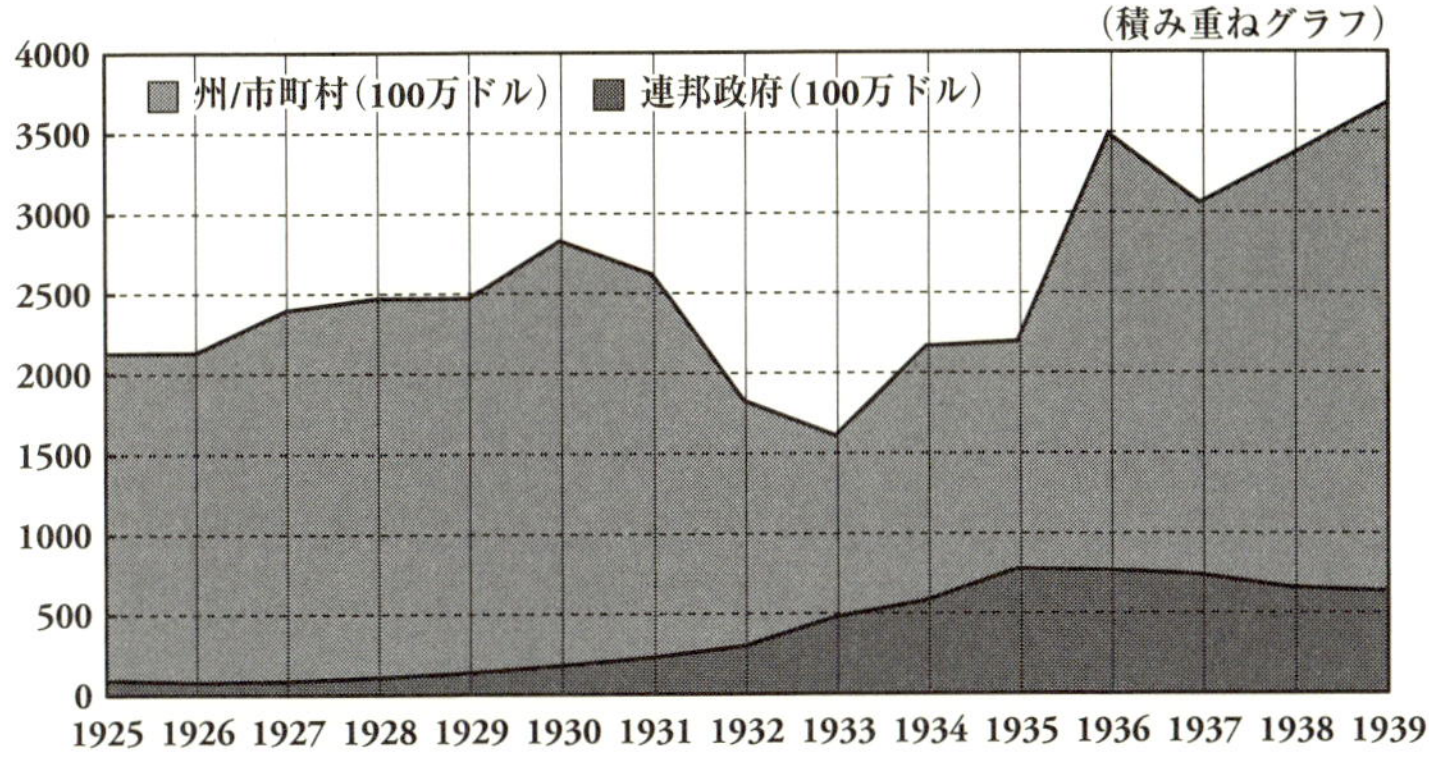

データ出所：全米経済研究所（National Bureau of Economic Research），NBER Macrohistory Database

なお、純輸出（貿易黒字）は三三−四年と伸びているが、実額では一億ドル（三三年）から三億ドル（三四年）程度であり、寄与は比較的小さい。

連邦公共投資と州政府・市町村の公共投資

公共投資の増加は、フーヴァー政権で既に計画され、起動されていた。ただし、その後の税収の急速な落ち込みに対応して、財政均衡を優先する方針が取られた（増税も行われた）し、州政府、地方政府（市町村）に対する連邦政府の支援は行われなかった。

　このため、財政均衡を強く義務づけられている州政府、市町村の公共投資は、税収の減少にしたがい三三年に向けて急速に縮小した（**図10**）。三三年三月に大統領に就任したルーズベルトは、方針を転換し、連邦公共投資を引き続き拡大するとともに、州、市町村の税収縮小に対応する支援措置を取った。この結果、三四年以降は、州・市町村の公共投資は急増した。これは、連邦政府の強力な政策的支持によってはじめて可能になったのである。

図11　連邦政府支出の推移（両大戦と戦間期）

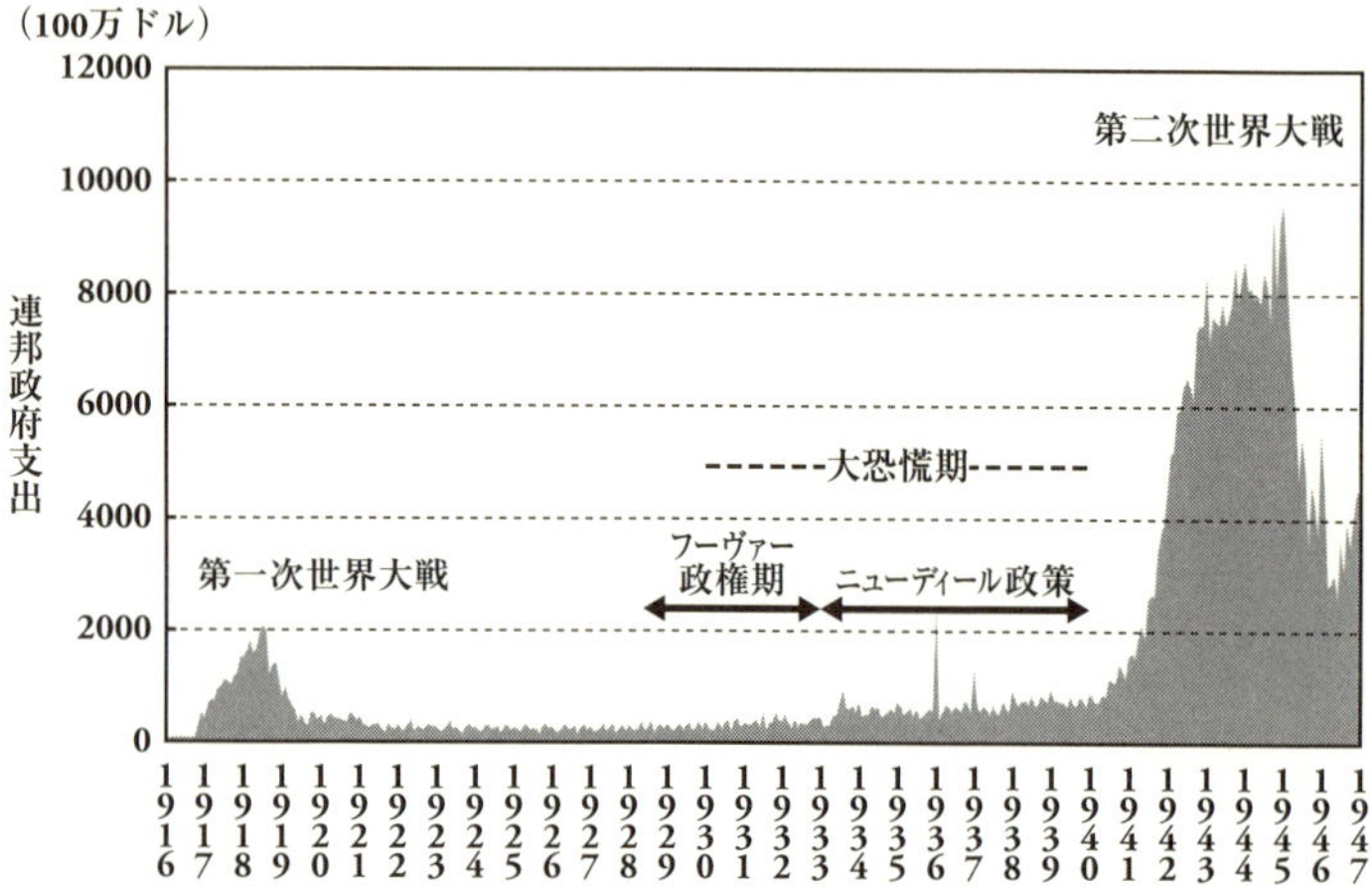

データ出所：全米経済研究所（National Bureau of Economic Research），NBER Macrohistory Database

図12　大恐慌期米国の名目GDPの推移

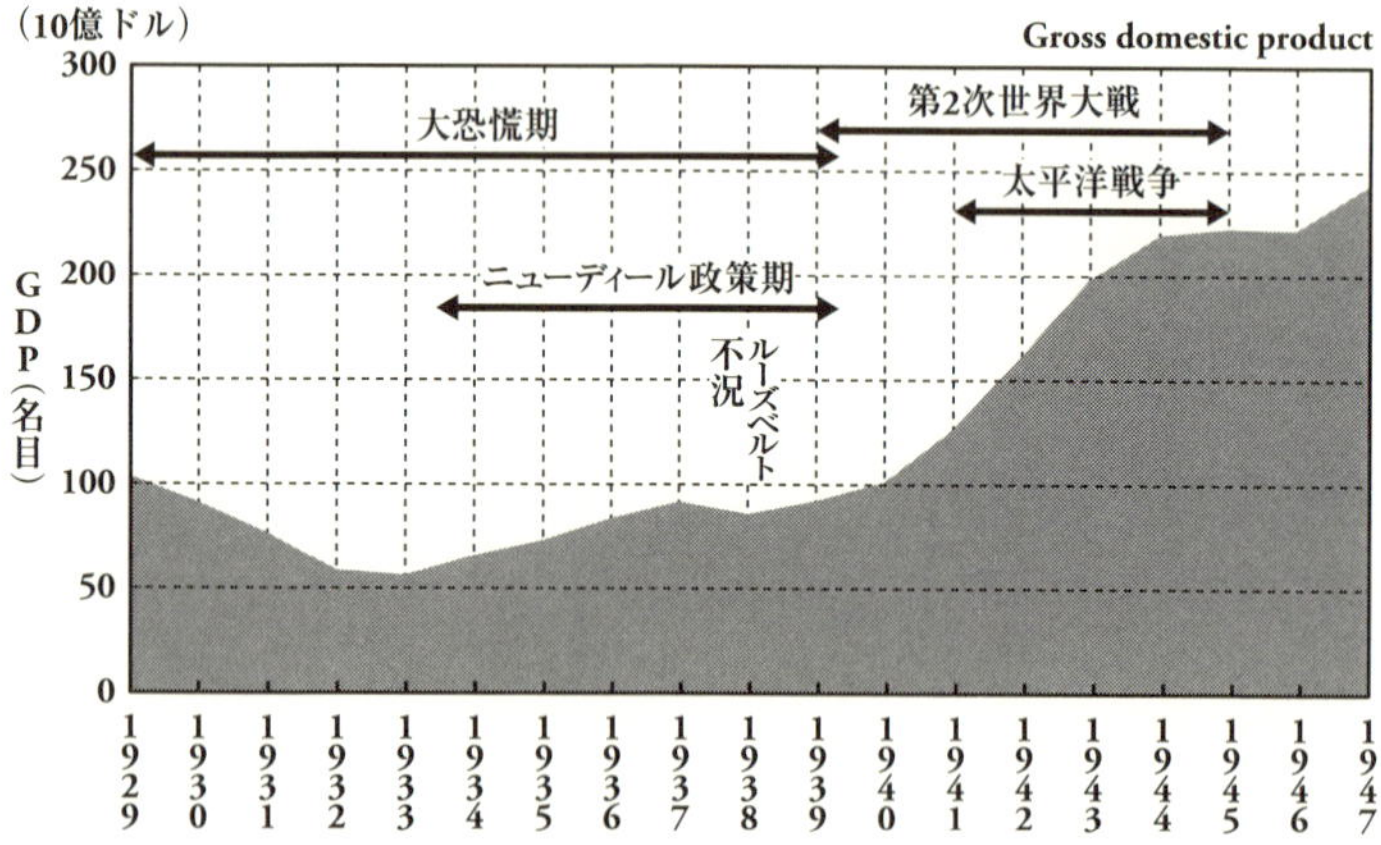

データ出所：米商務省経済分析局（Bureau of Economic Analysis）

また、財政出動については支出ベースのデータが当然のように使われているが、先に見たように、実際の経済への影響は「発注ベース」を考慮しなければならない[26]。連邦公共投資は規模が大きく工期が二、三年にわたるものが多い。したがって、連邦政府のウエイトの増大は、発注段階の効果により、支出ベースで見る以上の効果があったと考えられる。

第二次世界大戦による財政出動との比較

ルーズベルトは、三六年には財政再建路線に転換し三七年には歳出を削減したため、ルーズベルト不況に突入した。しかし、その後に生じた第二次世界大戦では、**図11**のように従来のレベルを超える大規模な財政出動が行われ、米国経済は完全雇用を達成したのである。C・ローマーの「財政出動は規模が大きければ効く」という主張の意味は、一見してあきらかだろう。大恐慌期・ニューディール期の連邦政府の支出は、フーヴァー政権期に比べれば水準が明確に切り上がっているが、両大戦期の支出に比べれば極めて小さい。

また、戦争で積み上がった巨額の累積赤字を考えれば、平時の「財政出動の持続可能性」問題が、どの程度のものかも理解できる。第二次大戦後の米国の累積債務は、GDP比で見て今の日本ほど悪くはないが、これは、**図12**で明らかなように、当時の米国が、戦争に伴う政府財政支出の拡大（財政出動）で

(26) 米国の財政統計は基本的に収入・支出ベースで行われており、経済予測等では普通に経済指標の一つとして月次単位で予測が行われ使われている。これは我が国が予算、決算ベースの統計を使い、収支に対する関心が薄いのとは大きく異なる点である。

(27) 米国商務省経済分析局（Bureau of Economic Analysis）による。

図13　大恐慌期、第2次大戦期の米国失業率の推移

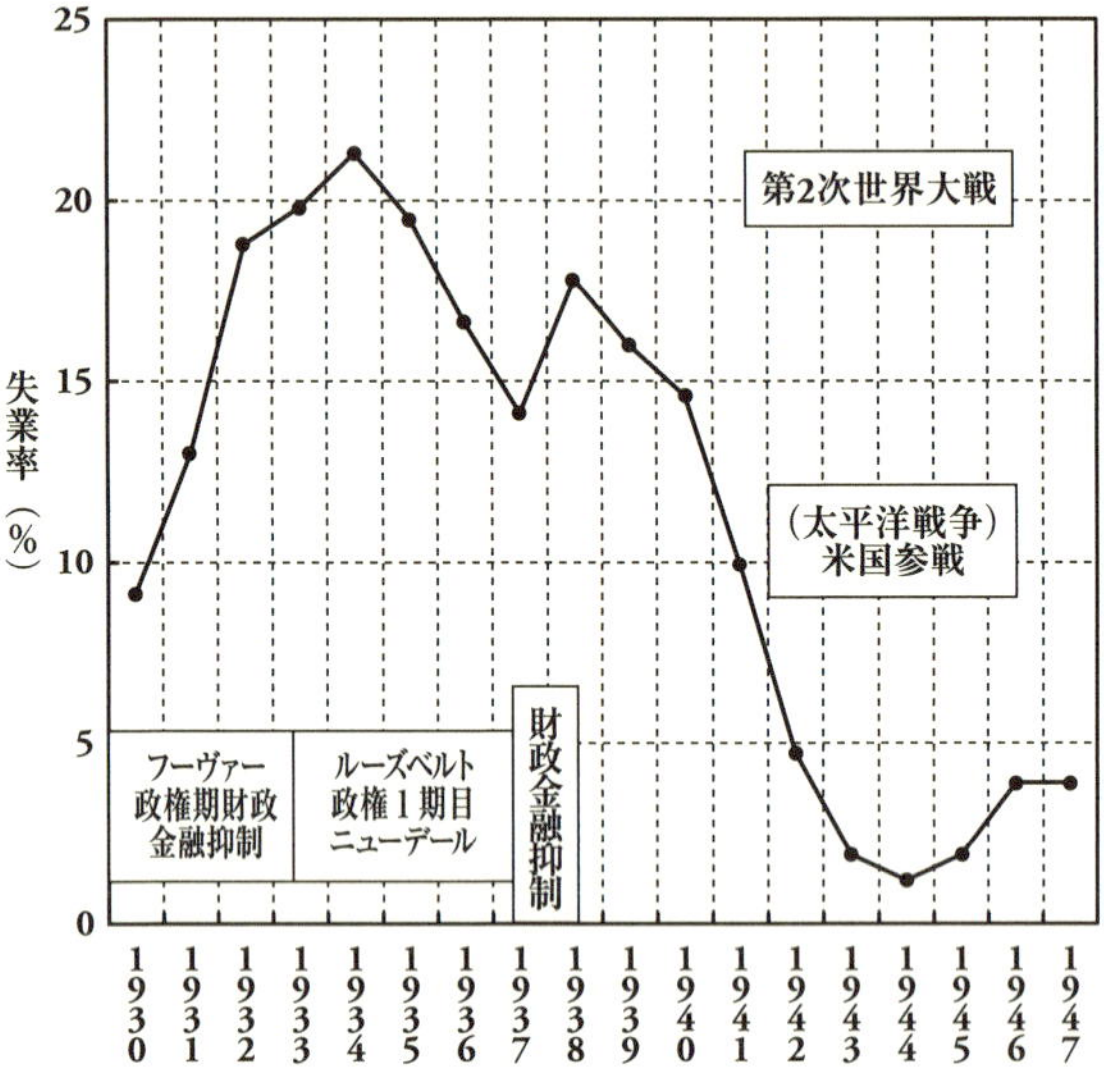

データ出所：1939年以前はCoen［1973］，1940年以降は米国労働省労働統計局

ＧＤＰが約二・五倍に成長したことによるものだ（ＧＤＰに占める連邦政府の消費支出及び投資額は、フーヴァー政権期の三〇年には二・〇%だったものが、ニューディール期の三六年には六・七%に、そして大戦期の四四年には四四・一%に急増した[27]）。

仮に長期停滞下の日本のように、米国の当時の名目成長がほぼゼロだったなら、政府累積債務のＧＤＰ比は現在の日本の比ではなかっただろう。だが、米国は長期停滞の日本のように中途半端な財政出動ではなく、（戦争だからではあるが）図11のように極めて大規模な財政出動を行ったのである。

また、図12の第二次世界大戦期の名目ＧＤＰの急速な伸びや、**図13**に見るようなこの時期の完全雇用状態が、戦争による政府財政支出の急速な増加によるものであり、金融政策によるものではなかったことも明らかだろう。

第3章　日本の長期停滞：構造改革の結末

九〇年代から続く日本の長期停滞については、浜田・堀内・内閣府［二〇〇四］、貞廣［二〇〇五］、林［二〇〇七］、浅子・飯塚・宮川［二〇一一］をはじめ多くの研究があるが、原田・飯田［二〇〇四］は、長期停滞の説明仮説を次の五つに分類している（三一－四頁）。

(1) バブル仮説――バブルとその崩壊が長期の不況をもたらした。
(2) 構造問題仮説――生産性を低下させる構造問題が九〇年代の成長率を低下させた。
(3) 財政政策仮説――不十分な政府支出が経済回復を妨げた。ただし、逆に、過大な政府支出がいわゆる〝非ケインズ効果〟を通して回復を妨げたという財政政策仮説もある。
(4) 金融システム仮説――金融システムの機能低下が経済成長率を低下させた。
(5) 金融政策仮説――不十分な金融緩和が長期不況をもたらした。

これらについて、原田・飯田は、まずバブル仮説については、バブルの規模とバブル崩壊後の停滞の規模を比較し、日本のバブル崩壊後の停滞をバブルでは説明できないとした原田〔二〇〇三〕を紹介している。次に構造問題仮説については、労働時間あたり実質ＧＤＰがほとんど低下していないこと、ＴＦＰ(1)は九〇年代にはほとんど低下していないこと、「日本は八〇年代にも九〇年代と同じ構造問題を持っていたのだから、構造問題が九〇年代の成長率低下の原因ではありえない」ことなどから否定的に整理している(2)。また「〝非ケインズ効果〟仮説は、実証的根拠に乏しい」としている。

第1節　長期停滞の発生と経過

日本の長期停滞の発端は、九〇年代初頭のバブル崩壊だった。そのバブルの遠因は、八五年のプラザ合意後の円高対策として、金融緩和政策が続けられたことにあったと考えられている。しかし、金融緩和に見合うほどは設備投資が増えず、使われない資金は土地や株式市場などに流入して資産価格が高騰した。消費者物価上昇率は比較的低かったが、高騰する資産価格が消費者物価上昇に転化することを恐れた日銀が金融引き締めに転じ、また大蔵省も不動産関連業種への融資規制（「総量規制」）に転じたことから、土地市場への資金流入が止まったことで資産価格は低下に転じ、バブルは崩壊した。

この結果、九〇年度の実質経済成長率六・二％は、九一年度に二・三％に、さらに九二年度には〇・七％へと連続的に低下し、九三年度にはマイナス成長（▲〇・五％）となった。

このため、九一－三年度にかけて公共事業が拡大され、さらに九五年度には阪神淡路大震災復興のための公共事業があり、景気は九五年度には持ち直しの動きを見せた。

しかし、景気回復をみた橋本内閣は、九六－七年には緊縮財政と消費税増税等を内容とする財政改革を行ったところ、九七－八年には再度の大不況に転落した。この大不況の原因としては、九七年のアジア通貨危機と国内金融危機が上げられることもあるが、重不況対策としての経済対策の実施から財政再建路線への転換過程と経済の再落込みの経過は、米国大恐慌の回復途中で生じた三七－八年のルーズベルト不況の経過と非常によく似ている。九七－八年連続のマイナス成長を受けて、九八－九年度に行われた景気対策では、従来に比べて公共事業よりも減税が重点的に選択された。減税は、不況下では景気対策としての効果が限定される上に、以後の継続的財政赤字拡大の原因にもなった。

このような財政赤字と長引く景気低迷を見て、財政出動には効果がないとの見方が支持を集めていった(3)。その結果、サプライサイド政策重視の主張が影響力を強め、〇一年以後は小泉構造改革が行われた。

しかし、構造改革後現在まで日本は失業率が高止まりし、一般物価の停滞、下落が長期に続き、巨額の財政赤字が止まらず、低成長が続いている。世界同時不況への対応に腐心している欧米各国では、日本のような長期的停滞を「日本化」（ジャパナイーション）と呼び、陥りたくない反面教師として恐れている。

（1）TFP（全要素生産性）：新古典派成長理論では、成長要因は三つに分解される。第一は「資本投入」、第二は「労働投入」である。そして、この二つで説明できない残余を通称で「ソロー残差」といい、TFP（全要素生産性）の変化として把握する。通常、このTFPは「技術進歩率」を表すものと考えられている。

（2）なお、原田・飯田［二〇〇四］では、残る三つの仮説を中心にVARモデルによる推計を行い、「検討の結果、一般には有力と考えられている構造問題説、金融機能低下説は退けられ、不十分な金融緩和が長期不況をもたらしたという結論を得ている。

（3）財政出動の効果が低く見えた理由としては、リチャード・クーのバランスシート不況説（第3節参照）や大恐慌期の米経済学者アーヴィング・フィッシャーの負債デフレ理論のメカニズムが考えられる。負債デフレ理論とは、不況で名目利子率が低下しても、物価低下で期待インフレ率も低下して実質利子率はそれほど低下せず、負債の実質負担が増大するため、債務圧縮が優先されて設備投資減少や資産売却でさらにデフレが促進されるというものである。

第2節　金融政策とその評価

九九年二月から〇六年三月までのゼロ金利政策－量的緩和政策期の金融政策については、効果があまりなかったとの理解が多い[4]。あらためて金融政策の可能性について具体的に見てみよう。

1　金融緩和に関する三つのシミュレーション

九〇年代初頭のバブル崩壊前後から長期停滞期の日本の金融政策については、特に米国の金融専門家は、バブル崩壊後日本銀行が十分な金融緩和を行えば、その後の長期停滞は避けられたと主張した。ＦＲＢ（米連邦準備制度理事会）は、グリーンスパン時代からバーナンキ現議長期まで、資産価格の上昇は、それがバブルか正常な上昇かの判別が困難であり、しかも適切に抑制することは困難であること、仮にそれがバブルだったとしても、崩壊後に十分な金融緩和を行えば、経済への影響は抑えられると主張していた。この「バブル対策はバブル崩壊後にとればよい」というのがいわゆるＦｅｄビュー[5]である。この背景には、（第２章でふれたように）バーナンキらによる大恐慌の発生と回復を金融要因で捉える通説があった。これからすれば、適切な金融政策さえ取れれば回復は容易であり、再び大不況のような重不況が発生し、長期に続くはずはなかった。一方、欧州の中央銀行関係者は事前の予防対策を主張した（ＢＩＳビュー[6]）。もちろん、世界同時不況後Ｆｅｄビューの説得力は地に落ちた。

Ｆｅｄビューの妥当性は、バブル崩壊後に、崩壊の負の影響を十分に抑え得るような金融政策が可能かどうかに依存する。もちろん、Ｆｅｄビューでは、大恐慌理解の通説に従って十分可能だと考えられていた。この通説からすれば、日本の長期停滞の原因は、日本銀行の金融政策の失敗以外にはあり得なかった。

アハーンらのシミュレーション

その論拠として、バーナンキらＦＲＢ首脳にしばしば引用されたのが、アハーン他の研究（Ahearne *et al.* [2002]）[7]である。彼らはＦＲＢの標準的なニューケインジアン・モデル（ＦＲＢ／Gloal Model）を使用し、政策金利を九〇年代の三つの時点で（実際の日銀よりも）二・五％分ずつ余分に引き下げた場合のシミュレーションを行っている。

その結果は、消費者物価上昇率を最大二％程度押し上げる効果があるとの結果が示された。しかし、それが成長率に与える影響は小さい。例えば九五年に名目金利を引き下げるケースでは、成長率の押し上げ効果はほとんど見えない。

この研究について、田中［二〇〇六］は九〇年代には金融政策の有効性を左右する構造変化があったにもかかわらず、この研究が八〇年代を含むデータを用いて推定した政策ルールで評価している問題を指摘し、金融政策の効果が過大に評価された可能性を示唆している（二〇七頁）。また、白川［二〇〇八］（元日銀理事、その後日銀総裁）は、「この時期の日本経済を特色づけた…資産価格の下落に伴う自己資本の大

（4）田中［二〇〇六］（第4章）は、日本の七九－〇五年について準備市場と「実物経済」のレジームシフト計量分析を行い、通常期は金融政策と生産には因果関係が見られるが、ゼロ金利政策－量的緩和政策期（九九年二月－〇六年三月）には、多くの因果関係が消滅し、金融政策は有効ではなかったと結論している。

（5）Ｆｅｄとは、Federal Reserve Systemの略。つまり米連邦準備制度のこと。

（6）ＢＩＳはスイスのバーゼルに本部を置く国際決済銀行のこと。

（7）アハーンは連邦準備制度のスタッフである。

幅な毀損が経済に深刻な影響を与えたルートは組み込まれていない」（四〇九頁）。さらに翁（元日銀金融研究所長）〔二〇一一〕も「日本、そしてその後米欧で経験する金融危機は、金融市場の機能低下および金融機関の萎縮が実体経済を支える機能を失うことによる…日本経済の資金循環は阻害されているが、金融政策効果だけはこれと無関係に、平時同様、経済に脈々と波及していくことが想定されている」（一六一頁）と評している。

木村らのシミュレーション

木村他〔二〇〇七〕[8]は、日銀出身の白川、翁両氏の批判とおおむね同様の観点を考慮して、あらためて日本経済の大型マクロモデルであるＪＥＭ（Japanese Economic Model）を用いて分析を行っている。具体的には、九三年上期から九五年上期にかけて名目短期金利を実績よりも最大でさらに一％引き下げた場合のシミュレーション結果が**図14**である。[9]その上図にみるように、物価に対しては、やはり効果があると言えるものの、図14下図を見ると、やはりＧＤＰ成長にはほとんど効果がないようだ。

川崎・青木のシミュレーション

川崎・青木〔二〇〇四〕は、「短期日本経済マクロ計量モデル」を使い、テイラー・ルール型の政策反応関数をベンチマークとした金融緩和のシミュレーションで、現実の日銀の金融緩和政策に対して一％ポイントのコールレートの引き下げは、実質ＧＤＰを〇・一－〇・二％程度しか増加させないという推計結果を示している。

図14 木村らのシミュレーション

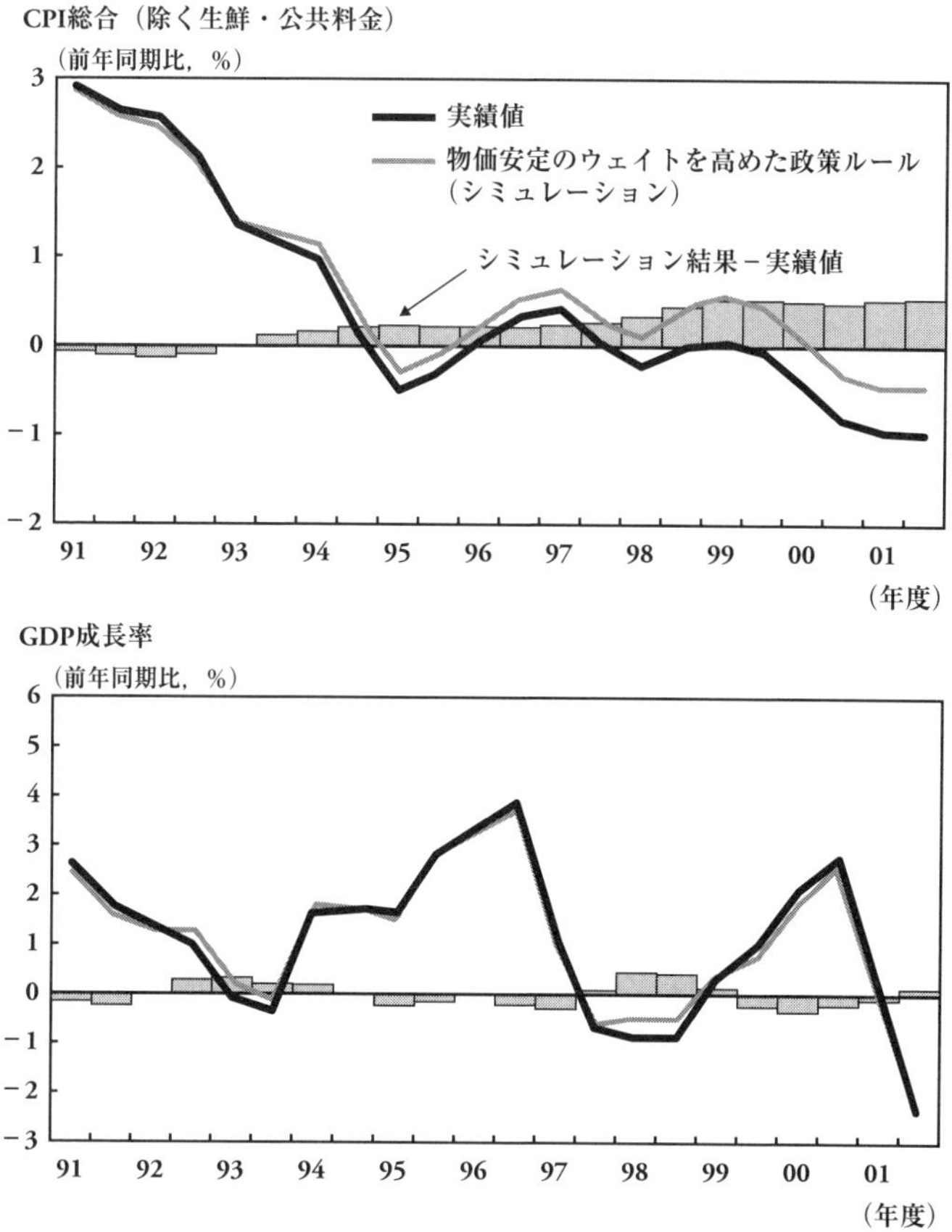

出所：日本銀行［2006］木村他著，ワーキングペーパー「バブル崩壊後の日本の金融政策」（2月）p.54

（8）日銀スタッフである。

（9）なお、アハーンらのシミュレーションは四半期単位であるのに対して、木村らのそれは半年単位である。

以上のように、異なる複数のモデルを使ったいずれのシミュレーションでも、緩和的な金融政策がGDP成長率を押し上げる効果は小さいという結果が出ている。

2　金融緩和による設備投資増加という経路は機能したか

金融緩和政策は、通常、中央銀行が、市中の金融機関が保有する資産（基本的には国債）を買い上げ、その代金を、その金融機関が中央銀行に持つ当座預金口座に振り込むことで資金を供給する。問題は、この資金が金融機関から実体経済の企業や家計へどう流れるかである。

金融緩和政策が景気に影響を与える経路の第一は、低利資金による設備投資の増加である。金融緩和で低金利の資金が潤沢に供給されると、企業がその資金を借りて積極的に設備投資を行うため、需要が増加して景気が回復するだろうと考えるのである。

重不況下では企業自身に資金需要がない

だが、特に重不況下では、企業が「借りたくない」ことが多い。第一に、企業が設備投資のリスク・不確実性（倒産リスクなど）が高いと考える場合である。実際、今回の世界同時不況でも、企業がリスク回避的な行動を一斉に取り、設備投資が急減している。

第二に、バランスシート調整である。バブル崩壊で、資産価格が急低下すると資産と負債のバランスが崩れ、過大な負債を抱えて存続の危機に直面した企業は、負債圧縮のために、資金を負債の償還に優先的に投入する。その結果、設備投資は減少する。

第三に、経済停滞で売上げの将来見通しが低くなり、予想できる売上では設備投資資金の回収が難しいと企業が予測する場合だ。こうした場合には、当然、企業は設備投資を抑制するのが合理的だ。

これらの状況では、設備投資を決定するのは、資金を供給する銀行側ではなく、実体経済企業の側になる。企業に設備投資の意思がないなら、銀行からお金を借りる必要はない。このとき、銀行は国債などの債券投資で資金を運用するしかなく、債券価格が上昇（金利は低下）するだけになる。これは、まさに長期停滞下で我々が見てきた状況である。

金融仲介機能低下ではないが、金融政策の有効性は低下

杉原・太田［二〇〇二］は、バブル崩壊による資産価格下落で銀行の金融仲介機能（融資の可否を判断し貸し出す機能）の低下が設備投資に影響したかどうかを分析した結果、銀行側の問題は必ずしも強いものではなく、バランスシート調整に向けた企業自身の設備投資縮小の判断が資金需要の低迷をもたらしたと結論している。特に、製造業については、大・中堅企業、中小企業とも、銀行側が貸出を抑制した影響は検出されていない。

図15は、金融機関の預金残高と貸出残高の比率を示す「預貸率」の長期推移を示している。この図で、預金と貸出の推移を見ると、九〇年代初頭までは、預金と貸出はほぼ連動して変化している。ここでは、金融政策は有効に見える。ところが九〇年代以後は、預金と貸出の連動が失われている。預金残高は増えているのに、貸出は伸びずむしろ減っている。負の相関といってもいいだろう[10]。これが直ちに金融政策の無効を意味するとは言えないが、少なくとも、比較的軽微な景気変動下とは異なる状況が生じ、金融政策

図15　預貸率の推移（長期：1979年度以降）

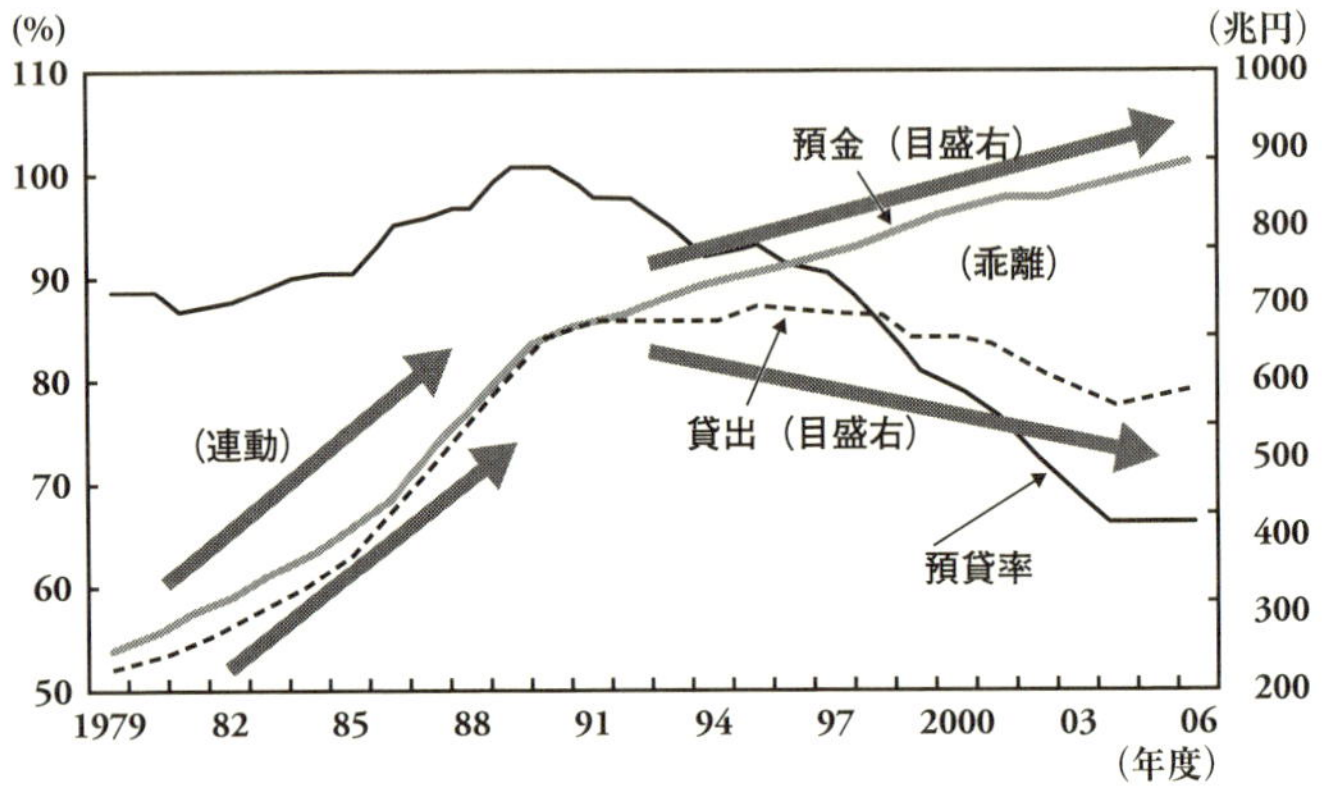

注：1.　日本銀行「資金循環統計」により作成。
　　2.「銀行等」の金融資産負債残高により作成。
出所：内閣府『日本経済2007－2008』（2007）に一部加筆。

の有効性は大きく低下していると考えられる。[11]

この時期、設備投資と銀行借入は連動していない

次に、九〇年代から二〇〇〇年代前半の企業の銀行借入と設備投資の関係を見てみよう。すると両者はほぼ無関係というしかない（**図16**。なおＱ１は各年の第１四半期を示す）。

例えば、九三年の銀行借入の山と九七年の設備投資の山は、離れすぎている（四年近い）。また、九八年は設備投資が大きく落ち込んだが銀行借入にはそれにかかわる変動が見えない（中小企業のみで見ても同様）。さらに九一－二年や〇一－四年を見ると、銀行借入は設備投資の変化に遅れている。これは大恐慌で見られた状況と同様であり、銀行借入の変動が設備投資の変動をもたらしているとは言えない。[12]

設備投資と経常利益は連動している

図16とは対照的に、企業の経常利益と設備投資の変動

には比較的はっきりした関係が見える（図17）。しかも、まず経常利益が変化し、その後に設備投資が増加するという時間の前後関係が明らかである。これは、重不況下では、企業は、現実に利益が出始めてから設備投資に着手していることを示している。

この間、物価上昇は大きくないから、経常利益の上昇は、価格上昇ではなく販売数量が増えたためだ。生産数量が増加し、遊休化していた生産設備や労働力の稼働率が上昇し、設備や労働力の効率性が上昇したことで利益が増加し始めたのである。稼働率が上昇すれば、既存の生産能力が限界に達しつつある状況が経営者に見えるから、将来的に不足する生産能力増強のために、設備投資を追加するという意思決定がなされる。このように、重不況下のリスク・不確実性の高い状況下では、企業は現実の売上増加を確認してから、設備投資を行っている。

すなわち、金融緩和政策が設備投資を増加させたようには見えない。長期停滞下では、設備投資を行わないで失う機会損失（予想以上の需要があった場合に生産できずに失う売上）が極めて小さい一方で、過大な設備投資を行った企業が被る「破綻」リスクは極めて大きい。こうした状況は当然だろう。

(10) これには、大企業の資金調達が間接金融から社債発行による直接金融に移行した影響も含まれるが、後出の図22に見るように、九〇年代後半以降企業部門が全体として資金余剰になっていることから、企業が設備投資を自ら抑制していることは明らかだろう。

(11) 本書等が定義する「重不況」とは、こうした金融政策の有効性が低下した状況を指している。

なお、川崎・青木［二〇〇四］は、推定期間の異なる三つのシミュレーション結果を比較して、推定期間が九〇年代後半を含むモデルでは、実質GDPに対する金融政策の効果が小さくなることから、九〇年代後半に金融政策の効果に大きな影響を与える構造変化があった可能性を示唆している（一五四頁表七－一）。

(12) なお、貞廣［二〇〇五］は、これらに加えてグレンジャー因果性テストやVARモデルによる検討からも、九〇年代初頭以降は、（九七、九八年を例外として）「貸し渋り」が原因で設備投資が抑制されたという根拠は乏しいとしている（一二四頁）。

図16　設備投資の伸び率と銀行借入の伸び率（全産業）

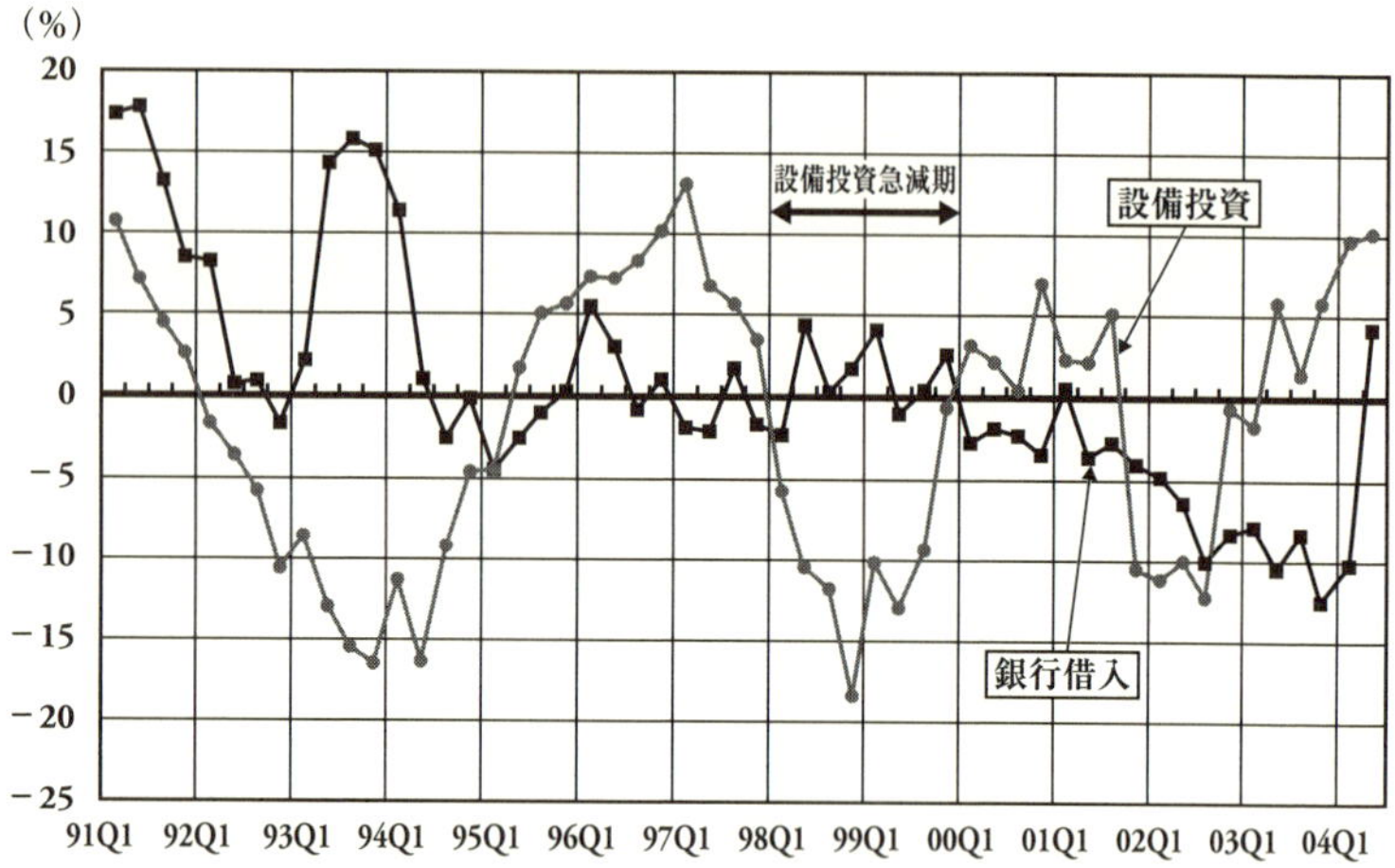

出所：貞廣［2005］p.122（データ出所：財務省「法人企業統計季報」）

図17　設備投資の伸び率と経常利益の伸び率

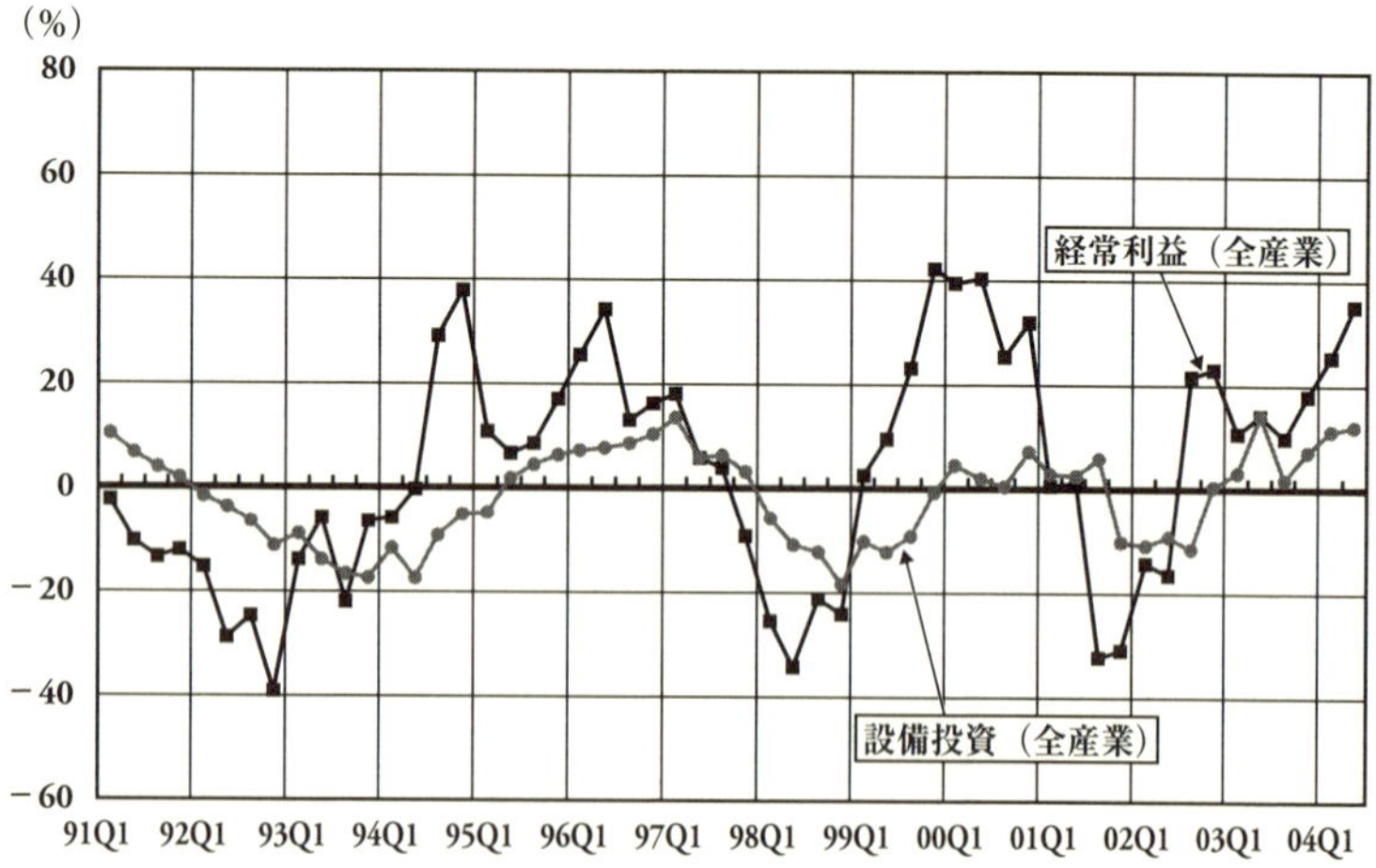

出所：貞廣［2005］p.123

3　金融緩和による物価上昇期待の経路は機能したか

金融緩和政策が景気回復につながる二つ目の経路としては、物価上昇期待を通じた経路があるとされる。しかし、まず企業にすれば、仮に物価上昇期待で企業の売上収入の増加が予想されても、売上数量が増えない予想であれば生産増加の必要はなく、設備投資や雇用を増やす理由もない。

一方、家計は物価上昇を見て、値上がり前にお金を有効に使おうとして消費を増やす可能性がある。だが、感覚的なものだが、一－二％程度の物価上昇では家計は消費を前倒ししようとは考えないように見える。少なくとも五％程度の物価上昇が必要ではないだろうか。これは重不況下では難しい。

こうした問題に加えて、重不況下の金融緩和政策でマネーストックの増加が可能かどうかという問題もある。お金と物価上昇の間には、次のようなフィッシャーの交換方程式がある。

MV＝PT

ここで、Mはマネーストック、Vは貨幣流通速度、Pは物価、Tは取引量であり、貨幣流通速度（V）は、お金（M）が経済活動（PT）の中で何回使われるかを示している。

マネタリストの祖ミルトン・フリードマンは、貨幣流通速度（V）は、長期的には安定しており、取引量Tも安定しているから、Mの変化は結局物価（P）に連動すると考える。したがって、マネーストックを増やせば、物価は（長期的には）上昇すると考えた。また、現金と市中金融機関が中央銀行に持つ当座預金口座等の残高（これらを合計したものをマネタリーベースないしはベースマネーという）とマネーストックには一定の関係（貨幣乗数＝マネーストック÷マネタリーベース）があるから、マネタリーベースを増やしてやれば、市中金融機関から企業や家計への貸出が増え、マネーストックは増えると考える。

ところが、世界同時不況下では、米国をはじめ各国で大規模な金融緩和政策がとられ、マネタリーベースは危機前の二倍の水準に達したが、それに比べると各国ともマネーストックはほとんど増えていない。空前とされる規模の金融緩和でもマネーストックがほとんど増えない理由は、重不況下のリスク・不確実性の上昇や将来の需要見通しの低下等で、（金融的条件とは関係なく）企業の設備投資意欲が低下したまま回復せず、このために、銀行から先に（実体経済に）資金が流れないからだと考えられる。

資金は実体経済には流れないから物価は上昇しない。銀行の選択肢は債券投資しかなく、債券市場では債券価格が上昇し金利が低下する。しかし、設備投資縮小で社債発行は縮小しているから、投資対象は国債が中心になる。このため、国債の発行がマネーストックを左右することになる（コラム2など参照）。

4　金融緩和から自国通貨安による純輸出増加という経路

金融緩和政策で国内名目金利が低下すると、内外金利差にしたがって資金が海外に流出する。すると（資本収支赤字が拡大し）、それに伴う円安による輸出増加で景気が回復するという三つ目の経路がある。日本の量的緩和期には、拡大した内外金利差に反応した海外投資の増加、円キャリートレード（金利の安い円で資金を借り、金利の高いドル債券などに投資して利ざやを稼ぐ取引き）などによるドル買いで円安となり、輸出競争力の向上で輸出が増えて「実感なき景気回復」の主な原因となった。この経路は、金融緩和の効果としては明確で有力なものである。

もっとも、現在の世界同時不況では、主要先進国がいずれも大規模な金融緩和を行ったために、内外金利差は極めて小さくなり、円安は是正されることになった。このように、この経路については、国内の金融政策だけでなく、海外諸国の金融政策などの環境動向やその将来見通しに左右される。

第3節　財政出動と外需による経済三〇年史

「巨額の」財政出動はなかった

貞廣［二〇〇五］は、九〇年代の景気対策を分析し、その中で「一九九二年八月から九九年一一月までの合計九回にわたる景気対策に盛り込まれた公共投資の合計は約五六兆円に上るが、ＧＤＰ統計における政府固定資本形成の九二年度から九九年度までの増加分はわずか五・九兆円であり、両者の乖離はきわめて大きい。景気が一時的に回復した九六年と九七年の前半を除くと、二〇〇〇年度までは切れ目のない景気対策が発動されたにもかかわらず、実績としての公共投資の前年比は九二年度、九三年度、九五年度の三年しかプラスになっておらず、現実の公共投資の前年からの増分は九〇年代後半ではマイナスになっているのである」と整理している（一九七頁）。

ところが、マスコミや国民は、大規模な財政出動を続けてきたと思い込んだ。これは、政治家は、積極的な不況対策をアピールしたいし、財務省は「すでに十分大規模な予算を組んだからこれ以上は無理だ」と印象づけたいために、やはり「大規模な財政出動」をアピールしたいためだ。また、政府が大規模な対策を行う心証を企業に与えられれば、企業の期待も改善するはずで、景気対策としての効果も多少はある。

こうした様々な意図に応じて財政出動規模を大きく見せるために、既存の予算を「経済対策予算」に大量に潜り込ませるといったことは普通に行われていることだ。だから、本当の景気対策として増額された予算が小さい「大規模経済対策」は、それほど珍しくもない。これは、行政に多少なりとも係わった者には常識的に知られていることである。

図18　実質GDP（連鎖方式、年度）経済成長率寄与度

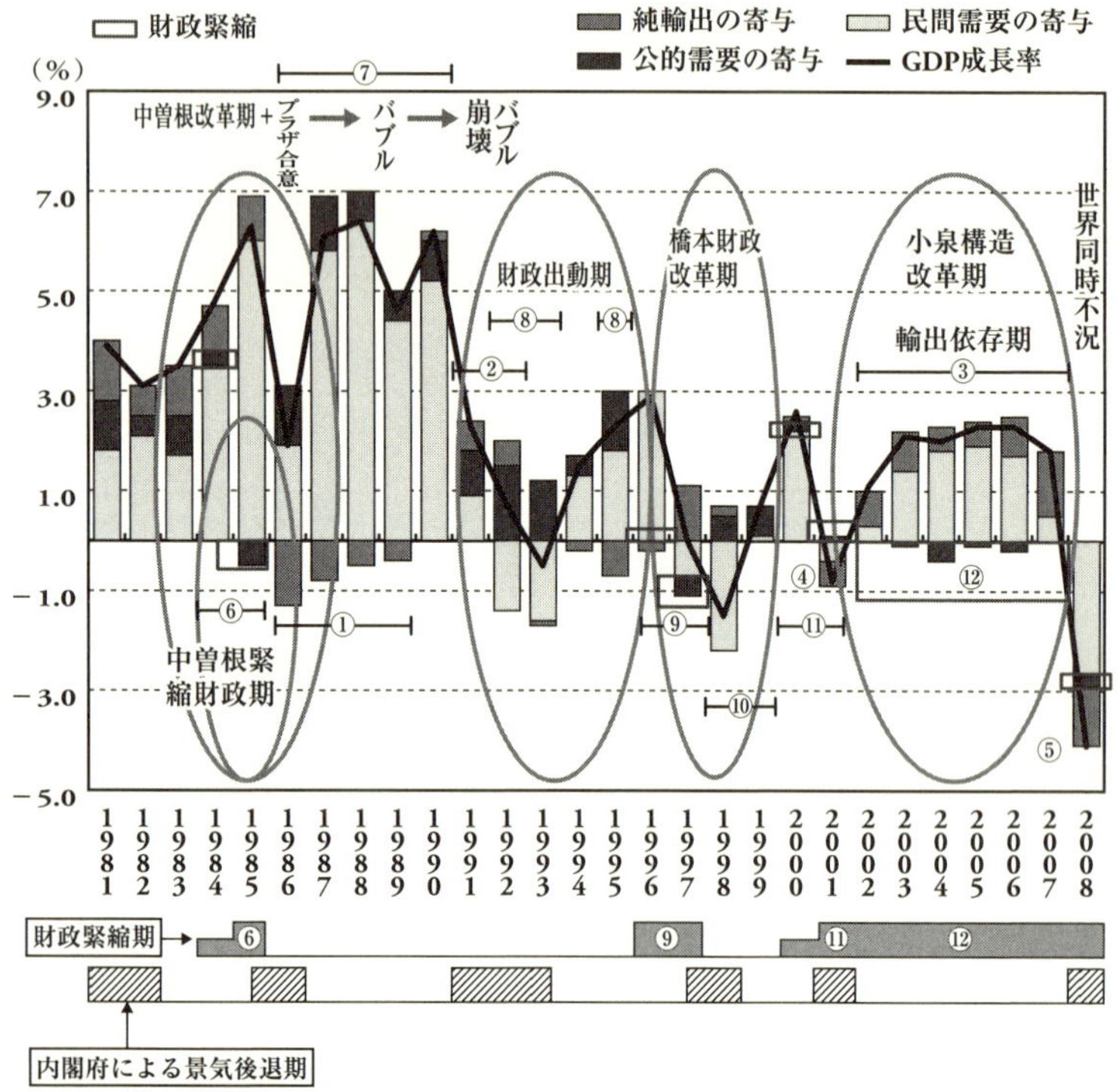

データ出所：内閣府

しかし、実情を知らずに政府発表を見てきたマスコミ、国民や学者には、財政出動が大規模に行われ続けたにもかかわらず、効果がなかったという認識が共有されていった。その結果、必要なのは供給側の効率化だという「構造改革路線」が支持を集めていった。

需要から経済成長を見る

しかし、それは正しい認識ではなかったと考える。以下では、長期停滞下の時代を含む日本のおおむね三〇年間に関して、あらためて需要側の観点から、財政出動と外需（貿易収支黒字）の経済成長への寄与を見ていこう。

図18は、内閣府の国民経済計

算（GDP統計）から、八一－〇八年度の各年のGDP実質成長率に対する寄与を「公的需要」「民間需要」「純輸出」の三つに分解したものである（公的需要には公共投資や政府最終消費支出などが、民間需要には民間最終消費支出、設備投資、住宅投資などが含まれる。また、純輸出（貿易黒字）＝輸出－輸入である）。

1　外需（純輸出）は日本経済にどのような影響を与えたか

まず「純輸出」の状況を見てみよう。純輸出の増加は、国内の供給者にとって市場が拡大することを意味し、縮小は市場が縮小することを意味する。国内の供給者は、それに応じて生産の拡大縮小を行うから、それに従って雇用や原材料、中間財の需要が増減し、内需分野に波及していく。また、外需関連企業は、外需の増減の見通しにしたがって設備投資を増減するが、設備投資は生産財生産企業にとっての需要だから、それを経由しても内需に波及していく。

プラザ合意からバブル期にかけての純輸出の寄与は、マイナスである（図18の①）。原因はプラザ合意を契機とした円高の進行で輸入が増加したことによる（輸出の減少は比較的小さい）。これには、バブルによる資産効果で消費が拡大した影響もあるだろう。

このうち八六年度の成長の落ち込みを、国民経済計算ベース（平成一二暦年連鎖価格）でみると、輸出は前年度の二九・四兆円が二八・二兆円に減少し、輸入の一九・三兆円が二〇・六兆円に増加した結果、国内供給者から見た需要は差引二・五兆円の縮小となった。これはプラザ合意に伴う円高の影響と考えられる。しかし、景気対策のための政府（中央・地方等）の財政支出が前年度比で三・三兆円増加して、純輸出のマイナスによる需要減少分を上回った。これによって八七年度の民間需要は急回復している。その後、純輸出の寄与はバブル期のマイナスを経て、バブル崩壊後プラスに転じている（図18の②）。これは、バブル崩壊に伴う内需縮小で輸入が減少したためだ。

つぎに二〇〇〇年代には、純輸出のプラスの寄与がコンスタントに続いた（図18の③）。当時、米国のバブルとドル高政策（＝貿易赤字許容政策）によって東アジアから米国への輸出が拡大し、それに伴って日本の東アジアや米国への輸出が拡大したのである。

なお、〇一年度の成長率と純輸出のマイナス（図18の④）は主に米国のＩＴバブルの崩壊や〇一年九月一一日の同時多発テロに伴う米国の深刻な景気後退の影響が考えられる（なお、当時、為替は円安の方向に動いていた）。また、〇八年度（図18の⑤）の成長率のマイナスは、言うまでもなくリーマン・ショック後の世界同時不況の影響である。

交易損失を加味すると　以上は実質ＧＤＰで見たものである。これを実質ＧＤＩ（実質国内総所得）で見ると、二〇〇〇年代の純輸出の寄与には疑問符がつく。これは「実質ＧＤＰ」では交易利得（損失）[13]の変化が折り込まれないためだ。交易利得の変動は常にあるが、〇四－五年度以降、国際投機資金の原油市場への流入で原油価格が高騰し、これが原油輸入を通じて我が国の交易利得に無視し得ない影響を与えたのである[14]。これにより、この時期の回復に対する純輸出の寄与は小さい。

しかし、当時の景気回復が輸出増加と無関係だというのは、景気回復に関する当時の認識や新聞報道とは、ずれがある。そこで、「外需」の寄与があったかどうかではなく、「輸出産業」がこの時期のＧＤＰ成長に寄与したかどうかという観点で見てみよう。

このために、名目「純輸出」を「輸出」と輸入に分解して「輸出」の推移をみると、**図19**のようになる。注目すべきは、二〇〇〇年代における輸出のコンスタントな成長である。〇二－〇七年度の六年間にわたり、輸出は毎年一〇%前後の高い成長を続けている。輸出がこれほどの期間高い伸びを続けたのは、九〇年度以降でははじめてである。例えば五%以上の伸びの年次をみると、九〇年代後半が九六－七年度の二年に対して、二〇〇〇年代は六年間続いている。

輸出関連産業は、こうした輸出の継続的な伸びを踏まえて、生産力増強のための設備投資を活発化させ、その設備投資による国内需要押上げで、当時の「実感なき景気回復」が実現したと考えられる。

〇四－七年度の名目成長への寄与度最大の項目は、民間設備投資である。そこで、経産省の「企業金融調査」（設備投資調査）の「主要業種の設備投資動向」で、例えば〇五年度の設備投資の対前年度伸び率を見ると、非製造業の四・〇%に対して製造業が一六・七%。製造業のうち加工組立の一三・二%に対して基礎素材が二〇・七%。基礎素材でも鉄鋼三五・四%、非鉄金属二四・〇%など、当時の新聞報道などで、中国などへの輸出で基礎素材型産業が息を吹き返したとされたことと整合的だ。また、加工組立でも一般機械二八・三%、自動車二二・三%と輸出関連業種が高い伸びを示している。

---

(13)「交易利得」又は交易損失は、輸入物価と輸出物価の上昇率の差（それは貿易で自国の輸入品の購買力に影響を与える）によって生ずる所得の流入流出の大きさを表している。実質GDPは物価変動を打ち消して計算されるため、こうした輸出入に伴って生ずる実質所得の変動を含んでいない。名目では名目GDP＝名目GDIであるが、実質GDP≠実質GDIである。なお、実質GDP＋交易利得（損失）＝実質GDIである。

(14) 我が国は輸入品の構成が原材料中心である一方、輸出品の構成が高度なハイテク製品などの高付加価値製品に偏っているため、貿易構造自体がこうした国際価格変動の影響を大きく受けやすいとされている。

図19　名目輸出入額対前年比伸び率の推移

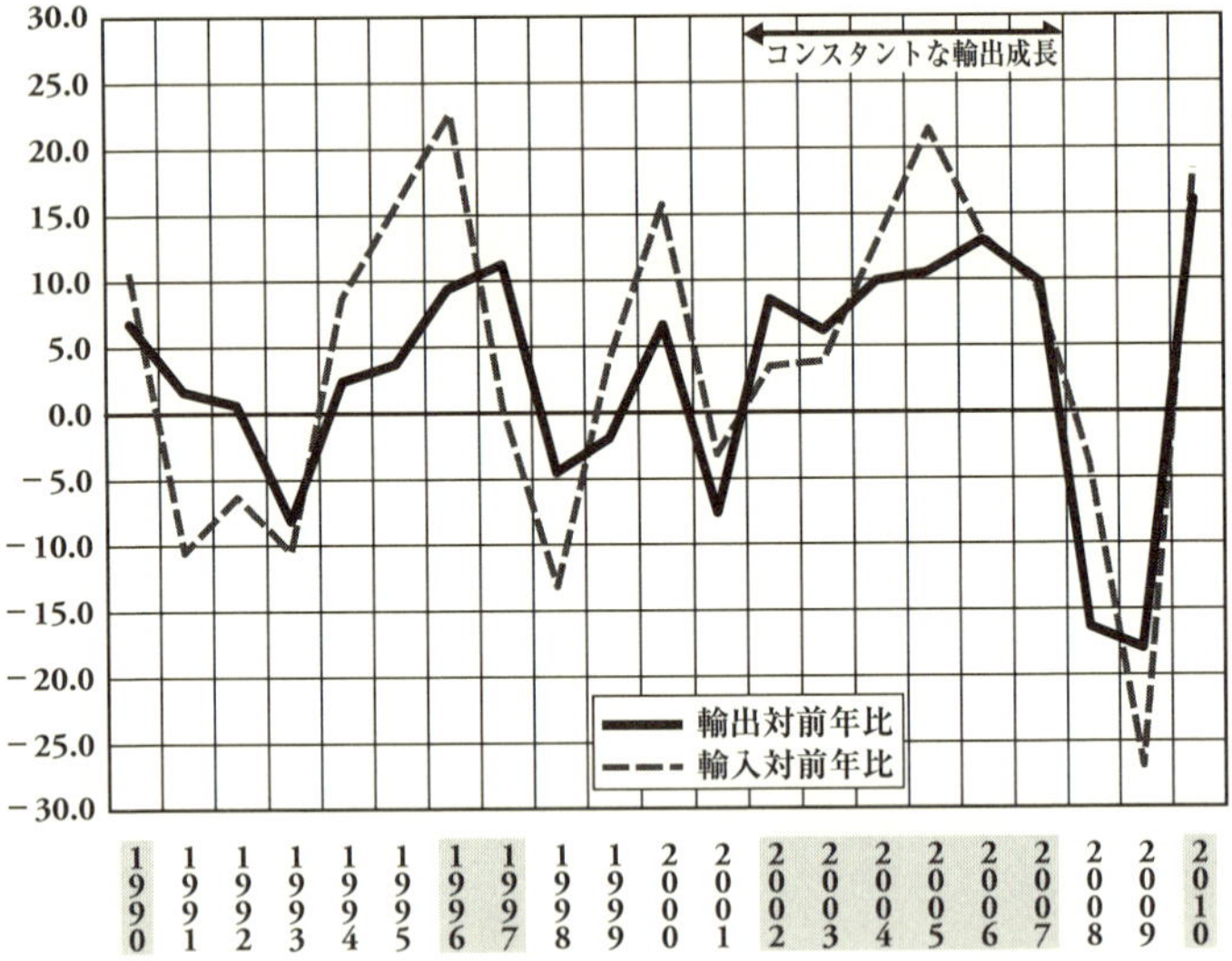

データ出所：財務省国際収支状況

つまり、「外需（純輸出）」が直接に寄与したとは言えないが、当時の経済成長は、輸出関連企業の「設備投資」（これ自体は内需にカウントされる）が牽引したのである。そして、この設備投資の増加は、（単なる期待の変化ではなく）輸出増加という「現実の売上増加」を受けて生じたのである。ただし、この設備投資増は、量的緩和が直接設備投資に働きかけて引き起こしたものではなく[15]、量的緩和に伴う円安と米国のバブルで生じた輸出増加が駆動因になっていると考えられる。

2　公的需要（財政出動）は日本経済にどのような影響を与えたか

次に、公的需要つまり政府支出（財政出動）の影響を見てみよう。一般政府[16]の活動を、支出ベースで見ると、GDPの四分の一弱を占めている。純輸出がGDPのせいぜい数%であることに比べればその影響は極めて大きい[17]。以下、財政出動のGDP成長への寄与度を、純輸出と同様、図18で見てみよう。

なお、景気対策としての財政出動には、①認知、②決定、③実行、④波及の各段階でラグがあり、合わせて二年程度のラグがあるとされる（岩田他［二〇〇二］、北坂［二〇〇九］など）。財政出動は、特に政治的過程がかかわるために機動性に欠け、補正予算の編成、成立までの②の決定ラグが長い場合が少なくなく、実施時期が遅れて、景気過熱や金利上昇などを後押ししかねないタイミングで実施される場合もあると考えられる[18]。

しかし、緊縮財政は景気動向とは無関係に実施が決定され、しかも決定後の状況を観測する際には①－③は無関係だから、ラグは短い。以下では、緊縮財政の影響を中心に見よう。

（15）例えば、本多他［二〇一〇］は、量的緩和による株価上昇によってトービンのqが高くなり、企業の投資が増加したとしている。

（16）「一般政府」とは、国民経済計算で定義されるもので、中央政府、地方政府（県・市町村等）、社会保障基金（厚生年金、国民年金、労働保険、共済組合、健康保険組合等）などで構成される。

（17）ただし、日本の政府規模は、英国を含め先進諸国の中では、かなり小さい政府に入る。

（18）この問題は特に在庫循環的な景気変動（概ね三、四年で一サイクル）で大きくなると考えられる。通常の実証研究の対象となる景気変動のほとんどは、こうしたものであるため、統計的に財政出動のマイナスの影響が検出されても不思議はない。だが、重不況による長期停滞下では、こうした問題はないと考えられる。

中曽根緊縮財政期

中曽根改革期に生じた八六年度の景気後退は、一般にプラザ合意の影響（円高）だと理解されているが、その前に緊縮財政期があったことが図18の⑥で再確認できる。

中曽根内閣は、当初は田中角栄氏が率いる田中派の強い影響下で成立したが（「田中曽根」内閣とも揶揄された）、徐々に自立性を強めるとともに、財政再建を目指し、特に八四－五年度にかけて、サッチャー、レーガンにならい「小さな政府」を指向して財政緊縮を進めたのである。

八六年度の景気後退とプラザ合意との関連を見ると、そもそもプラザ合意は八五年九月二二日である。そして、合意直後から円高がスタートし、その後一年以上にわたって円高が進行した。ところが、内閣府の景気基準日付でみると、プラザ合意の三か月前の八五年六月（八五年の第二四半期）に景気はすでにピークアウトし、景気後退期に入っている。したがって、景気後退期入りの直接の原因は、プラザ合意関連ではない可能性が強い。原因としては、やはり緊縮財政の影響があった可能性が強いと考える。もちろん、プラザ合意後の円高の進行は、それ以後の景気に影響を与えたことは間違いないだろう。

バブル期

その後、中曽根内閣とその後継内閣は、プラザ合意（に伴って生じた円高対策）を理由に、景気対策のための積極財政に舵を切る（図18の⑦）と共に、金融緩和政策を継続したため、株式や土地などの資産市場に資金が流入し、バブル経済が作り出された。

また、この時期には、図18の⑦のように、公的需要つまり財政出動は、常にプラスの寄与が続いたから、

図20　一般政府（除く社会保障基金）のプライマリーバランス（対GDP比）等の推移

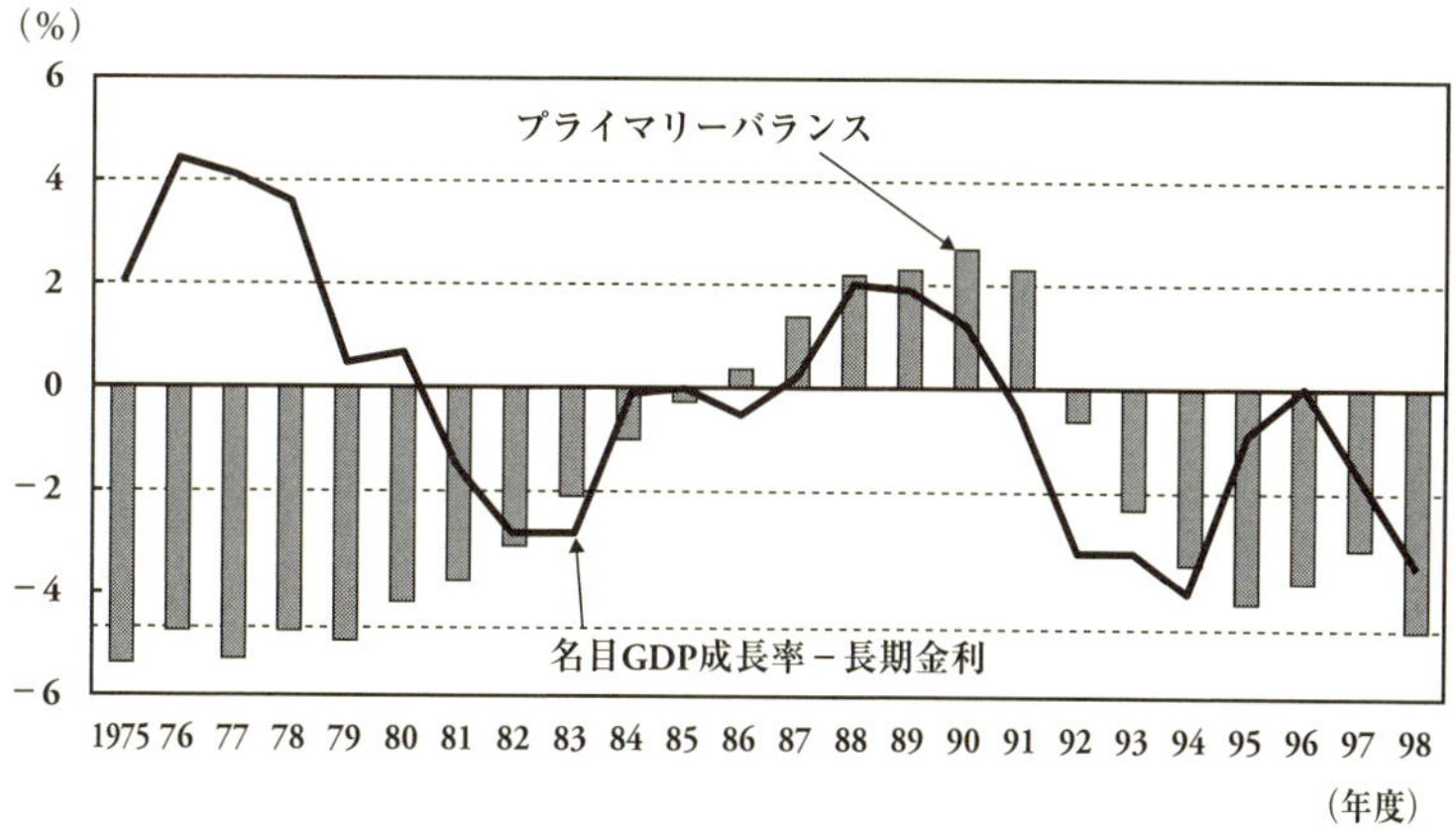

備考：1. プライマリーバランスは、経済企画庁「国民経済計算年報」により作成。98年度は、国鉄・林野一般会計承継債務分を除く。
2. 長期金利は、Bloombergによる。10年物利付国債の表面利率月次データを年度平均化した。
資料出所：平成12年経済財政白書

これもバブルに寄与したと考えられる。にもかかわらず、この間は税収の増加によって「財政収支は改善を続けた」のである。**図20**のように、国と地方の合計のプライマリーバランスは八六－九一年の間、黒字を維持し続けた。

バブル崩壊対策としての財政出動（宮沢内閣）期

バブル崩壊後は、その対策として、直ちに積極的な財政出動（図18の⑧）が行われた。しかし、実際の出動規模を見ると、大きいと言えるのは九二－三年度と九五年度の三か年しかない。このうち九二－三年度は、民間需要の落ち込みを相殺し、見事に景気を支えた。宮沢内閣の功績は大きかったと考える。また、九五年度は九五年一月に発生した阪神淡路大震災の復興事業の影響が大きい。これも当時の経済にプラスだった。

バランスシート不況

ところが、当時は上記三年の財政出動にも効果がないように見えた。これは、「バランスシート不況」（クー［二〇〇二］など）のメカニズムなどによると考えられる（本章脚注3参照）。すなわち、バブル崩壊で保有資産の実質価値が激減した企業は、資産価値の縮小に対応する規模まで負債を早急に圧縮する必要に迫られたから、企業は得られたキャッシュフローを、設備投資ではなく、もっぱら負債の償還に回し続けた。このために、民間設備投資は縮小したまま回復せず、財政出動の効果を吸収し続けたのである。

「バランスシート問題の影響はあったが、それほど大きなものではなかった」（貞廣［二〇〇五］）という分析もあるが、公表されている企業のバランスシートや税務統計を使っても、必ずしもバランスシート不況の真の影響は把握できないと考える。当時、企業は、多量の不良資産が外部に知られれば、融資を受けることが困難になり倒産の危機に直面すると考えたから、出来る限り不良資産を隠したのである(19)。

橋本財政改革期と橋本不況

橋本財政改革による緊縮財政は九六ー七年度と行われ、続く九七ー八年度には民間需要は急速に落ち込んだ（図18の⑨）。実質GDP成長率のマイナスは、バブル崩壊直後は一年のみ（九三年度）だったが、橋本改革後のマイナスは二年間で、しかもマイナスが大きい。これが、いわゆる橋本不況である。

橋本財政改革による九七年度の政府支出を国民経済計算で見ると、公的固定資本形成の二・五兆円減少と政府最終消費の〇・六兆円増で、政府需要は差引一・九兆円減少したことになる。その一方で、消費税（三％→五％）増税で、民間の資金を三・三兆円弱（決算額）吸い上げたから、民間需要も縮小した。

そこで、図18をみると、バブル崩壊直後の九〇年代前半と橋本改革以後では、公的需要の寄与の水準が大きく異なることがわかる。崩壊直後は、宮沢内閣下で景気対策として比較的大規模な公共事業が行われた。これに対して、橋本改革期には、九七、九八年度の落ち込み後の不況でも（政府需要の増加を伴う）財政出動は不十分にしか行われていない。その代わりに不況対策としては、減税が行われた。

しかし、減税が景気に与える影響は、不況下では公共事業に劣る。減税は、消費に使われずに貯蓄に回る分が多いからだ。たしかに好況期には、貯蓄は企業の設備投資に使われて需要になるが、重不況下では、企業は資金環境にかかわらず設備投資を抑制するため、使われない貯蓄が増えるだけである。

このときの減税が、今日の財政赤字の主な原因の一つになっていることも問題だろう。減税は、不況期の景気対策としては効果が小さい上に、その後の財政に悪影響を与え続ける。

ルーズベルト・橋本症候群？　橋本緊縮財政をルーズベルト不況と比較すると、発生のプロセスがよく似ていることがわかる。大恐慌では、ルーズベルトによるニューディール政策の開始（三三年）から五年目の三七年度には財政再建路線に転換し、米経済はルーズベルト不況に陥った。一方、日本では、バブル崩壊後九二−三年度に宮沢内閣による財政出動が行われ、九五年度の阪神淡路大震災関連の財政出動を経て、九六年度に橋本政権が緊縮財政を開始した。これはルーズベルト不況と同様、財政出動の開始（九二年度）から数えて（偶然ながら）ちょうど五年目である。

財政出動による回復過程で再び緊縮財政に戻って大不況に再転落する例は、現在の欧州でも見られる

（19）二〇一一年にはオリンパスの巨額損失隠し事件が発覚したが、様々なレベルの粉飾は、九〇年代には広く行われていた可能性がある。

図21　政府部門の財政赤字：対名目GDP比率（%）

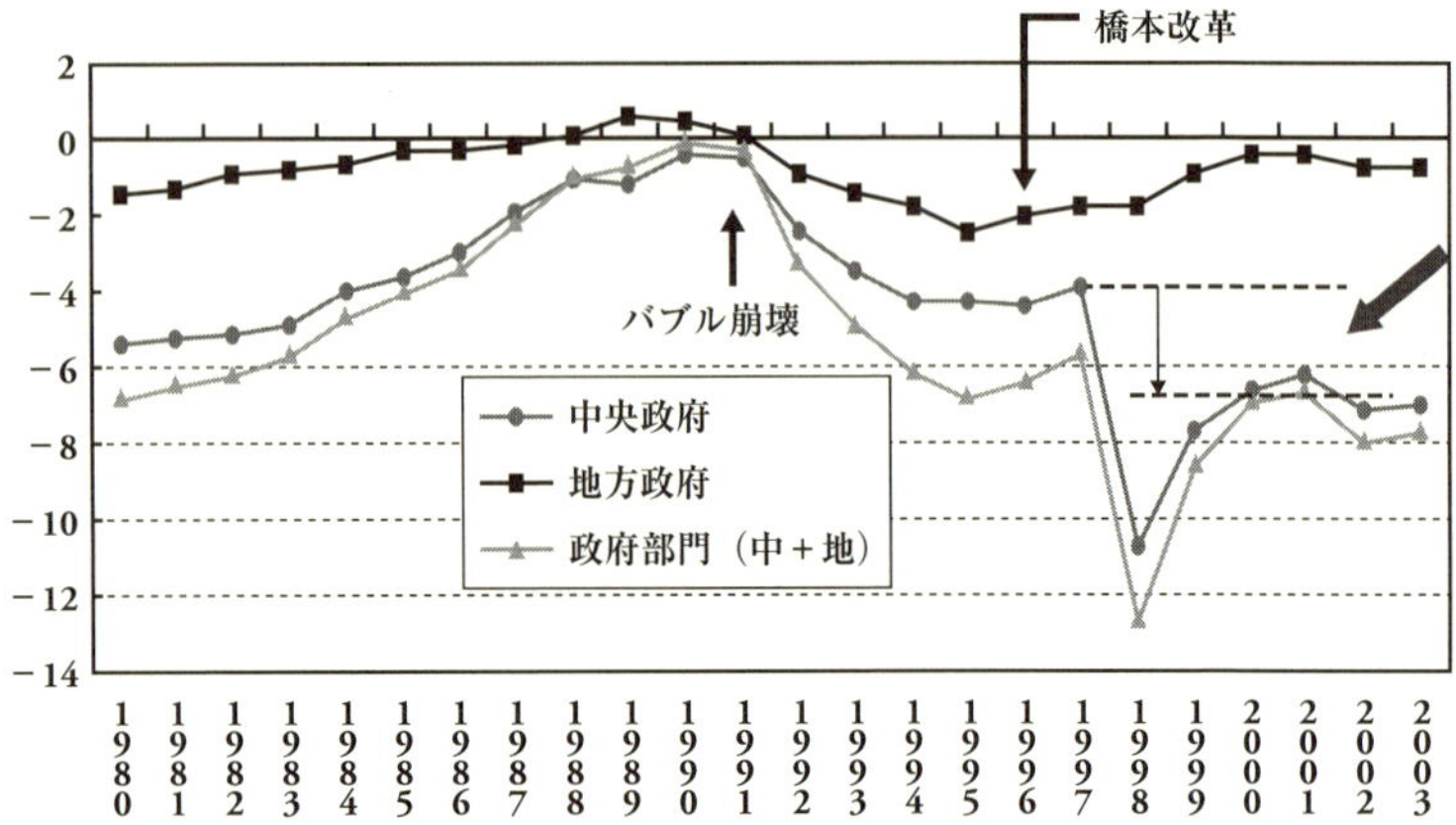

注：遡及推計期間の関係から、1989年度以前のデータは68SNAのものである。
出所：大和総研「日本の財政赤字はなぜ急拡大したのか」2005年5月9日（矢印等を一部加筆）

（第1章参照）。これは「ルーズベルト・橋本症候群」とでも言えよう。

橋本改革以後の赤字水準の悪化　橋本緊縮財政の結果、日本はあらためて大不況に突入し[20]、九八年度には、税収の落ち込みに加えて大規模な景気対策が必要になったため、それまでの赤字水準を遥かに上回る巨額の財政赤字となった。しかも、**図21**の点線が示すように、それ以後、日本の財政は九〇年代前半の水準を上回る巨額の赤字を続けるようになってゆくのである。小泉政権でも歳出抑制に努めたが、橋本改革以前の水準を遥かに上回る財政赤字が続いている[21]。逆説的だが、橋本財政改革によって、財政赤字の「水準」は、逆に拡大したのである。

九七年の二つの危機と橋本不況　なお、この時期、政策金利は低水準で変動はほとんどなかったし、図18のように、九七－〇〇年度の間、外需の寄与はプラスを維持していたから、海外的要因も考えられない。

また、九七年七月には一連のアジア通貨危機が始まっているが、中南米危機やロシアなどの危機に際して、欧米各国経済が日本ほどの大不況に見舞われてはいない点を見ると、アジア通貨危機の日本への影響も小さかったと思われる。

次に、九七年一一月には、三洋証券、北海道拓殖銀行、山一証券の連鎖倒産で顕在化した国内金融危機があった。この時期、ＢＩＳ規制なども背景に、金融機関が不良債権の処理に追われ、貸し渋りが発生したと言われている。実際、この時期には、短期間ではあるが、日銀短観の貸出態度ＤＩが急低下している（九九年には回復）。実際に、その影響を受けた企業は中小企業を中心に少なくなかったかもしれない。

しかし、企業の銀行借入の状況を図16で見ると、この時期に企業の銀行借入が急減したという事実はまったく見られない。資金需要があるのに貸し渋りがあれば、金利が上昇したはずだが、名目金利の上昇はない。にもかかわらず企業の設備投資は急減している。

金融危機が景気に影響する経路としては、銀行の金融仲介機能（概ね融資審査機能）の毀損があり、中でも影響が大きいのは銀行破綻とされる。堀［二〇〇二］は、大恐慌期の米国で多数の銀行が破綻したことが大恐慌の主な原因となったというバーナンキの研究（バーナンキ［二〇一三］参照）に対して、多数の銀行破綻が米国の大恐慌に与えた影響と、九七年の北海道拓殖銀行の破綻が北海道経済に与えた影響について分析した結果、いずれも、その影響は従来考えられていたよりもかなり小さかったと結論している。これは、国内金融危機が当時の景気後退の主因であったという主張に否定的な結果と言える。

（20）星・カシャップ［二〇一三］は「バブル経済崩壊後における日本の財政拡張政策は当初は効果的だった。一九九七年に財政拡張から転換し、緊縮に向かったことは、日本を再び不況に陥れてしまったという意味では、少なくとも結果としては誤りだった。」と述べている（一七四頁）。

（21）上で述べたように、輸出の増加で景気が回復した〇五－六年にはじめて財政赤字の水準が改善している。

図22　日本の部門別資金過不足

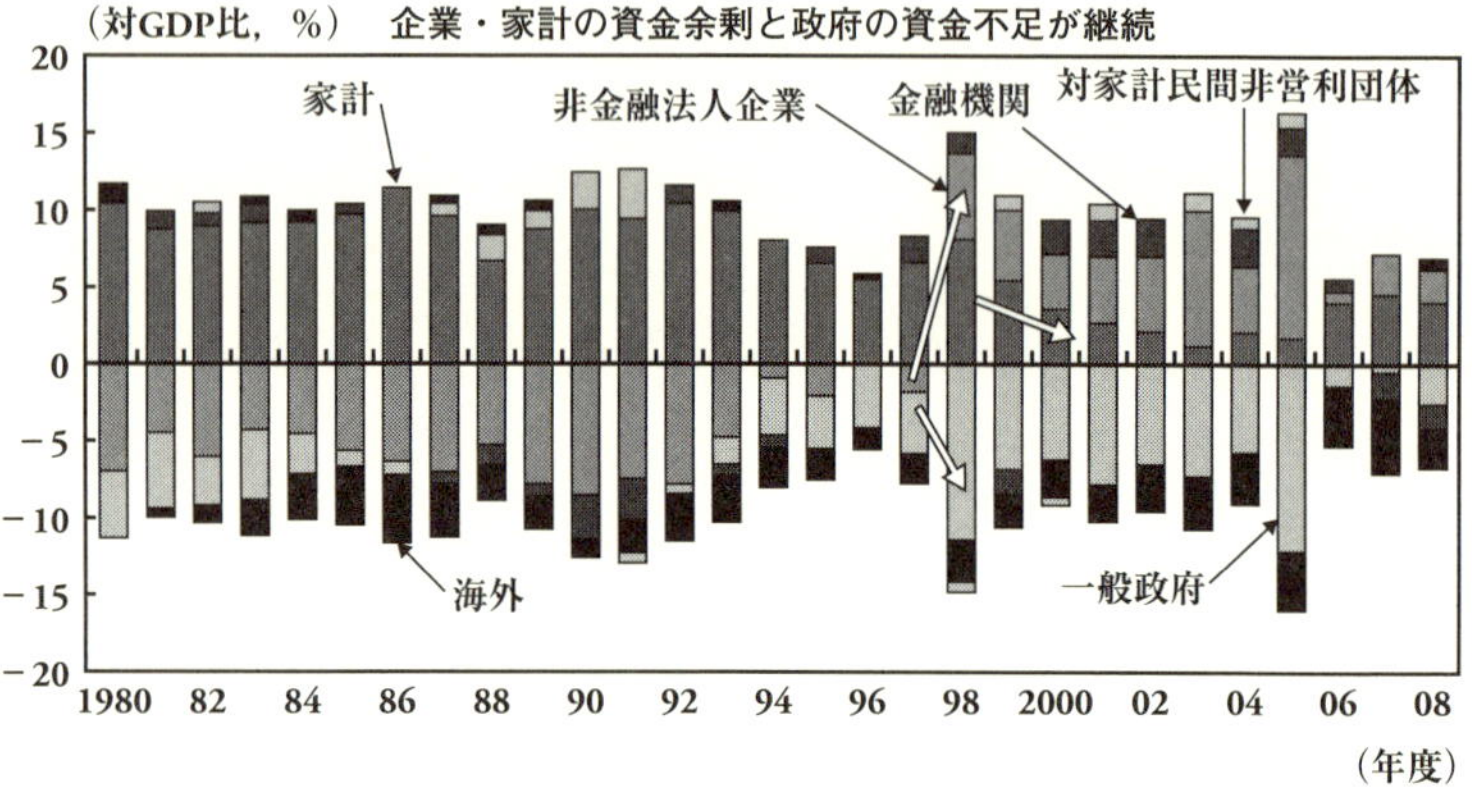

出所：2009年版経済財政白書（矢印を加筆）

しかも、**図22**を見ると[22]、非金融法人企業（＝一般企業のこと）は、九七年度までの「資金不足」（これが正常）から一転して、九八年度には「資金余剰」に転換している。この転換のタイミングは、図16の設備投資急減の時期とぴたり一致している。企業は、潤沢な資金を抱えながら設備投資を抑制したのである[23]。

以上から、この時期の設備投資減少の原因は、単純な資金上の問題あるいは国内金融危機でない可能性が強い。この後の第4章第1節では消費税増税についてさらに詳しく論じ、この問題にもふれる。

橋本不況からの回復期（橋本内閣、森内閣、小渕内閣）

橋本改革時の急速な景気後退を受けて、橋本内閣では急遽経済対策として、九八－九の両年度にかけて減税を含む財政出動を行った（図18の⑩）。この後、九九、二〇〇〇年度と景気は回復を示した。

その後、九九年度からの回復状況を見て、政府は、〇〇年度には財政出動を縮小した（図18の⑪）。すると、〇一年度には景気は再び後退した。通常、この時期の景気後退は、外需の減少が示すように米国ＩＴバブルの崩壊が原因と考えられているが、財政出動縮小の影響も小さくなかったと考える。

小泉構造改革

小泉政権期（〇一年四月－〇六年九月）は、橋本財政改革の経験を踏まえて、「急速な」緊縮財政政策は取られなかったが、常に財政均衡を目指す政策が続けられた。具体的には、骨太の方針などで、赤字国債を三〇兆円を目標に縮小することや、プライマリーバランスの達成などが目指されたのである。

したがって、図18からも明らかなように、財政は常に抑制的に運営された（図18の⑫）。それを外需の拡大（図18の③）と輸出関連設備投資が補ったのである。純輸出の増や輸出産業の設備投資の波及で経済が持ち直し税収が増えても、その分は常に国債発行の縮減に使われたから、図のように、財政出動の景気への寄与は常にマイナスが維持された。景気回復が「実感なき」回復に止まったのも当然である。

構造改革期間中は、日本の名目成長率はまったく上昇せず、実質的に一国全体の生産性を意味する一人当たり名目ＧＤＰ順位にいたっては、**図23**のとおり、九〇年代はおおむね順位を維持していたのに対して、

(22) このグラフでは、プラス側が資金余剰（貯蓄超過）部門、マイナス側が資金不足（貯蓄不足（借入超過））部門を意味する。つまり、プラス側の部門が行った貯蓄をマイナス側の部門が借り入れていることを示している。したがって、各年度単位でプラス側とマイナス側を合算するとゼロになる。また、これは、毎年度の増加分（減少分）つまりストックではなくフローを示している。

(23) 企業は資金を借入金返済や内部留保に回した。借入金縮小の原因の一部には銀行の貸しはがしがあったろうが、それは一時的であり、継続的な資金余剰の原因ではないだろう。なお、借入金を返済しても、この時期、マネーストックは減少していない（図34④参照）。もっとも、ＢＩＳ規制導入など（橋本改革の一環としての金融システム改革）が、こうした変化の背景にあった可能性は否めない。

図23　OECD諸国中の日本の一人当たりGDP（ドル表示名目）順位

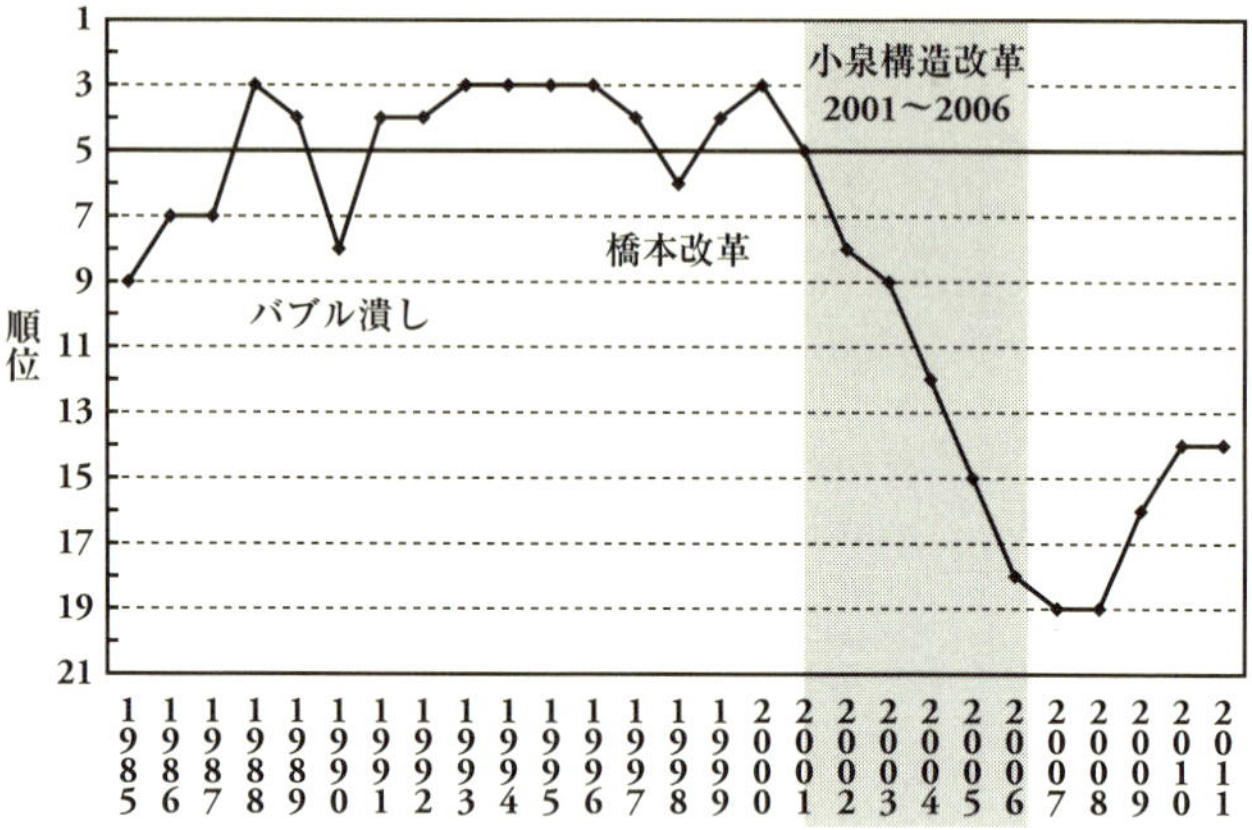

データ出所：内閣府経済社会総合研究所

構造改革期には、回復の兆しさえ見せないままコンスタントに低下を続けた(24)。改革時は苦しくても、改革後には改革効果が現れ成長が加速するはずだったが、改革後にも成長の改善はなかった（〇九年以降の若干の順位上昇は円高による）。

その後、構造改革の理論的な根拠だった生産性上昇率低下説、労働市場の歪み説、ゾンビ企業仮説や市場規制説などは、いずれも実証的根拠が十分ではないことが明らかになっている(25)。

3　緊縮財政政策の影響——長期停滞の原因は緊縮財政政策にある

先にみたように財政出動には出動までのタイムラグがあり、その間に様々な要因が係わるため（金融緩和よりはましだが）影響を見積もるのが難しい。一方、緊縮財政には、そうした問題が比較的少ない。

図18をみると、八一年以降の約三〇年間で政府財政の寄与が急速に縮小した（つまり明確な緊縮財政政策が取られた）時期は二回である。中曽根政権期の八五年度と、橋本

政権期の九六－七年度である。

景気動向を見ると、八五年度の緊縮の翌年の八六年度には成長率が前年度の六・三％から一・九％へと四・四％ポイント急減している。また、九六－七年度の緊縮財政では、九六年度の成長率二・九％が九七年度の〇％へ二・九％ポイントの急減、さらに九八年度に▲一・五％というマイナス成長となっている。

もちろん、一般には、前者は八五年秋のプラザ合意、後者はアジア通貨危機や国内金融危機の影響とされている。しかし、これらの影響については、すでに見たとおりである。

すなわち、急速な緊縮財政政策が取られた時期には常に景気後退期が現れている。実際、「拡張的緊縮政策」の影響を評価したグアハルド他（Guajardo *et al.*［2011］）も、ＯＥＣＤ一七か国で七八年－二〇〇九年の間に行われた一七三の緊縮財政の事例から「緊縮財政の後には景気後退がみられる」ことを確認している。

なお、小泉構造改革期を中心とする二〇〇〇年以降は、急速な財政の変動はなかったものの、財政の寄与は継続的にゼロかマイナスだった。それでも（「実感なき」）景気回復が生じた理由は、上で見たように幸運な輸出産業の成長にあったと考えられる。

あらためて三つの重不況の中の再度の「大不況」と緊縮財政の関係を見てみよう。いずれの重不況でも、バブル崩壊後の対策としてはまず財政出動が行われ、その後に財政再建のための「緊縮財政」が行われて

（24）為替レートの変動もあるが、円高が進んだ一一年でも、かつての順位は回復していない。何よりも、九七－〇七年の一〇年間で、経済規模（名目ＧＤＰ）は英国やカナダが二倍に、フランスやイタリアが一・七倍に、米国やドイツが一・五倍に拡大した一方、日本は一〇年間でわずかに一％増に過ぎなかった点が大きい。

（25）このことについては、向井［二〇一〇］第一章で紹介した。

いる。その結果が、米国大恐慌ではルーズベルト不況、日本の九〇年代以降の長期停滞では橋本不況、世界同時不況では典型的にはヨーロッパの現在の緊縮財政下の不況である。

この中で、この「再度の大不況」の原因が緊縮財政にあることが最も明確なのは、現在の世界同時不況下の欧州の緊縮財政だろう。これは、第一に、「金融政策が引き締めに転換した国がないのに」生じている。第二にユーロ圏に入っているかどうかにかかわらず生じている。第三に、強い緊縮財政への転換が行われた国を中心に生じている。財政緊縮が再度の大不況の原因であることは明らかだろう。

すなわち、三つの重不況の過程で生じた三つの「再度の大不況」に唯一共通する要因は、緊縮財政のみである。また、世界同時不況下欧州の緊縮不況と日本の橋本不況の二つには、金融引締政策への転換はなかった。橋本不況では、アジア通貨危機、国内金融危機による金融環境変化の影響の可能性もあったが、すでに見たように（また、第4章でもふれる）、大きなものではなかったと考える。また、大恐慌時のルーズベルト不況についても、図2～4で見たように、不況の進行とその後の回復過程で、能動的に動いたのは財政支出である。金融政策に変化があったのは事実としても、マネーストックを動かしたのは、財政政策の変化に伴う国債の増減である（コラム2および第2章第3節参照）。また、図4、図5にみるようにマネーストックは、実体経済に対して受動的に変化している。このように、原因は緊縮財政にあったと考える。

第二部　メカニズム

現代マクロ経済学は、今回の世界同時不況の理解と対策にどの程度有効だったのだろうか。序章で見たように有効でなかったとすれば、何が問題なのだろうか。第二部は、第一部でみた三つの重不況を踏まえて、重不況のメカニズムを考える。

第４章　増税から資金循環と予算制約へ

この章では、消費増税の影響を材料に、オーソドックスな経済学に基づいてマクロの資金循環と予算制約の意味を再確認し、その検討に基づいて、従来の一般的理解とは全く異なる「リカードの公債中立命題」のマクロ的な解釈や、セイ法則の確認を行おう。

第１節　橋本財政改革期の消費税増税（一九九七年）

第３章で概観した橋本政権による財政緊縮政策のうち、ここではまず消費税増税の影響に焦点をあててみよう。増税の影響はほとんどなかったという研究もある。そこで、キャシンら（Cashin & Unayama［2011］）の研究を題材に、当時の状況を見てみよう。これは、一四年四月の消費税引き上げの決定に一定の影響を与えたと考えられる内閣府の報告書（内閣府［二〇一二］）で重要な論拠の一つとして取り上げられた。

1　九七年四月の消費税増税の影響：住宅・自動車市場の縮小

キャシンらは、家計調査を元に消費税増税の世帯当たり消費への影響を評価し、それに全国の世帯数を乗じ、増税の影響が小さい（総額で〇・三兆円）という結論を導いている。しかし、評価の対象とした影響の範囲が狭いように思われる。

民間住宅投資への影響

問題点として、分析が家計の最終消費支出に基づくため、民間住宅投資の変動が反映されていないように思われる点がある。民間住宅投資の変動を国民経済計算でみると（**図24**）[1]、九六年度には駆け込み需要があったと考えられるが（前年度比一三・三％増）、九七年度は前年度比一八・九％減、九八年度はさらに前年度比一〇・六％減と駆け込み需要の増加率を大きく上回る率で縮小している。[2] 駆け込み需要前と増税後を比較すると、需要の水準は年間で約四兆円という規模で縮小している。

九七年の「国内金融危機」「アジア通貨危機」の影響：七－九月期に回復はあったか

一一月の国内金融危機の影響を重視する立場からは七－九月期に一時的な消費の回復があったとされる

（1）内閣府の二〇〇〇年基準九三ＳＮＡ、実質・連鎖方式、国民経済計算二〇〇八年確報による。
（2）このほか、①Cashin & Unayama［2011］では、内閣府［二〇一一］にふれられている「携帯電話の普及」によるサービス消費の（恒久的）押し上げが控除されていないようにみえる。②また、内閣府［二〇一一］では、二〇〇〇年代の増税や海外の例が挙げられているが、景気後退期と景気上昇期の区別がされていない。景気後退期と景気上昇期で増税の影響はかなり違うと考えるのが本書の基本的視点である（第６章参照）。また、財政支出の変化との関係も整理されていないように見える（本章で後出）。

図24　民間住宅投資（国民経済計算総固定資本形成民間住宅）

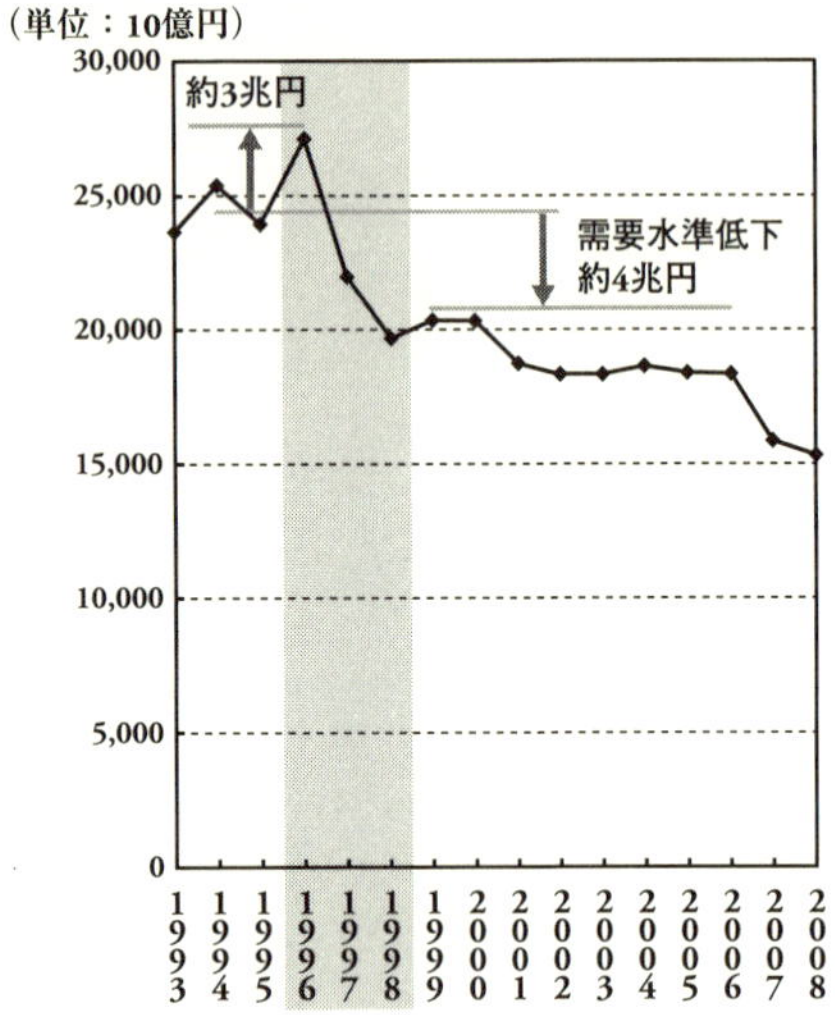

データ出所：内閣府（国民経済計算）

が、四半期季節調整済み実質ＧＤＰで民間住宅投資の変化をみる限り、九七年四－六月期が前期比一一・二％減、七－九月期七・二％減、一〇－一二月期四・七％減、九八年一－三月期が〇・六％減と、増税直後が最も縮小幅が大きく、以後順に縮小幅が小さくなっており、七－九月期の持ち直しも、一一月の国内金融危機の影響も見えない。したがって、住宅市場の巨額の縮小は、国内金融危機の影響とは考えにくい。

一方、国内金融危機に先立つ九七年七月には「アジア通貨危機」が発生している。これについても、四半期ＧＤＰの動きで見ると、七月をはさんで順調に減少幅が縮小しているから、影響は見えない。

もっとも、こうした二つの金融危機が、金融機関の住宅ローン審査の引き締めにつながり、それが住宅投資を抑制したという見方もあり得る。こうした諸々の影響を総合した結果が上記の四半期

GDPの推移なのだから、すでにそこで答えが出ているとも言えるが、あらためて別の観点で考えてみよう。

そこで当時の日銀の貸出態度DI（企業に対する融資態度ではあるが）を見ると、それが急落し始めたのが九七年の第4四半期であり、九八年第1四半期にほぼボトムに達している。これを住宅投資の変化と比較すると、明らかに貸出態度DIの急低下は、一一月の「国内金融危機」後に生じている。つまり、住宅投資の変化に半年以上遅れて発生している。金融危機影響説とは前後関係がまったく逆である。

この貸出態度DIは、九八年第1四半期から一年余り低い状態が続いたが、九九年半ばには急回復している。ところが、その後も住宅投資はまったく回復していない[3]。つまり、金融機関側の要因は住宅投資の変化を説明できない。以上から、住宅投資落ち込みの原因がこれらの危機にあるとは言えないと考える。

自動車販売への影響

次に**図25**は、四輪自動車（軽四輪を含む）の国内販売台数推移である。販売台数は、九七年（暦年）が前年比五・〇％減、九八年は前年比一二・八％の減少となり、この二年間で年間販売台数の水準は九五年

（3）当時、企業部門は、設備投資縮小による資金余剰（図22）にあったことから、都市銀行などは、新たな貸出先として住宅融資に積極的に取り組んでいた。銀行の住宅ローン新規貸出額は九〇年代前半から後半、二〇〇〇年代へと順次拡大している。一方、他業態を含めた新規貸出額総合計は図24の民間住宅投資と連動して縮小している（住宅金融支援機構「業態別住宅ローンの新規貸出額及び貸出残高の推移」）。これは住宅資金需要全体が低下する中で銀行が積極的に貸出を増加させたことを示す。つまり、金融危機による銀行の貸し出し抑制が住宅投資減少の原因ではないと考えられる。住宅投資の減少は、増税による可処分所得の減少によると考えられる。

図25　四輪自動車全メーカー国内販売台数

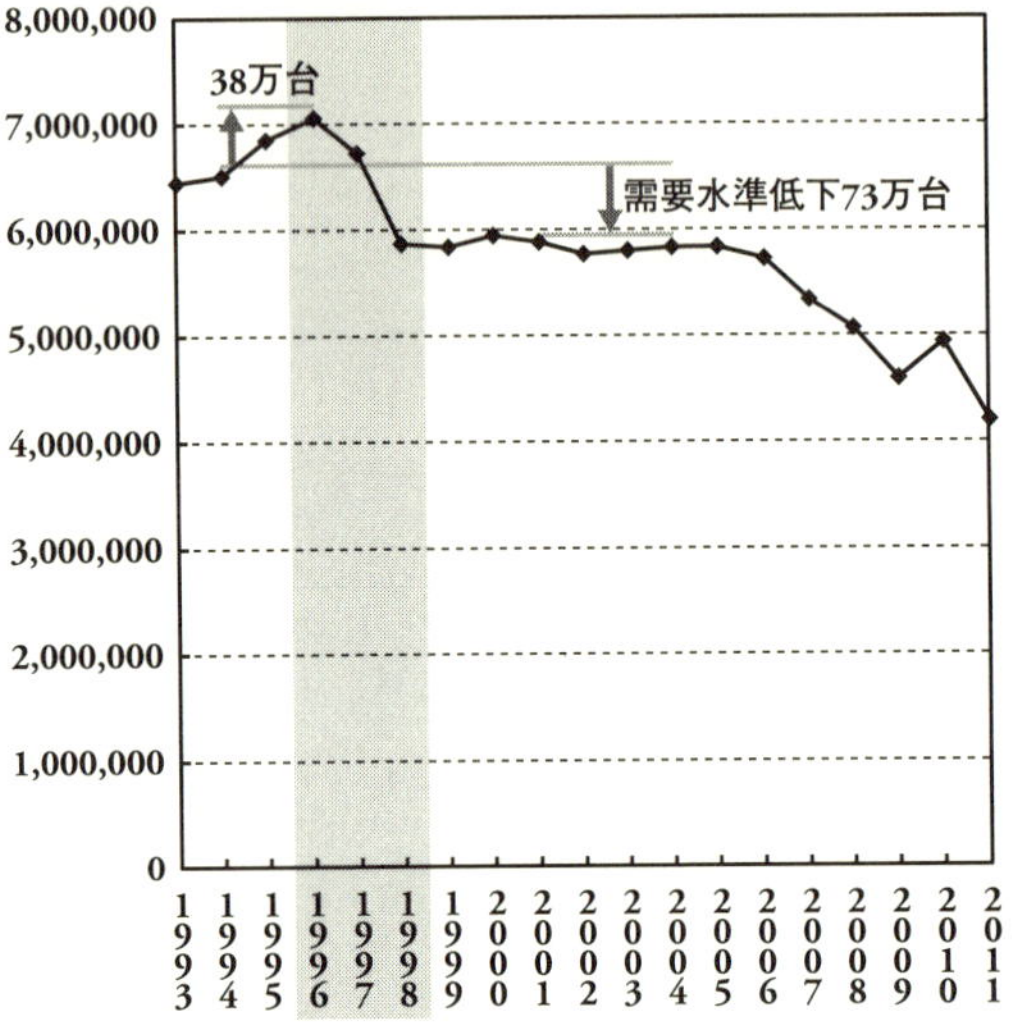

データ出所：日本自動車工業会

比で約九〇万台、九四年比で約五六万台低い水準に移行した[4]。ここでも、需要は一一・六兆円程度縮小している。

なぜ、住宅と自動車で大きな変化が生じたのか

キャシンらによれば、通常の家計消費の影響は軽微だという。なぜ住宅と自動車のみにこのような影響が現れたのだろうか。これは、家計の消費行動を考えれば理解できる。通常、家計が可処分所得の減少や雇用不安などで消費を抑制しようとするとき、真っ先に消費抑制の対象になるのは、住宅や耐久消費財などのように耐用年数が長く、購入頻度が低くて高額な財である。

この傾向の例として、リーマン・ショックによる米国の家計の消費縮小状況を見ると、〇八年第2四半期と第4四半期の間で日用品や生活必需品の消費は二・八%減少しただけなのに、耐久消費財は一〇・一%減と大きく減少している[5]。このよ

うに、消費縮小の影響は、住宅や自動車などの高額の投資や消費に集中的に現れる。消費税増税で生じた家計の可処分所得減少の影響がこれらの数字に現れているとすれば、九八年前後からの労働分配率低下などによる家計所得抑制の影響も当然あるはずで、それは、消費税増税後の住宅等の回復が極めて小さいことに対応しているように見える。経済成長で可処分所得が回復しない限り、住宅や自動車への影響は長期に続いていくように見える。

住宅や自動車だけに対策を取っても効果は小さい

ここで重要な点は、住宅や自動車の需要減少が、住宅や自動車の消費税額増加だけが原因で生じたのではないことだ。家計の実質可処分所得減少による消費縮小の大部分が住宅や自動車需要の縮小に集中的にしわよせされたのである。したがって、仮に増税に際して、高額財だけに税率軽減やエコカー減税あるいはエコポイントのような給付が行われても（実際、自動車取得税の段階的廃止が予定されているようだ）、その効果は限定的なものになるだろう。

消費税は成長のエンジンである高価格耐久財需要を恒久的に圧縮し、成長力を削ぐ

住宅や高機能耐久財は、付加価値の固まりである。日用品や生活必需品生産の付加価値は相対的に低く、先進工業国の高所得は耐久財の高付加価値が支えている。付加価値の大半は人件費だから雇用も大きく[6]、部品、材料の供給を通じて幅広い裾野産業が係わっている。この分野の製品需要が伸びれば、設備投資需要も拡大する。すなわち、先進工業国の成長を牽引しているのはこの分野である。一方、（所得）成長がない経済で、増税で家計の

（4）なお、「乗用車」の販売台数は、九九年から緩やかに回復し〇三年には、九六年の水準を一旦抜いたが〇四年からは再び低下に転じるという経過をたどった。

（5）実質ＧＤＰ（２００５年連鎖価格季節調整済み）統計（米国商務省 Bureau of Economic Analysis）による。

（6）ＧＤＰの三面等価の原則で、付加価値（総額）とは（総）所得のことであり、その大半は家計所得である。

可処分所得が削減されれば、最も大きな影響を受けるのもこの分野である。そして、それは経済全体の成長を抑制する。その結果、相対的には、経済は低付加価値経済へ移行することになる。

2　分析手法の検討

キャシンらの算出方法をたどってみよう。まず消費税が導入されることがわかると、導入前には駆け込み需要が発生して消費が増加し、導入後は先食いされた分の需要減少で反動減が生ずる。これを消費の「異時点間代替効果」という。異時点間の代替とは、時間を代えて行われるという意味と考えればよい。これは一時的なものなので、消費税導入の恒久的影響は、この異時点間代替効果の発生以前と終了後の消費水準を比較すればよい。その差は、増税による可処分所得減少の反映だから、これを「所得効果」という。

ということで、異時点間代替効果の発生と終了を分析し、発生を九六年一〇月、終了を九七年一一月と把握し、九六年一〇月直前と九七年一一月直後の消費水準を比較して、影響（所得効果）が約〇・三兆円という結果となっている。

購買頻度の低い高額な財は所得効果がフルに現れるまでに一定の時間が必要

しかし、この算出方法には留意すべき点がある。所得効果が生じるには、異時点間代替効果とは関わりなく、品目によって異なる一定の時間がかかると考えられる点だ。品目の中には、所得効果の影響がフルに現れるまでに、平均的な異時点間代替効果以上の期間が必要な品目があると考えられる。

家計の支出は、様々な支出の集合で成り立っている。消費増税で可処分所得が減少したとき、家計が、全ての品目の消費を同率で縮小すれば、消費の調節は簡単だ。しかし、同率の縮小はあり得ない。生活必需品などの日常生活支出の多くは必須性が高く、ほとんど支出を縮小できないからだ。

一方で、購買頻度が低く耐用年数が長い耐久消費財等は購入を先送りできるから、必須性の高い品目の調整が優先される。こうした消費財間のバランスの再調整は、可処分所得の縮小を受けて体験的に行われざるを得ないため、時間がかかるだろう。この結果、調整に必要な時間は品目によって違うことになる。必須性が高い食料品や日常消耗品などの消費額が早期に確定する一方で、購買頻度の低い耐久消費財や住宅などは、必須性の高い品目の消費動向を判断材料に、遅れて調整されていくと考えられる。

例えば、住宅購入の場合、住宅ローンの元利償還の原資には毎月の生活費の残余を充てることになる。したがって、必須性の高い日常生活費がどの程度圧縮できるかが重要になるが、それがわかるまでには、ある程度の生活期間が必要になる。また、ボーナスも含めた収入も考える必要があるから、少なくとも消費税増税後一年程度は家計運営を経験しないと、多くの家計は自信を持てないだろう。

したがって、主に日常の消費を中心に検出された増税前後一年程度の異時点間代替効果の期間では、住宅投資や自動車などの特に高額の耐久消費財などに関する所得効果の全部は実現していないと考えられる。恒久的な増税の影響（所得効果）が現れるには、少なくとも二、三年程度の期間が必要と考えられる（実際、先の二つのグラフがそれを示している）。したがって、その前後で比較されるべきだ。

こうして、キャシンらの手法では、住宅や自動車などの高額財への消費税増税の影響の多くが脱落したと考えられる。また、そもそも、住宅投資に関しては、家計調査では影響をほとんど把握できない。

転嫁、設備投資その他

また、消費以外への消費税増税の影響としては、第一に、バブル崩壊後の需要不足下で増税が行われたために、供給側の企業の一部は、必ずしも家計に消費税全額を転嫁できなかった可能性もある。

第二に、住宅や自動車などの需要の縮小は関連産業の設備投資にも大きな影響を与えたと考えられる。実際、設備投資は、九七年度の実質四・〇%増に対して、九八年度は▲八・二%と急減している（93SNA。平成一二年価格連鎖方式。なお、この設備投資減は銀行借入の減少によるものではない［図16］。また企業部門は九八年度から資金余剰に転換している［図22］）。こうした影響は、分析範囲の外にある。

3　八九年消費税導入時と九七年消費税増税時の比較

さて、こうした影響が仮に九七年の消費税増税で生じたとしたら、八九年の消費税導入時に影響がなかったことはどのように理解できるのだろうか。ここで消費税以外の税財政政策の状況を整理しておこう。

八九年の消費税導入（〇%→三%）……増税以上に歳出増加

消費税が導入された八九年の経済は好況（バブル期）で、長期停滞とはまったく異なった経済状況にあった。初年度の消費税収は三・三兆円弱だったが、かわりに物品税の廃止で二兆円余りの減税があった（物品税は、主として高額品が対象だったので、自動車などでは大幅な減税になった）。増税額は差引一・三兆円にすぎなかった。

政府部門の歳出は、国民経済計算（GDP統計）で見ると前年度に比べて四・五兆円の増加だった（もちろん「乗数効果」を考慮していない数字）。したがって、単純計算だが、増税による民間可処分所得減一・三兆円と政府歳出の増加による政府需要増四・五兆円を差引きすると、国の税財政政策は直接、国内需要を［三・二兆円程度増加］させたことになる。このほかにさらに所得税減税などもあった。

九七年の消費税増税（三％→五％）……増税に加えて歳出削減

一方、九七年の消費税増税では、政府による消費税の増収見込みが五兆円弱。一方、国民経済計算で政府部門の支出を見ると、公的固定資本形成を中心に一・九兆円の減少だった。

つまり、当時の橋本財政改革では、増税による民間可処分所得減が三・二兆円強と、政府歳出の減少による政府需要減一・九兆円を合わせると、単純計算だが、国の税財政政策は、国内需要を直接［五・一兆円減少］させたことになる。

八九年と九七年の比較から

このように政府の税財政政策が民間経済に与える影響を見ると、八九年と九七年では、全く異なる方向の政策が取られていたことがわかる。すなわち八九年にはマクロでは経済にプラスの影響を与える政策がとられていたが、九七年は経済に大きなマイナスの影響を与える政策が採用されたのである。結果が異なるのは当然だろう。

第2節　「増税」をマクロ資金循環と予算制約で考える

第1節では、九七年の消費税増税と財政緊縮の影響が大きかった可能性を見た。この第2節では、これがマクロ的な資金循環と各経済主体の予算制約という枠組みで単純に理解できることを示す。

1　「マクロ資金循環」と「予算制約」とは何か

はじめに「マクロ資金循環」と「予算制約」とは何なのかをみてみよう。

企業と家計だけの経済：企業と家計の収入支出は相互依存関係にある

わかりやすいように、企業と家計だけが存在する経済を考えよう。(7) 企業は財の生産にあたって、家計から労働力を買い、過去に生産設備を作った際に資金を借り、資本金の出資を受けている。企業は一定量の財生産に必要なものの提供の対価として、（賃金、利子、株式配当の形で）家計に一〇〇億円払ったとする。すると、もし、企業が生産した財が一〇〇億円で売れなければ、企業は赤字である。

企業が生産した財を買えるのはもちろん家計だけである。家計は、受け取った一〇〇億円を限度として財を買える（家計の予算制約）。一〇〇億円全額で買ってもらえれば、企業は、その一〇〇億円で再び次期の生産を行うことができる（次期の企業の予算制約）。

経済が円滑に回転するには、家計は、受け取った一〇〇億円全額で企業が生産した財を購入する必要がある。このように家計と企業の収入支出は相互依存関係にある。これが、財・サービス市場でセイ法則が成り立つ条件である（「財・サービス市場」とは、企業の生産物である財・サービスが取引される市場のこと。以下、本書では略して「財市場」と書く）。

では、企業が、五〇億円しか払わなければどうなるだろうか。家計の予算制約は五〇億円だから、企業の売上も五〇億円にしかならない。ここでみたように、企業の支払が経済の規模を決めてしまう。まさに生産（供給）が需要を決めるわけである（以上は、ケインズ［一九四一］第2章の理解に沿ったもの）。

もっとも、逆に、企業が家計に一〇〇億円支払ったのに、家計が半分をタンス預金して五〇億円しか財を買わなければ、企業の売上は五〇億円しかない。だから、需要が生産を規定しているとも言える。もっとも、そのとき企業が倒産すれば、家計は雇用も企業に貸したお金も企業の株式もすべて失ってしまう。

次に政府を追加しよう：企業と家計と政府がある経済

次に、より現実に近づけて、このケースに政府を加えよう。政府は、企業や家計が活動できる環境を整備する対価として税金を取るということにしよう。

企業が生産をして、右の例と同様に一〇〇億円の売上があると計画したら、家計と政府に対して企業が支払える限度は一〇〇億円である（企業の予算制約）。ここで、企業は家計に八〇億円を支払い、政府に二〇億円を支払う（納税）とする。

そこでもし、企業が生産した財が一〇〇億円で売れなければ、企業は赤字となり、最終的には倒産して

（7）つまり、政府と貿易などが係わる海外との取引は考えない。また、この期では貯蓄と設備投資はないものとしよう。

しまう。したがって経済が円滑に回転するには、家計が受け取った八〇億円（家計の予算制約）、政府が受け取った二〇億円（政府の予算制約）のそれぞれ全額で企業が生産した財を購入すればよい。すると、企業は、一〇〇億円の売上で存続できることになる。(8)

以上にさらに「海外」を追加したり、家計が「銀行」に貯蓄をし、それを企業が借りて「設備投資」を行うメカニズムを追加したりしても同様に、企業が生産時に支払った金額の全額が企業の売上として還流（マクロ的な資金循環が完結）しなければ、企業は赤字になり経済は不況となること、また、企業、家計、政府、「海外」などの経済主体の支出が互いに他の経済主体の予算制約の原因であることは変わらない。

こうした経済全体の資金の循環と、収入と支出に関する経済主体間の相互依存関係を、ここでは、「マクロ資金循環」ということにする。

2　マクロ資金循環と予算制約という（理論的）枠組みで「増税」を考える

増税してそれを政府が全額支出する場合

ここで、政府が家計に新たに課税するとしよう。税額は全体で五億円とする。すると家計の予算制約（可処分所得）は七五億円に減少し、政府の予算制約は二五億円に増加する。このとき、経済が円滑に回るには、家計は七五億円の全額、政府は二五億円の全額で企業の生産した財一〇〇億円を買えばよい。そうすれば、企業は生産を継続できてマクロ資金循環は円滑だ。

次に政府が、その五億円全額を、国債の償還に充てたとしよう。国債の所有者は家計だから、家計の予算（可処分所得）は五億円増えて、予算制約は八〇億円となり、政府と合わせた予算制約は一〇〇億円となる。これが全額使われれば、一〇〇億円の財が売れて企業は持続可能になる。これは、家計が国債償還で受け取った額の全額を消費する場合だ。問題は、その全額が消費や設備投資に使われるかである。

好況期・平穏期　国債のほとんどは金融機関が保有している（日本では、家計と一般企業の保有割合は合わせて5％程度）。平穏な経済では、償還されたお金は、家計が引き出して消費に使い、残りは金融機関を通じて企業に貸し出され、設備投資が増える。すると、それが生産財（生産機械など）の需要となって、企業の売上は一〇〇億円となる。好況下では、企業の設備投資意欲は旺盛だから、実際にこれが実現する。新古典派的な世界である。これは好況期には成り立つ。

重不況期　ところが、重不況下では名目金利の低下が広く観察されるにもかかわらず、設備投資も消費も低迷している。このため、国債償還に回された資金は、財の購入に使われることなく、金融市場に滞留する。こうして、不況期には貨幣の流通速度が低下することが観察されることになる（詳細は第5章）。つまり、不況期に国債を償還しても民間需要は十分に増えてくれない。需要に使われないのだ。

仮に全額五億円がまったく使われないとしよう。すると、企業の売上は九五億円しかない。売れ残りが五％出てもよいし、価格が五％低下して全量が売れてもよい。全量が売れても、売上収入は九五億円である。このとき物価が五％下落するから実質成長率はゼロだが、負債デフレでさらに設備投資などが抑制され、経済は不況となる。

（8）なお、本書の議論では、財政支出の「乗数効果」、波及効果は考慮しない。それ以前の問題を考えるからだ。

増税の影響を単独で見ると誤る→増税と歳出全体を総合して捉える…二〇一四年増税は？

以上を踏まえて、消費税導入が経済に与える影響を評価してみよう。八九年の導入時は好況で、しかも前節のように増税額よりも政府支出の増加が大きかったから、むしろ財政は拡張的で、政府は需要を追加する側だった。当時の税財政政策は景気にプラスだった。これに対して、九七年は、消費税増税による民間資金の吸収で民間需要を減少させ、それに加えて緊縮財政で政府需要を減少させたのである。償還に回った分があっても、重不況で民間需要に結びつかない。経済がショックを受けたのも当然だったろう。

では、二〇一四年に予定されている消費税増税はどうなるだろうか。八九年型の財政政策が取られれば問題はないだろう。だが、財政再建のための増税だとされているのだから、九七年型の消費税増税になる可能性が強い。それは、日本経済に負のショックを与え、その時点で成長が確固とした自律的なものになっていなければ、その負の影響は九七年と同様、永続的なものになるだろう。

ここでみた単純な「マクロ資金循環」と各経済主体の「予算制約」の理解は、様々な経済問題の理解に極めて有効である。以下の第3節と第4節で、その例を見てみよう。

第3節　「リカード公債中立命題」をマクロ資金循環と予算制約で考える

前節では、「増税」を考えた。では、国債発行の影響はどうだろうか。このために、国債発行と増税が等価であるというリカードの公債中立命題（等価定理ともいう。以下では「リカード中立命題」という。）をマクロ資金循環と予算制約で考えて見よう。

1　従来のリカードの公債中立命題（等価定理）と財政出動の関係の理解

リカードの公債中立命題とは何か、これまでどのような議論が行われてきたのだろうか。このアイディアは、一九世紀に遡る（リカード［一九七二（原著一八一七）、一九七〇（原著一八二〇）］）。

小林［二〇〇九］(9)は、リカードの公債中立命題と財政出動の関係について次のように解説している。

「ニューケインジアンの理論のなかでは『財政出動は無意味だ』というのが暗黙の共通認識になっているのである。そのおもな理由は、現在の経済理論の枠組みのなかでは、財政出動の無効を主張する『リカードの中立性』命題に対し有効に反駁できないからである。財政出動で政府がお金を使って国民の所得を増やしても、政府が使ったお金は、将来、増税によって国民から取り上げられる。国民はそのことを見越しているので、財政出動をしても、国民は将来の増税に備えて貯蓄を増やすため、消費や投資を減らしてしまう。結果として、財政政策が需要を拡大する効果は得られない。これが『リカードの中立性』である。この議論は非常に強力であるため、世界中のほとんどのマクロ経済学者は、（少なくともリーマン・ショックの前までは）財政出動を学術研究のテーマとして論じることはなかった。」

スティグリッツ　これに対して、J・E・スティグリッツ（二〇〇一年ノーベル経済学賞）は、「世情にうとい経済学者がよく持ち出し」…「全米の大学院で教えている〝リカードの等価定理〟…」については「まったくのナンセンス」（sheer nonsense）と評している（スティグリッツ［二〇一〇］一一五－一一六頁）。

（9）小林慶一郎「第二回　財政出動論の根拠はどこにあったか」　20090915_188.html
（2009.09.15）http://www.canon-igs.org/column/macroeconomics/

2　リカード中立命題をマクロ資金循環と予算制約でみる

小林［二〇〇九］の解説は、現代マクロ経済学では標準的な中立命題の解釈である。これは、R・バロー（Barro［1974］）によって再発見され定式化されたもので、個人は、現在だけでなく、未来の所得や増税を考慮して現在の消費を合理的に行うという「強力な」枠組みで組み立てられている。

だが、多くの人々は、未来の増税までには、経済成長をはじめとする様々な経済変動があり、それは増税を上回る影響を与え得るだろうと思っているのではないだろうか。所得の五〇％にもなるような増税なら別だが、未来の数％程度の増税予想が現在の消費にどれほどの影響を与えるだろうか。もちろん、この命題が成立するように見える場合もあるかもしれない。しかし、それも未来の増税を考えなくても（通説的な枠組みを離れて）、現在の要因だけで十分以上に説明できることを以下で見てみよう。

公債発行とマクロ循環

家計に対する「増税」は、家計の予算を全体として制約する。第2節の例では五億円の増税で、家計の消費等のための支出予算は五億円減って八〇億円から七五億円となった。

ミクロの家計行動では増税と公債発行の効果はたしかに異なる　では、増税ではなく五億円の「公債」を発行した場合はどうなるだろうか。家計Aが百万円で国債を購入したとしよう。たしかに、国債を買った家計Aからすれば、国債という資産を保有しているから、増税の場合と違って必要なときにいつでも、その国債を売却してお金に換えることができる。また、国債を担保にお金を借りることもできる。この意味で、個々の家計にとって、国債は現金や預金とほぼ同じ「資産」であり、増税とはまったく違う。

バローは、こうしたミクロの家計の判断を踏まえて、国債発行と増税は異なると考えた。そして、仮に国債発行で、現在の消費に減少傾向が見えるなら、それは、家計が将来の増税に備えて現在の消費を抑制して貯蓄をするからに違いないと考えたのである。

マクロ的制約の観点では増税と公債発行は等価である

だが、個々の家計のミクロ的行動を、単純にマクロ経済に拡大することはできない。仮に国債を保有している家計Aが、現金が必要になり国債を売却したとしよう。このとき、その国債を買った家計Bは、購入に使った分のお金を他の用途に支出することができない。Bが売ってCが買っても、その制約はCに引き継がれるだけである。このように、経済全体の中では常に、国債五億円分によって、どこかの家計の支出予算が制約されている。(10)ミクロでは国債保有による予算制約はないが、マクロでは予算制約がある。

こうした予算制約は「マクロ的制約」に基づくものと言え、ミクロ的基礎からは導けない。通説としてのリカード中立命題では、ミクロ的基礎付けは意識されても、マクロ的制約の観点がすっぽり抜けている。すなわち、公債発行は、マクロでは民間経済主体からお金を吸い上げ、それが家計などの各経済主体の支出予算を全体として制約するという意味で、増税とかわりがないのである。

これは特殊な理解ではない。例えば、D・ローマーの「上級マクロ経済学」（二〇一〇）は、これと同様、家計の予算制約でリカード中立命題を説明している（六四〇－六四二頁）。

これをリカード、バローの解釈と区別するために、以下では「マクロ的中立命題」ということにしよう。

(10) 家計Aが国債を担保にお金を借りた場合も同じである。お金を貸した家計Bの消費などへの支出の予算はやはり、貸した分だけ制約されるのである。

これにより、増税と国債発行は、実行時点で家計などの全体としての支出予算を制約し、したがってマクロの消費等の支出を制約する点で等価である。

合理的期待やミクロ的基礎付けなどといった概念装置が係わるリカード中立命題のバロー的解釈は経済学を席巻し多くの研究が行われてきたが、ほぼ無意味だったと考える。バロー的解釈を証明したかに見える実証結果は、公債発行時点のマクロ的予算制約の影響を、ほぼ取り違えて解釈していると考えられる。

もちろん、バロー的メカニズムの影響は完全にゼロではない。例えば、税率が五〇％といったように極めて高いとか、税を除いた生活費が生存レベルを下回る可能性が強いと確信されれば、バロー的メカニズムが発動するだろう。しかし、そうした増税の可能性は今日ではほぼ無視できるだろうし、二〇世紀以降の世界で存在したことはなかったと考える。また、この場合でも、バロー的メカニズムと並行して、資金吸い上げによるマクロ的中立命題のメカニズムにより、現在時点の予算制約も同時に発生するのである。

マクロ的中立命題で、いくつかの新古典派的パラドックスを解明してみよう

さて、以上のように考えることが正しいなら、次の点が言える。

①「マクロ的中立命題」と財政出動の効果問題は無関係　増税と公債発行は、民間の資金を吸収し民間の支出予算を制約する点で違いはない。「現在の予算制約」の等価性が、マクロ的中立命題発現の主因であり、中立命題のバロー的解釈とはほぼ関係がない。中立命題と財政出動の効果問題は無関係だと考えられる。財政出動が効果を現すメカニズムについては、この後の第5章－第7章で論ずる。

②「負担の次世代先送り論」はほぼナンセンス　国債発行は、負担を将来の世代に先送りするものだという

議論がある。しかし、マクロ的中立命題により、増税と同様、国債発行もその時点の負担である。増税の負担者がそのお金を他の使途に使えないのと同様、国債購入者もその分を他の用途には使えないからだ。

では、将来の償還時点ではどうだろうか。実はある将来の時点に増税で国債を償還するとは、増税で民間からお金を吸い上げ、それを再び国債償還で同じ民間に戻すだけである。つまり、将来時点の経済全体としては新たな負担をしているとは言えず、その時点の経済主体間でお金を再配分しているだけである。国債発行は、増税という政治的な負担を先送りしたとは言えるが、マクロ経済的にはそうではない。国債発行が負担を次の世代に先送りするという議論は経済学的には誤っている。

これに関して野口悠紀雄氏は、次のように述べている。「国債が負担を将来に転嫁するという誤解…国債が内国債である限り、負担を直接に将来に移すことはできない…復興財源をめぐる議論で、経済学者の中にもナイーブな誤りにとらわれている人が多いことがわかって私はショックを受けた」（野口［二〇一二］七七－七九頁）。

なお、国債消化を海外資金に依存している場合、発行時点で国内経済は資金負担をせず、償還時点では国内経済から徴収した資金を外国人に返すことになる。この場合は、まさに負担の先送りになる。これはギリシャなど南欧諸国で現在生じていることだ。しかし、日本のような経常収支黒字国や米国のような基軸通貨国では、自国通貨で国債発行ができ、実質的に国内資金で消化されているので、こうした問題はない。

③財政出動額を財政赤字額で捉える意味

増税で財源をまかなう（＝財政均衡）ことと、公債で財源をまかなう（＝財政赤字）ことは等価だから、第2章で紹介したC・ローマー論文などのように、マクロ経済

図26　ユーロ圏とEU加盟国の失業率の（季節調整済み）

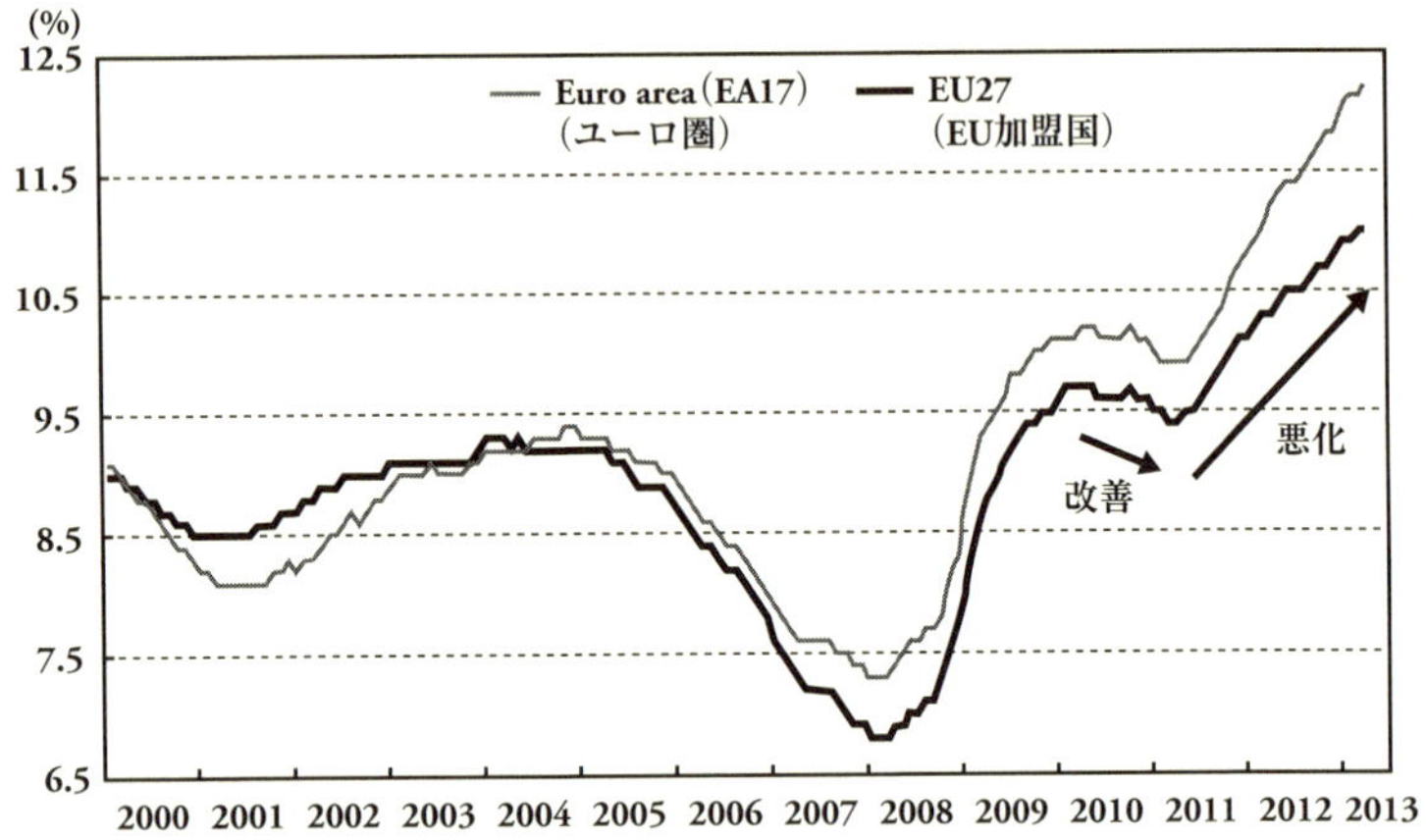

出所：ユーロスタット（eurostat newsrelease euroindicators 82/2013, 31 May 2013）に加筆

への影響を評価する際に「財政出動」の規模を「財政赤字額」（＝公債発行額）で捉えることは無意味である。財政出動の規模は財政支出額の増減で捉えられるべきだ。

④バロー的解釈の派生物「拡張的緊縮論」　第1章でふれたアレシナらの非ケインズ効果、「拡張的緊縮論」は、財政赤字が拡大すると家計等が将来の増税を予想して貯蓄を増やし消費を控えるというリカード中立命題のバロー的解釈の延長上にあり、逆に政府が財政緊縮政策を取れば、家計等は将来の増税がないと安心して消費が増えるために景気が拡大するという仮説である。

しかし、これを踏まえて実施された欧州各国の財政緊縮政策は、惨憺たる結果となっている（**図26**…各国の財政緊縮が本格化した一一年以降失業率が継続的に悪化）し、また、第1章脚注8でふれたように、提唱者の一人だったペロッティは、当初の研究の実証性の問題を自ら指摘するとともに、新たな研究によって、この仮説の実証性を否定している。

これはリカード中立命題（バロー的解釈）が否定され

ているのと同じことである。そもそも、普通の家計は将来の増税を気にするほどひまではない。

第4節　「セイ法則」をマクロ資金循環と予算制約で考える

つぎに、このマクロ資金循環と予算制約の観点で「セイ法則」を見てみよう。セイ法則とは、財市場で供給と需要が常に一致すること、あるいは、供給は常にそれに対応する同額の需要を作り出すという法則のことだ。資金の流れは、各経済主体が使える予算（購買力）に制約される。その予算は、収入と貯蓄に制約される。以下で見てみよう。

1　貯蓄と設備投資の関係

第2節の1でみた企業と家計だけの資金の流れに、より現実に合わせて貯蓄と設備投資を加えよう（政府と海外は煩雑になるので省略するが、加えても以下の議論は同様に成り立つ）。家計は、企業の生産に伴って受け取った一〇〇億円のうち三〇億円を貯蓄するとしよう。すると、消費は七〇億円だけである。

しかし、通常、貯蓄三〇億円は銀行を経由して企業に借り出されて設備投資に使われる。このとき企業は、消費財を七〇億円分、企業向けの生産設備（生産財）を三〇億円分生産すればよい。したがって、この場合も、通常は財市場ではセイ法則が成り立つことになる。

お金の流れと所有関係

なお、マクロ的な資金循環について考える場合、お金の所有関係は重要ではない。誰が占有し、誰が使

コラム3

リカード中立命題に関する別の理解

本文のマクロ循環の議論とは異なる二つの観点で、リカード中立命題を考えてみよう。

①貯蓄は金融機関を経由して設備投資に使われるはず…貯蓄に関する論理矛盾問題

さて、そもそもバロー的解釈では、家計などが将来の増税に備えて「貯蓄」を増やすから、消費などの需要が増えないのだという。この「貯蓄」とはなんだろうか。その貯蓄のほとんどは、金融機関などの貯蓄運用機関に回されるはずだ。

ここで重要な点は、家計が、仮に『将来の増税に対する備えとして貯蓄』を増やすとしても、金融機関などの貯蓄運用機関には「増税に備えた貯蓄」を行う動機はないことだ。むしろ、貯蓄運用機関は、それをできる限り有利に運用しなければ、預金者に金利等を支払うことが出来ないから、常に積極的に貸出や運用をしようとする。* すると、消費は減っても、設備投資が増えて景気は拡大するはずだ。金融機関が預かった預金は必ず全額が民間に貸し出され、設備投資に使われるという主流派的見解と、バロー的解釈は両立しないのである。

②家計が経済成長で所得増加を予想していれば？…成長のない経済の仮定問題

また、リカード中立命題のバロー的解釈は、経済成長がないという仮定に依存している。この仮定は、単に問題を単純化するための仮定ではなく、バロー的解釈のメカニズムが起動するための本質的条件（仮定）になっている（もちろん、成長率と金利の関係など考慮すべき問題はある）。

実際、財政出動で経済が成長して家計の所得が増えれば、増える所得の一部を増税にあてれば済む場合がほとんどだと考えられる。経済成長で、将来の所得が増税をまかなう以上に増えると家計が予想すれば、家計が合理的であっても（あるいは合理的であるからこそ）、家計は現在の消費を削る必要はない。バロー的解釈は、そもそも「経済成長」があると考えられている経済では成り立たない可能性が強い。**

うかが大事だ。企業的にみればキャッシュフロー（現預金の流れ）の問題である。

家計の三〇億円が貯蓄され、それが金融機関を経由して企業に貸し付けられ、設備投資に使われるとき、この三〇億円の所有権は依然として家計にあって、家計、金融機関、企業間には債権債務関係が発生している。だが、これをキャッシュフローでみると、全額が企業に戻り、それが企業の新たな支出の原資（予算制約）になるということが重要である。さもなければ経済は回らないのである。

原材料・中間財（参考）

つぎに、仕入れと売上の関係や資金循環の関係について補足しておこう。個々の企業は、通常、製品のすべてを内部で製造しているわけではなく、他の企業から部品などの中間財や原材料を購入している。当然、企業は中間財や原材料を供給する他の企業にその対価を支払うから、家計以外の経済主体（企業）にも企業からお金が流れるわけだ。

しかし、その支払いは、受け取った企業にとっては売上であり、その企業も労働力の対価などとしてさらに家計に賃金などを支払い、また、さらにその企業が仕入れる中間財や原材料を供給する企業にも払う。それが経済全体の中で繰り返され組み合わせられている。

したがって、経済全体の企業の売上と支払いを合計すると、中間財や原材料は買った側（仕入）と売っ

＊（コラム3の注）もっとも、タンス預金されると需要につながらない。しかし、将来の増税への備えであれば、スケジュールも明確だから、普通は利子等の運用益が期待できる金融機関に預金されると考えてよいだろう。

＊＊（同前）通常、人は経済は成長するものだと思っているからだ。もっとも、二〇年不況を経験してきた日本人は、徐々に、経済は成長しないものと考えるようになっているのかもしれない。

た側（売上）にそれぞれ計上されているから相殺されて消えてしまい、企業部門全体として最終的に残るのは、企業以外（家計など）への支払だけになる。企業部門全体で捉えると仕入は表面には出ない。

2　資金循環でみたセイ法則成立条件

以上から、財市場で供給と需要が一致するというセイ法則が成立するには、以下の点が成り立たないといけないことがわかる（ただし、これらは互いに独立した条件という訳ではない）。

①各経済主体（または各部門）の収入、所得の「相互依存」　財の生産にあたって、企業から家計や政府に、賃金、配当や税など広い意味の生産費が支払われ、家計や政府はその「全額」を使って、企業の生産した財を全て買うことで、企業は生産費を回収するという関係が成立している。このメカニズムがセイ法則の核である。

つまり、企業と家計（及び政府等）は、相互依存の関係にある。セイ法則が成り立つとき、一方の支出が縮小すれば、一方の支出も必ず縮小しなければならない。企業の生産費（コスト）が縮小すれば、家計の所得（や政府等の収入）も減少する。家計の所得（や政府収入等）が減少すれば企業の売上収入も減少する。企業の売上が減少すれば、生産費の削減が必要だから、次期には家計の所得も減少することになる。

②貯蓄と設備投資等の一致　セイ法則や①が成り立つためには、家計の貯蓄と企業の設備投資額（少し厳密には、これに家計の住宅投資＋自動車ローンなどを加えたもの）が一致していなければならない。

③実体経済と一体化した資金流通一〇〇%　①を資金の流れで見ると、生産に際して家計から提供された労働力、資金や出資などの対価として、賃金、利子、配当、地代等の形で企業から家計に逆方向に資金が

流れる。そして、家計はその資金を財購入の対価として企業に支払うというように、生産された財・サービスの流れる方向と逆方向に資金が必ず流れている。つまり、資金（貨幣）は、財の生産、分配、支出に関する各取引の際に代価として取引で使われ循環していく。財を生産する経済を実体経済とすると、お金は実体経済の活動と一体化して動いており、貨幣と実体経済の動きが乖離することはない。セイ法則成立にはこの条件も満たされる必要がある（投機的動機による貨幣利用が増えると、この条件は破れる）。

以上の三点のどれか一つが破れれば他の二つも破れる（それがセイ法則に破れがある状態である）。

3　セイ法則と成長、信用創造

成長との関係

次に、セイ法則と経済成長の関係はどうなっているだろうか。このメカニズムでは、まず、企業が前期よりもコストをかけて生産量を増やす必要がある。その生産増加分のコストが家計に支払われ、家計の所得が増加して需要が増え、生産されたものが全部売れて経済が成長する。つまり、このメカニズムのスタートは、まず企業が家計に対してコストの支払いを増やすことである。

しかし、この最初の生産増加のために企業が支払いを増やす資金は、この循環の中からは出てこない。それは、銀行からの借入金の増加あるいは企業の貯蓄（内部留保）等でまかなわれる。[11] 銀行からの借入金増加は、過去の貯蓄のストックの取り崩し又は銀行の「信用創造」によって創り出される。まさに供給が需要を決定するわけである。

信用創造とマクロ資金循環

金融機関が企業や家計に資金を貸し出すとき、その預金口座にその額が記帳されるが、全額が直ちに引き出されるわけではない。それが引き出され他の企業等の口座に振り込まれても、受け取った企業等がすぐに全額を使うわけでもない。こうして資金は預金口座間を移動するが、全額が常に現金で引き出されることはなく、大半は銀行の誰かの口座に止まっている。したがって、銀行は、口座に残る額をさらに貸し出すことが可能である。つまり、銀行は二重、三重に貸し出せる。これが銀行の「信用創造」機能である。

銀行が信用創造でいくらでも貸し出せるのなら、マクロで資金が足りないことはあり得ないし、政府・日銀が銀行さえコントロールすれば、貸出量を自在に操作して景気調節ができるようにも見える。現代マクロ経済学では、企業には常に旺盛な資金需要があるという前提でモデルが組み立てられることが多いが、その帰結としては、まさにそうなる。とすれば、資金循環で企業と家計の相互依存といっても、意味はないことになってしまうのではないだろうか。

しかし、借りたお金は、必ず返済する必要がある。普通の企業や家計は、返せない計画を元には借りないし、普通ではない企業や家計には銀行も貸さない。そして、返す能力は企業の売上見通しや家計の所得の見通し等に依存する。そうした見通しは現実の売上状況やその将来見通しを反映する。つまり、資金の循環は、常に現実の生産、所得の現状とその将来見通しに強く結びつけられている。銀行が信用創造でいくらでも貸し出せるとしても、企業や家計は、簡単には貸出を受けない。

このように、資金の循環は、実体経済の生産活動や消費に密接に結びつけられているため、銀行が信用創造を行おうとしても、実体経済の動向がそれを制約するのである。特に重不況下では、市場（需要）の伸びの見通しが低くなり、企業もリスク・不確実性を重視するようになるため、金融機関の貸出態度にかかわらず、企業自身が資金を借りたくない状況が生じる。家計も雇用不安などで同様である。実際、米国の大恐慌期や日本のバブル崩壊後には、企業は設備投資よりも負債の償還を優先したため、本来は資金不足部門のはずの企業部門が資金余剰に転換している（図6、図22）。

したがって、信用創造は（バブル以外では）、おおむね財市場を中心とする資金循環の議論に大きな影響を与えることはないと考えられる。

（11）海外から借りても良いし（＝資本収支黒字）、政府・日銀が紙幣を少し余計に発行しても良い。なお、成長は生産性の増加によっても得られる。生産性上昇のみの場合は、名目売上や生産コスト支払額（＝家計所得）は増加しないが、生産数量が増加して物価が下落するので、家計は同じ名目所得でより多くの財を買えるようになる。つまり、実質所得は増加し、名目成長はしないが実質成長する。
しかし、企業には、名目成長がある方が借入資金の償還負担が小さくなるので好ましく、それは新たな設備投資や雇用にもつながる。

第5章　セイ法則と不況期資金余剰：資金循環とセイ法則の破れ

前章で見たように、セイ法則の成立には、企業の生産物の売上収入と、その生産の際に企業がコスト等として家計、政府、海外に支払った（貸付を含む）お金が一致する必要がある。

このセイ法則に一時的に破れがあり得ることについては、ごく一部の学派をのぞいて広く共通理解がある。[1] セイ法則の破れとは、財市場で需要不足が生ずることだから、循環する資金の一部が財に使われていないことになる。そのお金はどこへ行ったのだろう。この章では、セイ法則に破れがあった場合に何が起きるかを考える。

第1節　どのような場合にセイ法則の破れが生ずるか

お金の一部が最終的にも財の購入に使われないと、セイ法則は破れることになる。財の購入に使われない場合、そのお金はどうなっているのかをみてみよう。

財以外の商品（資産）市場と財市場間の資金循環

家計、企業、政府などが買う可能性のある魅力ある商品には、「財」のほかに、土地、債券、株式、その他の証券、預金、貨幣などがある。これらを財と区別して、単に「資産」と呼ぼう。[2] 資産は、少なくともその期（例えば年度）の企業の生産物（財）ではないから、これらの資産が買われても、企業の生産物が売れることにはならない。実際、これらの資産の売買損益は、ＧＤＰ（国内総生産）計算の対象でもない。これらは、単に物価の上昇下落と同じだからだ。[3]

家計などが資産を購入すると、その分だけ、財を購入するための支出予算が減少してしまう。しかし、その資産を売った他の家計などは、売却代金を得る。通常は、これが消費や貯蓄に回り、貯蓄が企業に借り出されて設備投資、家計に借り出されて住宅投資や自動車などの耐久財購入その他の消費に充てられれば、財の需要と供給は均衡する。

財以外の市場への資金の超過流入（財市場から見て超過流出）　財とこれらの商品（資産）の魅力の程度は、通常は一定のバランスがある。したがって、家計、企業、政府などの各財や各資産の購入に対する予算配分は全体としておおむね一定で変動しないと考えられる。このとき、財市場への資金配分の割合は安定している。ある家計が資産に余分に資金を配分しても、その資産を売った家計等がその代金で財を買うから、通常は全体としてバランスは安定しているのである。

（1）新しい古典派の実物的景気循環理論（ＲＢＣ理論）を支持する人々はセイ法則の破れを認めない。しかし、世界同時不況を経験した後、セイ法則の破れを認めない者は大きく減少した。

（2）ここまで「実体経済」を定義なしで使ってきたが、「資産」が出てきたので、ここで定義しておこう。すなわち実体経済とは、「資産」取引以外の経済のことであり、財の生産に係わるフローの経済のことである。ＧＤＰはこの経済をカウントしている。

（3）もちろん、土地の造成費とか、測量費とか、土地や証券売買の仲介手数料などは、企業がコストをかけて生産した財（サービス）であり、ＧＤＰ計算の対象である。

しかし、いくつかのケースではこのバランスが崩れ、ある期間、一方的に特定の資産への予算配分が増加することがある。するとセイ法則は破れてしまう。以下で三つのケースを見てみよう。

①タンス預金と流動性選好……第一の、もっともわかりやすい例は、ケインズが取り上げたタンス預金である。タンス預金への資金配分が一定で増減がないなら、(他の要因に問題がない場合に) タンス預金へのお金の流入と流出がバランスするため、それは財や他の資産への資金配分に影響しない。

しかし、タンス預金が一方的に増加し続けるような状況では、通常は財の消費等を抑制してタンス預金を増やしている家計が増加しているということだから、財の需要は縮小しており、セイ法則は成立しない。

普通の預金は、金融機関に預けられるから、それを企業や家計が借り出し、すべてを設備投資、住宅投資や自動車購入などに使えば、企業の生産物は全部売れる。だが、タンス預金はタンスの奥にしまい込まれて、銀行預金のように (他の家計や企業が借りて) 需要に使われる経路がないのである。

では、タンス預金への資金流入が一方的に増えるのはどんなときだろうか。それは「不確実性」「リスク」が高まるときである。これは、重不況の初期に起こりやすく、大恐慌の初期には、確かにこうした状況が発生した。典型的には「銀行取り付け騒ぎ」などである。家計などは、とにかく安全、確実な現金を手元に置こうとしたのである。ケインズは、これを「流動性選好」という概念で明確化した。

②資産の魅力上昇とバブル……また第二に、「資産の魅力」が急速に上昇すると、資産を買うために、財に支出される予算が減ってしまう。

たとえば、土地や株式で値上がりが続くと、値上がり益の魅力で、その商品への支出配分を増やす家計等が増える。すると、その市場に次々に資金が流入し、それを売った者も、代金をさらに新たな土地や株式投資に充てるという循環が生じる。こうした状況下では、実体経済の需要のように、資産の使用価値に基づいて需要が生ずるのではなく、値上がり見込みに基づいて需要が生ずる（**コラム5参照**）。

こうなると、財の生産で生まれ財の購入に使われるべき資金が、資産市場に超過流入を続けることになり、財市場に配分される予算は減少する。すると財の需要は不足して、セイ法則は破れてしまう。

③不況における余剰資金の発生……第三は、設備投資の不足である。新古典派経済学をベースとする標準的マクロ経済学の基本モデルでは、第4章で見たように、貯蓄された資金は、全額が企業などに借り出されて設備投資に使われることになっている。そのメカニズムは、まず貯蓄が増えれば金利が低下する。金利が低下すれば、企業の設備投資コストのうちの借入金の金利コストが低下するから、設備投資が刺激される。金利が低下するとともに設備投資が増加するから、貯蓄が借り尽くされる金利水準では、常に貯蓄＝設備投資が実現して、（長期では）セイ法則が成立すると考えられてきたのである。

問題は、設備投資等を決定する要因が、金利だけではないことだ。設備投資が決定されるには、例えば設備投資後一〇年程度の期間の売上収入見積もりの総額が、この期間の総費用を上回るという見込みがなければならない。金利は、この設備投資決定要因の中の費用の一つに過ぎない。好況期や平穏な時期には、売上見通しやその他の要因は、多様な企業間で水準も方向性もランダムだから、一国経済全体を合算するとその影響は相殺されてしまう。このため、すべての企業が一律に直面する金利の変動だけが、すべての企業の設備投資に同一方向の影響を与える。だから、平穏期には、金利の影響は際立っているのである。

しかし、特に重不況下では、需要の将来見通しが多数の企業で一斉に低くなる。これは、多数企業の設備投資の判断に斉一的に影響を与えるから、金利の影響は吹っ飛んでしまう。(4) 重不況下でゼロ金利が実現しやすいのは、重不況では、金利以外の要因の影響力が大きくなるからだ。金利の影響力が常に変わらないなら、そもそも、中央銀行の金融緩和で、ゼロ金利になる前に景気は回復しているはずだ。

不況、特に重不況は、家計の失業不安を増加させるから、家計は失業のリスクに備えて貯蓄を増やし、消費財の需要を抑制する方向に動機づけされる。企業も重不況で不確実性の上昇を認識すれば、設備投資で資金を固定するよりも、緊急事態に備えて流動性の高い預金などの形態で資金を保持しようとする。また、重不況で市場の伸びが期待できないなら設備投資を行う理由はない。これは生産財の需要を減らす。

この結果、貯蓄と設備投資は一致しないようになり、資金は金融機関に滞留することになる。このように見ると、不況下では、資金は余剰状態になると考えられる。これは、実体経済企業や金融機関の実務の現場では、当然のことだろう。

第2節　貨幣流通速度で土地市場への資金流出をみる

前節のタンス預金については当然のこととして省略し、第2節では土地市場への資金流入の例を、次の第3節では不況期の資金余剰の状況を確認しよう。まず、この第2節では、バブル期など土地取引が活発化した時期の資金の状況を貨幣流通速度でみてみることにする。

1　貨幣流通速度のパラドックス

フリードマン=シュウォーツ（Friedman & Schwartz［1963］）は、一九世紀後半から一九五〇年代半ばまでのデータに基づいて、貨幣需要と経済の関係が長期的に安定していることを実証し、ケインズ経済学等に基づく裁量的な金融政策は、インフレをもたらすだけだと批判した。そして、フリードマンは、インフレ抑制のためには、中央銀行はマネーストックの増加率を一定のルールに基づいてコントロールすべきことを提言し、各国の中央銀行は、七〇年代末から八〇年代初頭にかけて次々にこれを採用した。

しかし、各中央銀行は、経済との間に安定した関係を持つマネーストックの範囲を確定することができず、コントロールそのものの問題もあって、結局、八〇年代半ばには、米英も含め、各国は相次いでマネーストックをコントロールする政策を放棄した。

交換方程式と貨幣流通速度の推移

貨幣の「流通速度」とは、次の(1)式（第3章でもふれたフィッシャーの交換方程式）でVのことである（Mはマネーストック（マネーサプライ）、Pは物価、Tは数量ベース取引量）。つまりVは、同じお金が別の取引に何回使われるかを示す。つまりお金の回転率である。

MV＝PT……(1)

ここで、この式の右辺PTは結局「名目GDP」だとして[5]、今は一般に交換方程式として次の(2)式が使われている。

MV＝名目GDP……(2)

---

(4) こうした要因の変動メカニズムは、向井［二〇一〇］第3章で「斉一性」として論じた。

(5) これは、ケンブリッジ方程式（M＝k名目国民所得。ここでkはマーシャルのkであり、その逆数が交換方程式の貨幣流通速度Vに対応すると考えると名目国民所得がPTに対応する）の影響と考えられる。

図27　流通速度（名目GDP／マネーサプライ）

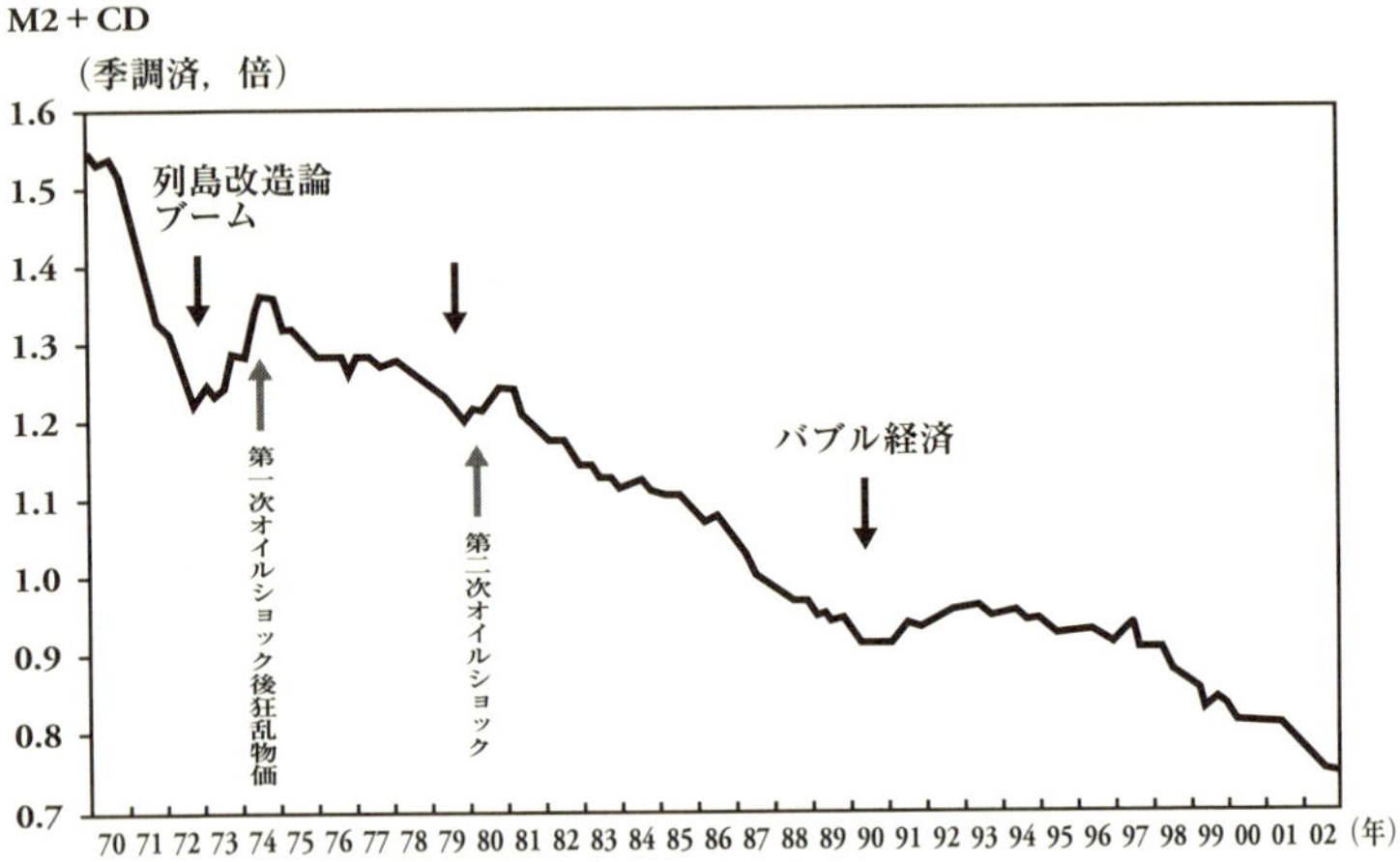

出所：日本銀行資料に一部加筆

（したがってV＝名目GDP／M。これを貨幣の所得流通速度という）

この式でわかるように、貨幣需要（M）と経済（名目GDP）の関係の安定とは、Vが安定しているということだ。日本の貨幣流通速度の推移を**図27**で見てみよう。まず、流通速度は長期的には低下を続けている。次に急速に低下している時期があることもわかる。例えば、土地など不動産取引が活発だった時期には、貨幣流通速度がより大きく低下している。

もちろん、これは、お金がどのような使われ方をするかに影響を受ける。例えば、クレジットカードの普及や決済の電子化といった技術上や制度上の変化あるいは新しい金融商品の開発などは、貨幣の流通速度に長期的な変化を与える。また、長期的には産業構造の変化も影響を与えるだろう。しかし、図の矢印の時期をはじめとするような短・中期の変化の理由はなかなか考えにくい。一種のパラドックスである。

2　不動産取引への資金の漏出

ところが、九〇年代末から二〇〇〇年代にかけて日銀などで日本の金融政策を研究していたリチャード・ヴェルナー（現英サウサンプトン大学教授）が、このパラドックスをシンプルに解明した。原因は、交換方程式の右辺のPTを「名目GDP」で置き換えた点にあった（ヴェルナー［二〇〇三］）。

土地取引を除外した交換方程式

問題は(2)式では、土地取引などGDPにカウントされない取引が右辺で除外されている点にある。[6] 貨幣は、GDPに係わる取引だけでなく土地取引にも使われるから、貨幣利用は、土地取引にも比例するはずだ。したがって、左辺との対応を考えれば、右辺には土地取引も含めるべきだ。ところが、右辺を『名目GDP』に置き換えたことで、土地取引などGDPにカウントされない取引が脱落したのである。

もちろん、経済に占める土地取引のウエイトに変化がなければ、問題が顕在化することはなかった。ところが、バブルで土地取引に多量の資金が超過流入を続け、そのウエイトが大きく変化したことで、流通速度に大きな影響を与えたのである（これは向井［二〇一〇］でも紹介した）。

不動産市場への資金流入

図27のグラフには三つの大きなへこみがある。左のへこみは日本列島改造論ブームの時期であり、右の

(6) なお、赤羽［一九八二］一一七－一七〇頁には、すでにこうした点について包括的な議論がある。

図28　不動産向け銀行貸出

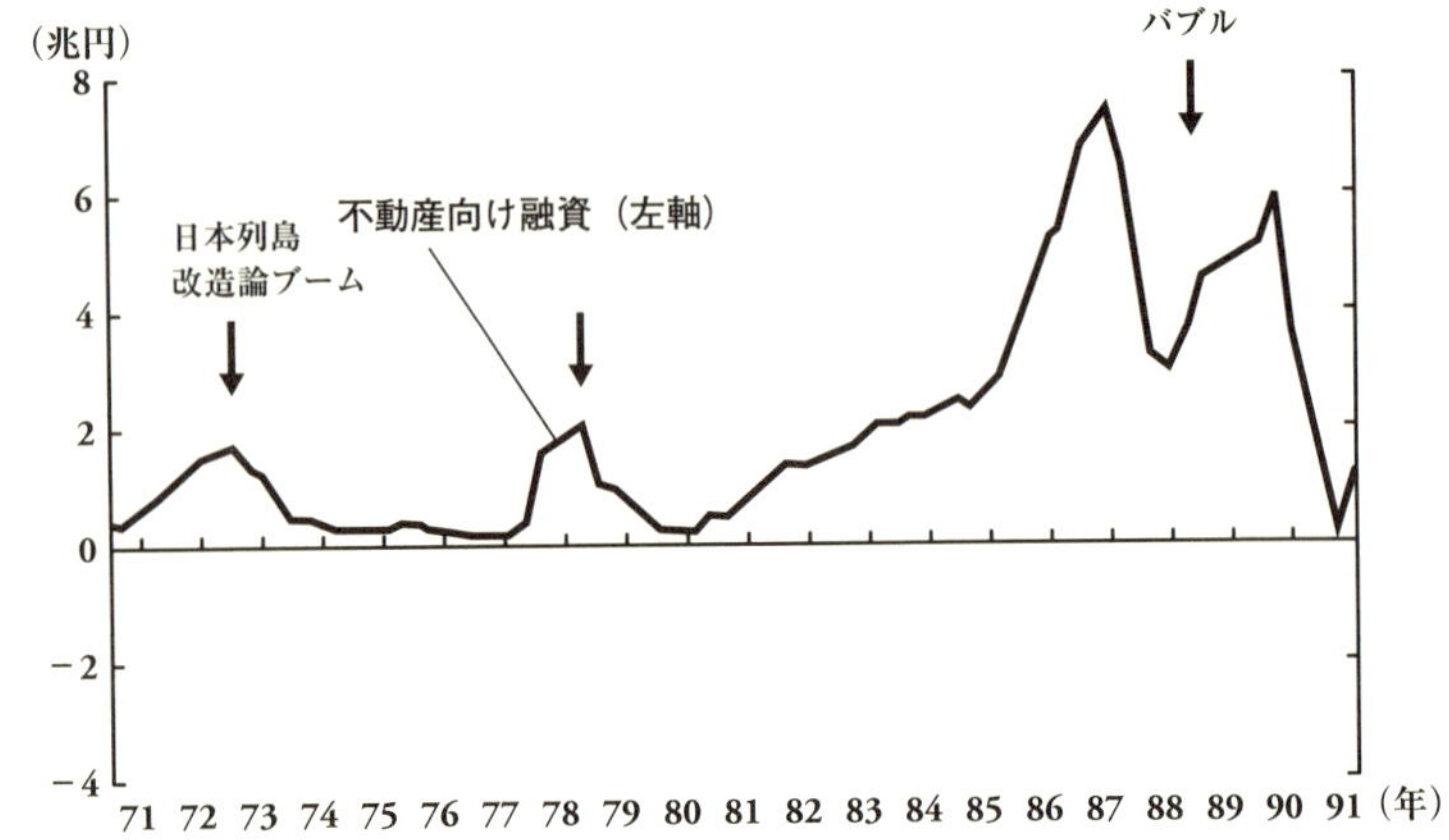

データ出所：日本銀行・財務省

図29　公示地価対前年比推移

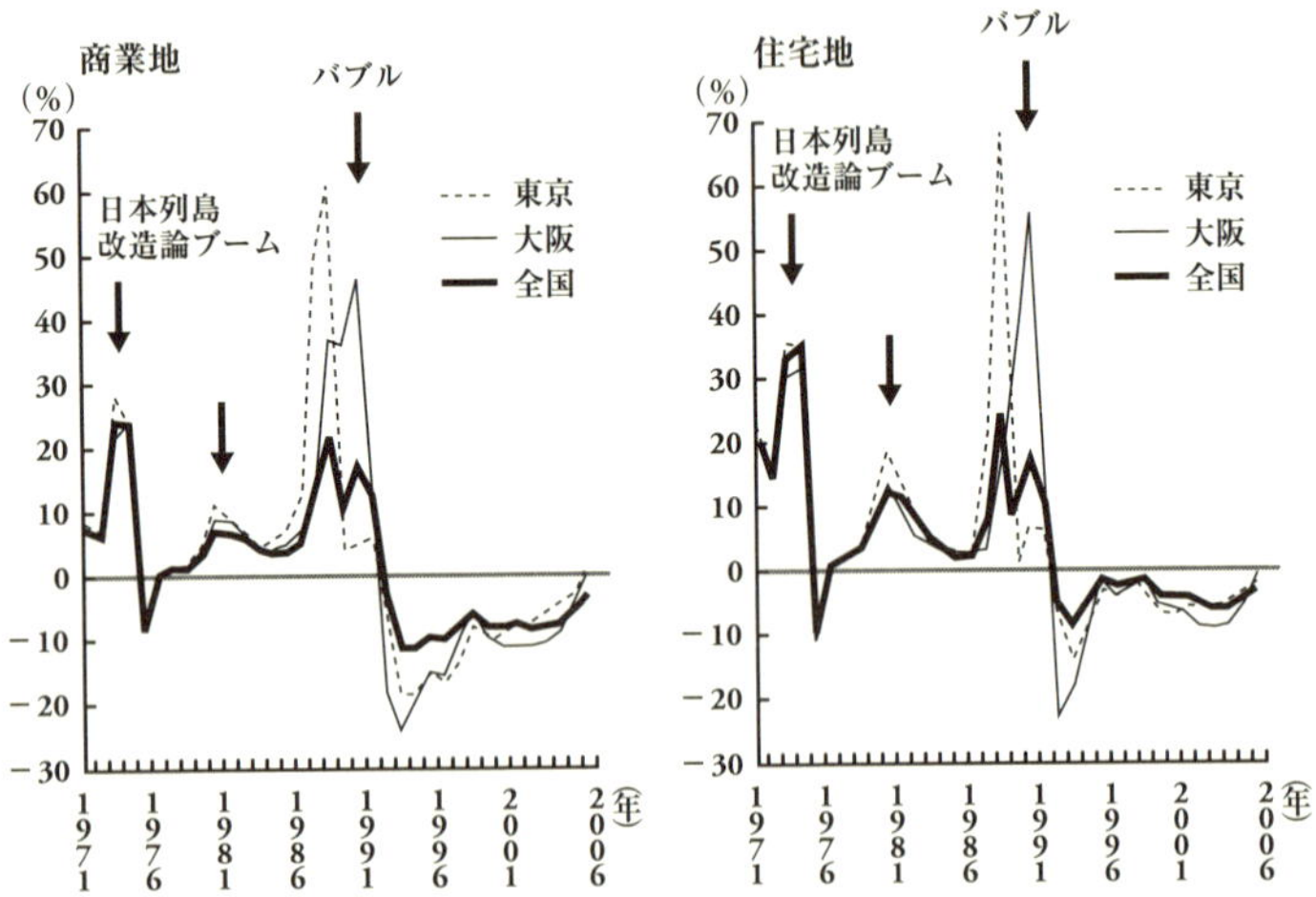

注：各年1月1日現在
出所：古野［2008］p.25（一部加筆）
データ出所：国土庁『地価公示』

へこみはバブル経済の時期である。この二つの時期は明らかに土地取引が活発化していた。では中央のへこみはなんだろうか。次の**図28**のように、これも不動産向け融資が拡大した時期にぴたり一致する。

図28に見るように、この三つの時期に不動産市場に資金が流れ込んだことは、次の**図29**で、この三つの時期のいずれも不動産価格が上昇していることと整合的である。

バブル期の状況

また、こうした解釈は、八〇年代後半のバブル期の貸出の膨張が、ほぼ不動産関連貸出の増加によることを示す**図30**と整合的である。(7)

この図で、バブル期のピークである九〇年前後の不動産関連三業種（金融保険、不動産、建設）への貸出（GDP比）は、八二年第一四半期に比べて二倍以上に拡大している。一方、それを除く一般業種への銀行貸出のGDP比は、ほぼ安定している。

一般業種でも若干ふくらんでいるのは、一般企業も設備投資のための土地取得で値上がりの影響を受けるし、本業を外れた土地投資を行った企業もあったからだろう。

不動産市場への流入資金の出所

このように、GDPにカウントされる企業活動向けと不動産向け貸出をある程度分離してみると、不動

（7）この貞廣［二〇〇五］の方法は、ヴェルナーが、銀行貸出を不動産関連業種への貸出とその他の一般企業への貸出に分離した手法とほぼ同じ考え方に基づいている。

図30　銀行貸出対名目GDP比率の推移

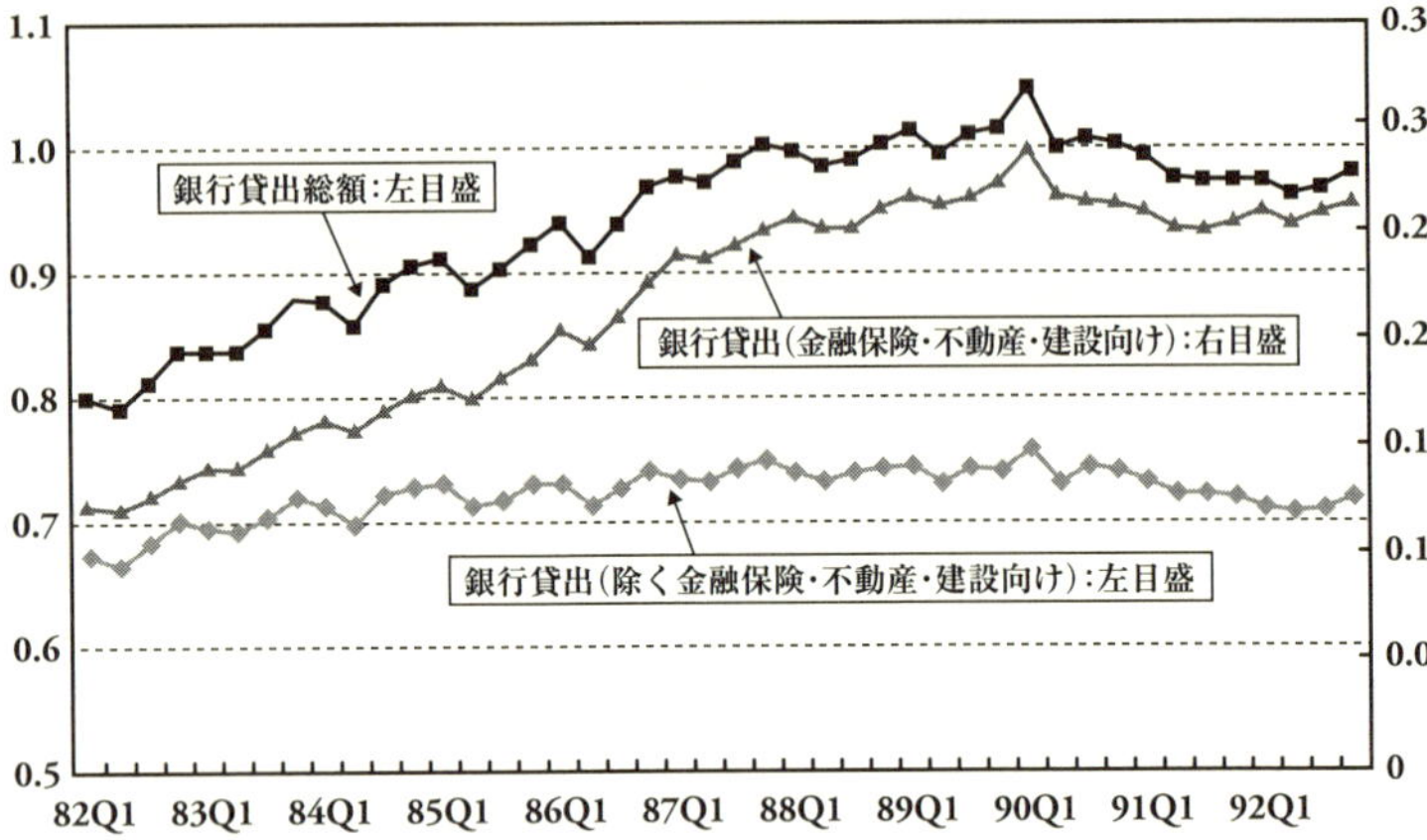

出所：貞廣［2005］p.57

産向けが超過していたことが明らかである。これは、当時、資金が不動産市場に超過流入を続けていたことを示す。

もっとも、この流入のかなりは、当時の金融緩和で促進された銀行の信用創造によるものと考えられる。これは、不動産関連三業種以外への貸出が減少していないことからも推測できる。土地への流入資金が仮に設備資金を削って得られたものなら、不動産関連以外企業への貸出は減少していなければならないからだ（ただし、不動産関連以外企業への貸出分には、それらの企業が土地取得に使った分も含まれている）。

第3節　不況期の貨幣流通速度の低下でセイ法則の破れをみる

次に、不況の場合を見てみよう。不況でセイ法則に破れがあれば、財の購入に使われなかった資金が金融機関に滞留し、貨幣の流通速度は低下すると予想される。もっとも、不況期には、一般に金融緩和政策が取られるため、それだけで資金需給は緩和的になる。金融緩和政策がなくても、不況期には資金需給が緩和的になるのだろうか。

1　不況期の貨幣流通速度の低下

景気循環にしたがって貨幣流通速度は変動している

図31で「不動産投資ブームとその後の回復期」以外の景気後退期を見ると、いずれも景気拡張期に比べて「貨幣流通速度がより急速に低下している」。これはマネタリズムの主張どおりである。フリードマン＝シュウォーツ（Friedman & Schwartz［1963］）は「貨幣流通速度は景気循環の拡大局面では上昇し、収縮局面では下落する傾向にある」と述べている（訳書六〇頁）。フリードマンは、長期の貨幣流通速度は一定だと主張するが、機械的な貨幣数量説とは違い、短期では景気によって変動すると考えるのである。

図31は〇二年までなので、それ以降を含むグラフを次の**図32**に示す。図31、図32のように土地投資加熱後の回復期（土地投資の手じまいと資金回収期）を除けば、いずれも景気後退期に貨幣流通速度の低下率が高くなっている。

これを確認するために、貨幣流通速度の変化率を景気の拡張期と後退期で比較してみよう。八〇年以降

図31　流通速度（名目GDP／マネーサプライ）

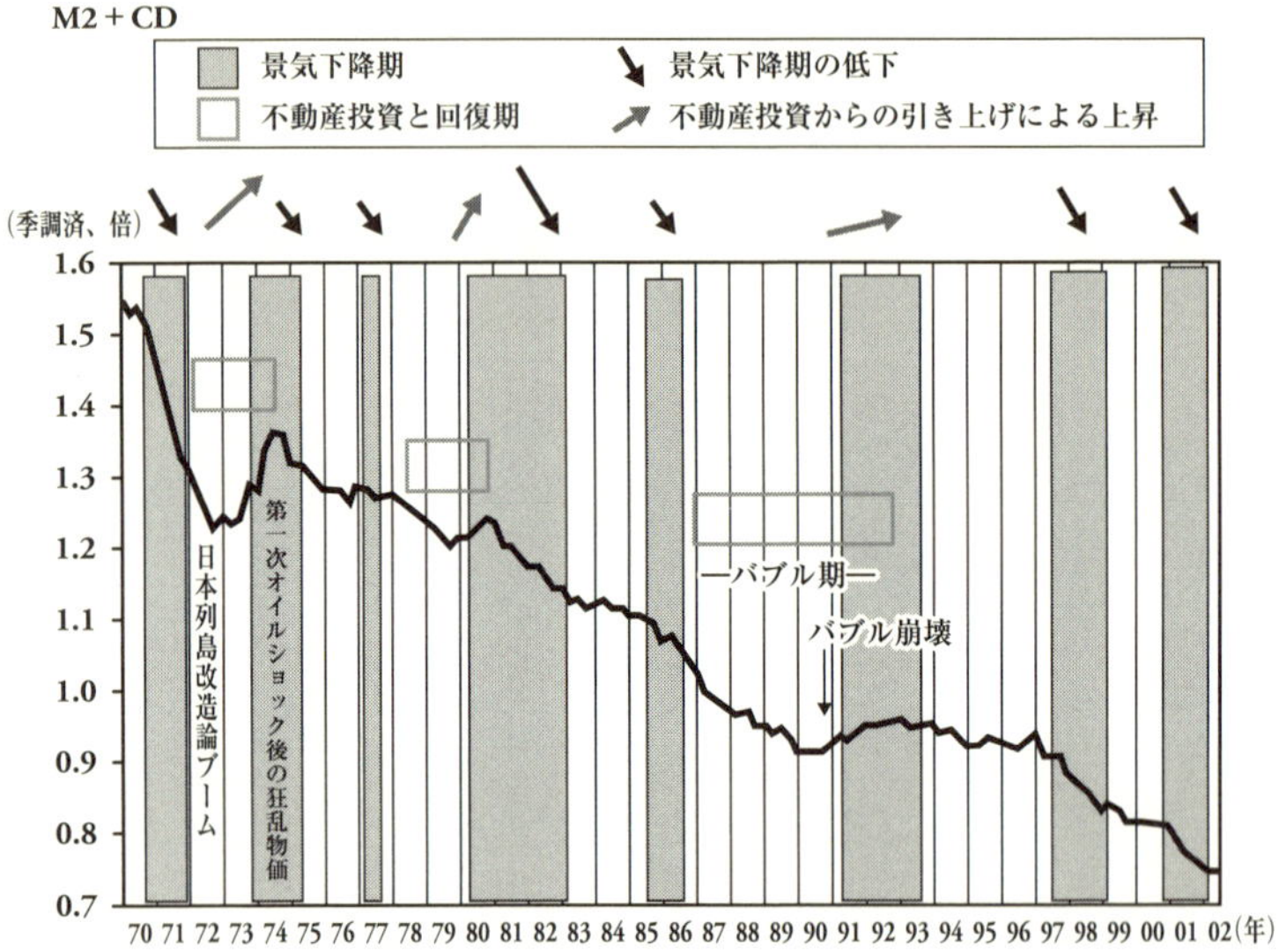

出所：日本銀行資料に加筆（景気下降期は内閣府の景気基準日付による）

で景気の山と谷が属する四半期の貨幣流通速度を比較すると**表1**（土地投機の加熱期とその回復期を除く）のように、景気拡張期が年率でマイナス一％前後なのに対して、景気後退期はマイナス四－一八％台と、明確な水準の差がある。

名目GDPと連動しているのは貨幣流通速度であり、マネーストックではない

これを、次の**図33**で、貨幣流通速度の変化率（4四半期移動平均[8]）で確認してみよう。この図はデータの関係で八一年以降を示しているが、まずバブル期・バブル崩壊期を除くと、すべての景気後退期で貨幣流通速度の変化率のマイナスが大きくなり、逆に景気回復期では変化率の低下幅が縮小し、持ち直していることがわかる。次にその変動を見ると、バブル期とその崩壊期を除けば、「名目GDPの変化率との連動性が高いのは、マネーストック（M2＋CD）では

図32　貨幣流通速度（＝名目名目／（M2＋CD））

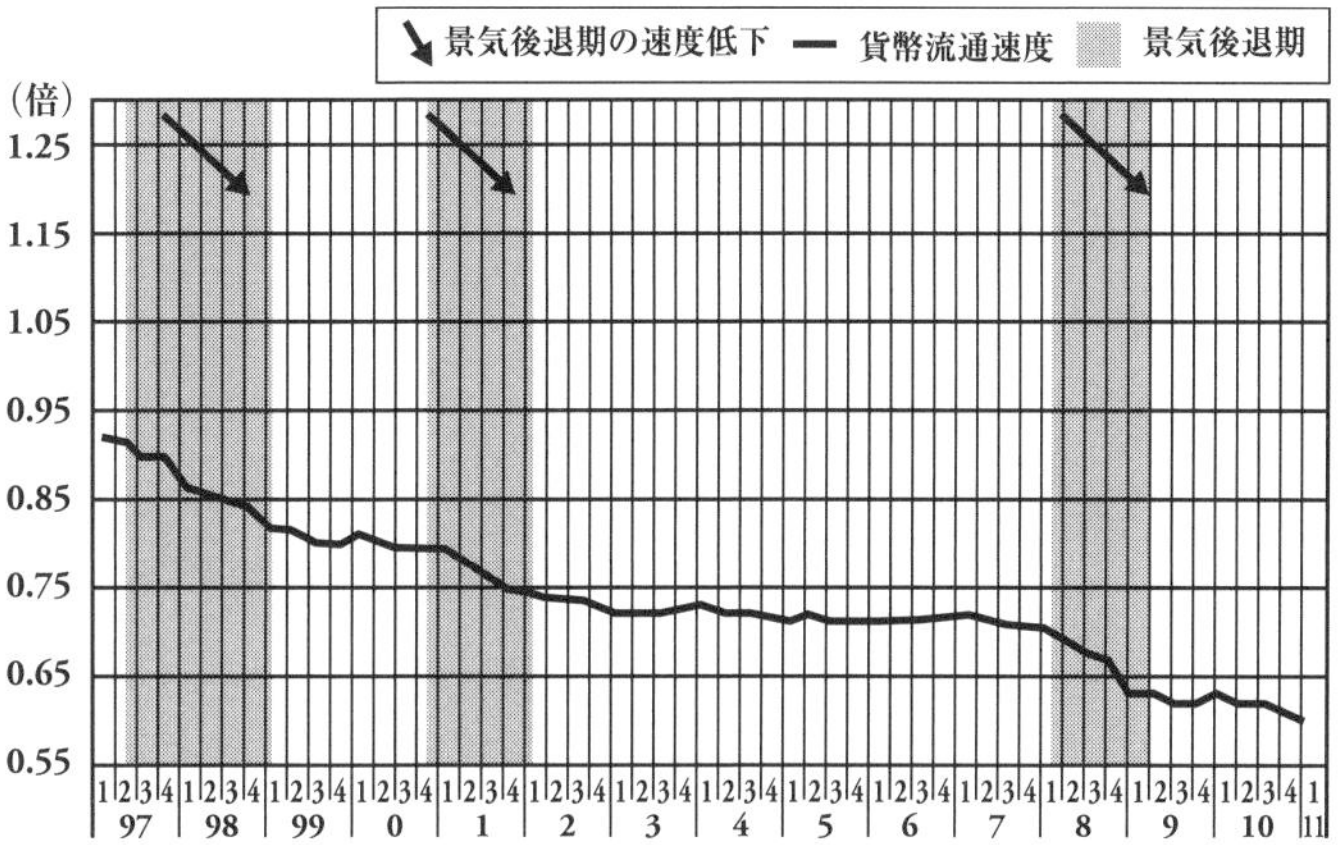

データ出所：名目GDPは内閣府の季節調整済四半期，M2＋CDは日銀の季節調整済月次から四半期平均，景気後退期は内閣府の景気基準日付。

表1　景気拡張期と後退期の貨幣流通速度変化率の比較

景気拡張期

谷	山	期間（月）	貨幣流通速度の変化（%）	同左年率（%）
1983年 2 月	1985年 6 月	28	−2.8	−1.2
1993年10月	1997年 5 月	43	−3.5	−1.0
1999年 1 月	2000年11月	22	−2.6	−1.4
2002年 1 月	2008年 2 月	73	−5.1	−0.8

景気後退期

山	谷	期間（月）	貨幣流通速度の変化（%）	同左年率（%）
1985年 6 月	1986年11月	17	−5.9	−4.2
1997年 5 月	1999年 1 月	20	−10.6	−6.3
2000年11月	2002年 1 月	14	−21.6	−18.5
2008年 2 月	2009年 3 月	13	−10.6	−9.8

注：土地取引加熱期とその回復期の期間を除く。
データ出所：図32と同じ（ただし，景気基準日付は内閣府による）

図33　貨幣流通速度と名目GDP、マネーストックの各伸率の変動（4四半期移動平均）

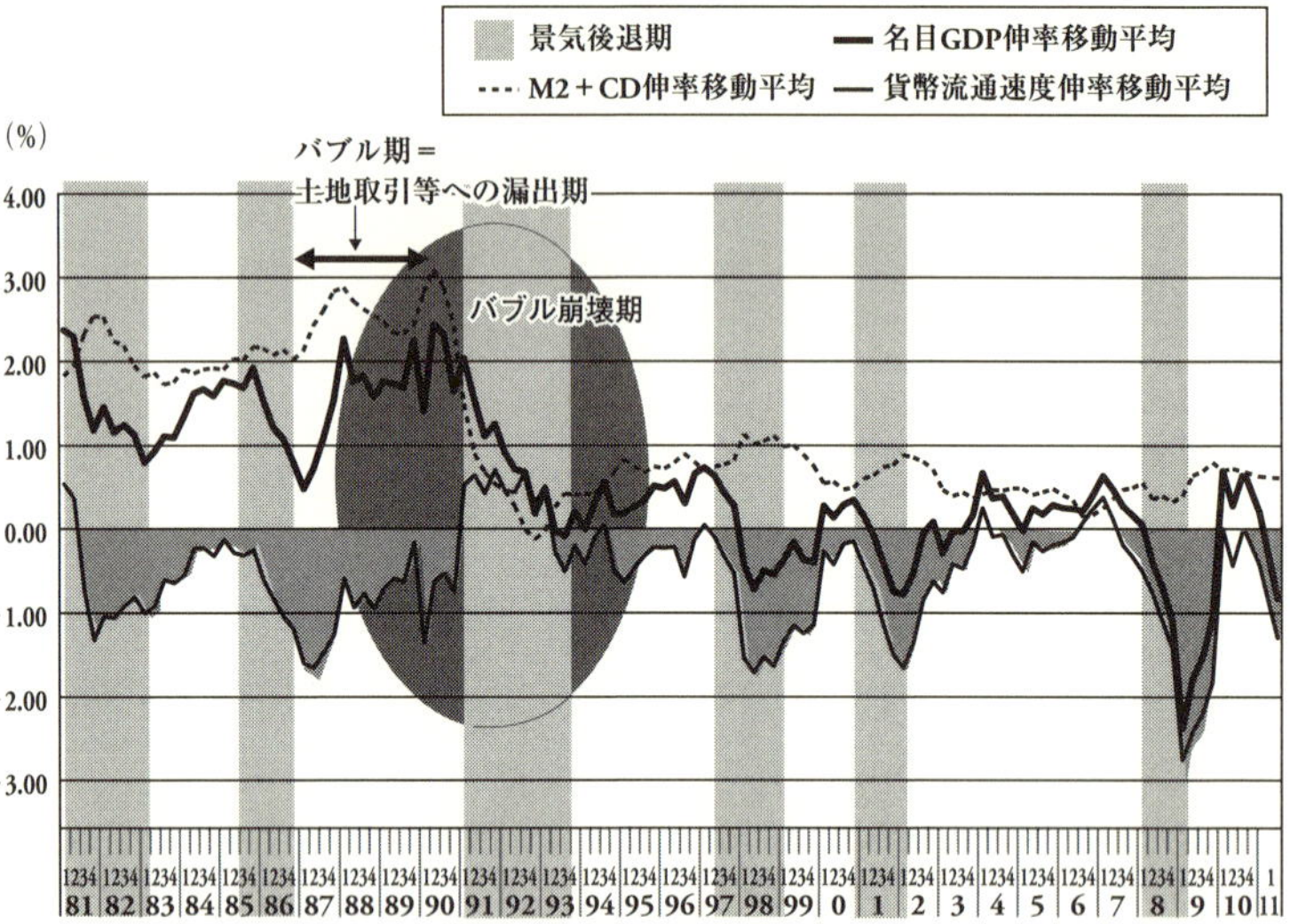

データ出所：図32と同じ

なく、貨幣流通速度の変化率である」ことがわかる。これは短期ではマネーストックが名目GDPに密接な影響を与え得るというマネタリストの主張とは少し異なる。

マネーストックの変化は名目GDPを変化させるか

フリードマンは、マネーストックと名目GDPの関係[9]は長期的には安定していると考えたが、その根拠は（広義の）貨幣がどれくらいの頻度や回数使われるか（＝貨幣の流通速度）は、経済活動の大きさに比例するという予想に基づく。

リフレ派は、ある程度のタイムラグはあるものの、こうした関係は安定していると考える。そして、マネーストックを動かせば、景気・名目GDPに影響を与えることができると考える。だが、図33を見ると、現実には、少なくとも短期では、こうした関係はない。

2　不況期にはお金の使い方が変わるために、貨幣流通速度が下がるのか

不況期の貨幣流通速度の低下は、不況による企業等の資金需要の低下によるのではなく、それ以外の理由でお金の使い方が変化するからだろうか。お金の動きを含めて、この点を具体的に見てみよう。

企業・家計が抱え込むからか

第一に、不況期には経営上のリスク・不確実性が増大するから、企業は設備投資するよりもお金を抱え込む動きが強まる。家計も、失業の不安から意識的にお金を抱え込む動きが強まる。これはどのような影響を与えるだろうか。

抱え込まれたお金は他の人には使えないのだろうか。しかし、企業も家計も、そうしたお金は銀行に預金する。銀行は、預金利子を払わなくてはならないから、そのお金を企業への融資や投資等で運用しなければならない。つまり、一旦預金された後は、企業等の資金需要が低下していないなら、通常のようにお金は回転していく。したがってこれは、お金の回転率（流通速度）には影響を与えない。

金利が低下したためか

第二に、一般に 金利の低下とともに、貨幣の流通速度は低下する傾向があるとも言われる。では、金利の低下が貨幣流通速度を低下させるのだろうか。たしかに不況期には、金融緩和政策などで名目金利が

（8）細かい変動をならすためである。原因は四半期ＧＤＰのブレが大きいためである。

（9）先にふれたように、この「関係」とは、交換方程式が「ＭＶ＝名目ＧＤＰ」だから貨幣の流通速度Ｖのこと。

低下する場合が多いように見える。これが原因だろうか。

しかし、仮に不況でも企業の設備投資意欲が変わらないなら、名目金利が低下すれば必ず設備投資が増加し、それによって貨幣流通速度はむしろ上昇するはずだ[10]。ところが、そうではないから、不況で企業の設備投資意欲が低下することこそが問題だと考えるべきだろう。

つまり、因果関係としては、①不況から金利低下へ、また②不況から（企業が金を借りないための）貨幣流通速度低下へという別々の因果はあるが、③金利低下から貨幣流通速度低下へという因果関係はない。あるように見えるのは①と②の組み合わせによって生じたみせかけの相関（疑似相関という）である。

次に資金の供給（貸出）側を見よう。金利が低下すると、銀行は貸出意欲を失うのだろうか。だが、銀行は、金利が低下しようとしまいと、利ざやを稼ぐ必要があるから、資金がある限り貸出意欲は低下しない。もちろん、銀行は、不況期には企業への貸出リスクを高く見て、企業側に資金需要があるのに貸し渋りするかもしれない。しかし、その原因は、金利の低下ではなく、不況でリスク・不確実性が上昇している点にあると考えられる（資金需要が低下していないなら、この場合、金利はむしろ上昇するはずだ）。

このように両面から考えても、貨幣流通速度低下の原因は、金利の低下ではなく、不況による資金需要の低下そのものにあると考えるのが自然だろう[11]。

赤字企業が増えるからか

第三に、資金の一部は、不景気で売上収入が減少した赤字企業に貸し出されるかもしれない。だが、赤字企業が赤字補填のために借りた資金こそ、まさに喫緊の支払いに使われ、支払先の企業や家計を通じてすみやかに経済に循環していく。だから、赤字企業への貸出も流通速度を低下させたとは考えられない。

貨幣使用の少しずつの遅れか

第四に、マネーストックの過剰分は、企業や家計などが、少しずつ支出を遅らせたり、抑制したりで発生しているだろう（第一との違いは、無意識に生ずる点）。とすると、過剰なお金は、企業や家計などに分散して保有されているはずで、そのお金は、ほかの企業などには使えないようにも見える。しかし、これも、第一の場合と同じように、実際はほぼ預金になっている。預金されてさえいれば、それは金融機関の集合的な資金量の一部となり、貸し出され、やはり経済を循環していくことになる。[12]

以上のように、不況期の貨幣流通速度の低下は、不況を原因とする資金需要の低下すなわち資金の余剰を反映しているのであって、それ以外の理由で不況下のお金の使い方が変化したことによるのではない。

3　不況期の資金余剰メカニズム

以上を踏まえた上で、貨幣流通速度、マネーストック、名目GDPという三項目の関係をより詳しく見てみよう。

(10) 名目金利が低下して設備投資が必ず増加するなら、デフレ期待が生ずることもなく実質金利が高くなることもない。

(11) ただし、タンス預金の増減は考慮する必要がある。実際、金利が低下すればタンス預金は増加する。しかし、とりあえずこれは相対的には小さいとみなし、この考慮は、ここでは省略する。

(12) 唯一の問題は、純粋な現金貨幣として保有する分（つまりタンス預金分）の増加がどの程度あるかだが、上記のようにそれは小さいものとみなして、ここでは考慮を省略しよう。

図34　貨幣流通速度と名目GDP，マネーストックの各伸率の変動（4四半期移動平均）

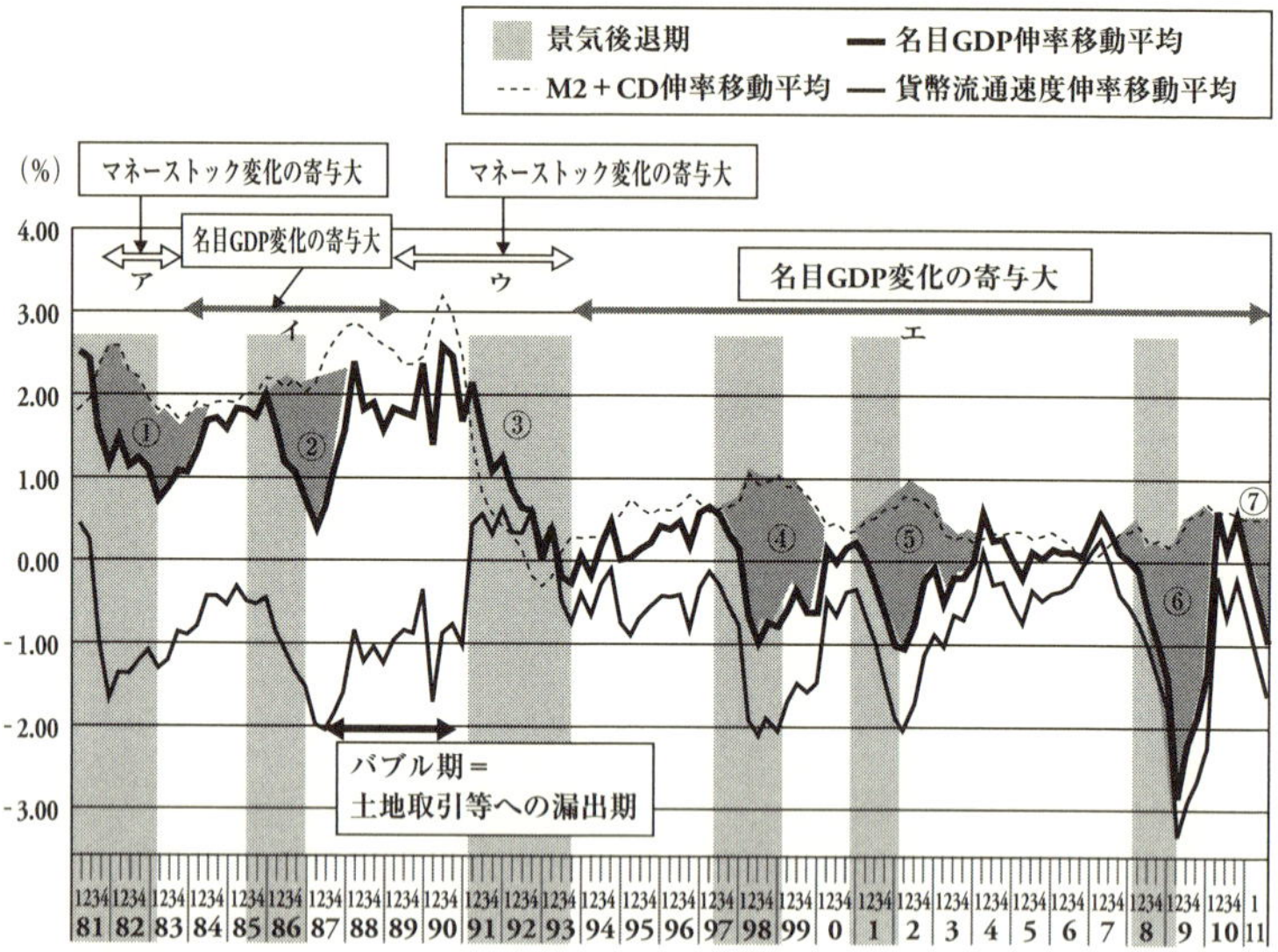

データ出所：図32と同じ

景気後退期に生じる資金余剰

図34は、貨幣流通速度、名目GDP、マネーストック（M2＋CD）[13]の対前期比伸率（4四半期移動平均）の変動状況である（変化率でみていることに注意）。ここで、マネーストック伸び率と名目GDP伸び率の差（濃い網の部分）は、近似的に貨幣流通速度の伸び率に一致する[14]。

これを見ると、まず①－⑥のうち、③以外の各景気後退期には、マネーストックの対前期比伸率と名目GDPの対前期比伸率の差（濃い網の部分≒貨幣流通速度伸び率）が拡大していることがわかる（⑦も同様だろう）。

なお、この間、ゼロ金利政策が九九年二月－二〇〇〇年八月、量的緩和政策が〇一年三月－〇六年三月に行われているが、影響はそれほど見えない。

③（バブル崩壊にかかわる）以外の景気後退

期は、名目ＧＤＰ伸率の減少率が高いのに対して、マネーストック伸率の変化はわずかである。この結果、これらの時期には、実体経済（名目ＧＤＰ）に必要十分な資金量に比べて、資金は余剰状態にあると考えられる。余剰資金量は貨幣流通速度の低下率にほぼ比例する。[15]これは、不況で、企業に資金需要がないか適格な貸出先がないために、資金が金融機関に滞留する時間が伸びて資金の回転率が低下しているのである。その結果として、貨幣の流通速度低下という現象が見えていると考えられる。

こうした資金回転率の低下は、預金をしている個々の家計や企業にとっては、わずかな変化かもしれないが、それらを預かり集合的に運用している金融機関はそれを明確に資金余剰として認識する。そして、回転率が低下している資金を効果的に運用しなければ利息の支払いに応じられないから運用先を探す必要に迫られる。実体経済には不況で資金需要がないから、資金の運用先は、投機資金を運用するヘッジファンドや債券市場などへ移っていくことになる。

不況期資金余剰の原因としての金融緩和政策と不況

上で見たように、余剰資金量は貨幣流通速度の低下率にほぼ比例する。貨幣流通速度は、名目ＧＤＰが反映する不況の状況と、マネーストックが反映する金融緩和政策に左右される。[16]図34のア（①）とウ

（13）定義は第2章注8参照。なお、本書の「Ｍ２＋ＣＤ」は旧マネーサプライ統計の定義で使用している。これは、現マネーストック統計の「Ｍ２」にほぼ相当する。以下同様である。

（14）変化率Δａとδｂが十分小さいとき、近似公式「（１＋Δａ）／（１＋Δｂ）≒Δａ－Δｂ」が成り立つ。つまりＶ＝名目ＧＤＰ／Ｍから、ΔＶ＝（１＋Δ名目ＧＤＰ）／１（１＋ΔＭ）≒Δ名目ＧＤＰ－ΔＭ（なお、「ΔＶ」は貨幣流通速度の変化率、「Δ名目ＧＤＰ」は名目ＧＤＰ伸び率、「ΔＭ」はマネーストック伸び率）。

（15）交換方程式から近似的に導ける。

（③）では、マネーストックと貨幣流通速度の負の連動性が相対的に高く、マネーストックがある程度影響を与えたと考えられる（図中で「マネーストック変化の寄与大」と表示）。この二つの時期には、金融政策が能動的に行われたと考えられる（なお、アは重不況下ではない。また、ウは引き締め的政策）。

一方、イ及びエ（②④⑤⑥⑦を含む時期）では、名目GDPと貨幣流通速度の正の連動性が強く、名目GDPの変化の寄与が支配的だったと考えられる（図中で「名目GDP変化の寄与大」と表示）[17]。

このようにみると、不況期の資金余剰には、金融政策（マネーストック）が影響を与える時期と、不況の大きさ（名目GDPの変動）がほぼ支配的な影響を与える時期があり、通常は（金融緩和の影響もあるが）「不況」が資金余剰の主な原因だと見ることができる。この節のはじめにふれたように、フリードマンも、（金融政策に特に言及せずに、一般に）収縮期には貨幣流通速度が低下する傾向があるとしている。交換方程式（MV＝名目GDP）を見れば、Vが低下するとは、名目GDPの低下がMの低下より大きいことを意味するのである。つまり、マネーストックは名目GDPに比べて相対的に余剰となるのである。

第4節　不況期資金余剰の意義

以上のように、少なくとも日本ではこの期間、バブル崩壊期を除いてマネーストックと実体経済の連動の程度は低い。名目GDPはマネーストックとは、かなりの程度は無関係に動いている。

1　マネーストックと実体経済（名目GDP）の関係

マネーストックと名目GDP（実体経済）が連動しないことが何を意味するかを考えてみよう。

セイ法則の破れと交換方程式

第1節では、セイ法則の破れとは、貯蓄が設備投資に十分に使われない状況だとした。原因は、第一に、土地の魅力上昇で貯蓄が土地市場に超過流入する場合があること。第二に、不況に伴う不安などから消費を抑制して貯蓄が増加する一方で、不況による需要見通し低下で企業が設備投資を抑制する点などにあると考えられる。これを受けて、第2節では土地市場への資金の流入を、第3節では不況によって金融機関などに資金が滞留した可能性を、貨幣流通速度の変化を元に確認した。

交換方程式の再検討

セイ法則を企業と家計だけの経済の資金循環で見ると、企業の生産で生産物（財）が生み出されるとともに、その生産コストが家計に支払われ、それが家計の所得となる。そして、それが企業の生産物の需要を生み出し、生産物（財）がすべて買われ、セイ法則が成立することになる。

しかし、バブル期や不況期には、企業の生産からスタートして経済を回り始めたお金の一部は、財の購入には回らず、家計、金融機関や資産市場などに（金融資産の形で）滞留していると考えられる。これは資産としては存在しているが、財市場の取引には使われていない。とすると、交換方程式の右辺に「名目GDP」を使うなら、本来、交換方程式は(2)式ではなく、次のように書かれるべきだったことになる。

(16) 景気後退期に貨幣流通速度の低下率が高くなる原因はこの2つである（交換方程式の両辺をM（マネーストック）で除すと、貨幣流通速度V＝名目GDP／Mが得られる。貨幣流通速度Vは、この式右辺で、分子の名目GDPが減少しても、分母のマネーストック（M）が増加しても、低下する）。

(17) もちろん、マネーストックの量を維持することも積極的な金融政策とは言えるのだが、ここではどちらがより能動的に貨幣の流通速度に大きな影響を与えているかという観点で見ている。

$$MV=(PT)=\text{名目GDP}+a\cdots\cdots(3)$$

ここでaは、資産の取引（土地、株式や債権などの取引。赤羽［一九八二］参照）に係わる項目である（Psを資産等の価格、Tsはその資産の取引量とすれば、a＝Ps×Tsと表すこともできる）。

さらに、交換方程式(3)の両辺をM（マネーストック）で割れば、

$$V=\text{名目GDP}/M+a/M\cdots\cdots(4)$$

右辺の第二項を左辺に移項すれば、次のようになる。

$$V-a/M=\text{名目GDP}/M\cdots\cdots(5)$$

すると、(5)式の右辺（名目GDP／M）から算出されている左辺は、本当のVではなく「みかけの貨幣流通速度」V'（＝V－a／M）となる。

財に使われる（フローの）お金が減り、資金が資産（ストック）取引に使われるほどaが大きくなるため、名目GDPとMで計算される見かけのV'（＝V－a／M）は低下する。これが、バブル期や不況期の貨幣流通速度低下の原因である。通常、貨幣流通速度は(5)式右辺のみで計算するから、不況期やバブル期に(4)式右辺第一項と第二項の割合が変動すると、貨幣流通速度が変動して見えることになる[18]。

このように(3)式、(4)式の枠組みが、バブル期等の貨幣流通速度の短期変動をよく説明しているなら、これは「セイ法則の破れ」を説明していることになる[19]。

貨幣流通速度はバブル期にも不況期にも低下するが、資金余剰の発生は不況期のみ

不動産バブル期と不況期のいずれの場合も、(5)式右辺の分母と分子であるマネーストックと名目GDP

の変化率の比が変化するため、貨幣流通速度が低下する。このうち、不動産バブルの場合は、不動産取引に資金が流入するため、名目GDPに反映される実体経済の規模に比べて(5)式右辺分母の）マネーストックMが大きくなり、結果的に貨幣の流通速度は低下して見える。一方、後者の不況期では、不況で（右辺分子の）名目GDPの伸び率が縮小しても、マネーストックMにそれほど変化がない（資金は金融機関や債券などに滞留している）。このため、貨幣流通速度が低下する。

これを資金需要で見ると、①不動産バブル期は、土地投資が資金を吸引し土地市場に流れ込む資金で資金需要は高まる。貨幣流通速度の低下は見かけだけである。一方、②不況期には財市場を中心とする実体経済の生産活動で資金需要が低下し、資金はいわば財市場から押し出され、遊休化して金融市場に滞留し、資金は余剰状態となる。つまり「不況期には資金余剰が発生する」。これは図34で明らかだろう。

2　実体経済企業と銀行のどちらが不況期資金余剰の原因だろうか

標準的経済学では、企業は収益最大化原理にしたがって行動するため、低金利のお金があれば、企業は無条件にそれを借りて設備投資を行うとされる。使われない貯蓄があるかぎり、金利は企業の希望水準まで低下し、企業はその全額を借りて設備投資するというメカニズムが働くから、貯蓄はすべて設備投資に使われ、需要不足とはならないはずだ。しかし、現実には、長期停滞期に設備投資は縮小している。

(18) また、長期でも、GDPに対する金融資産の割合が上昇している（終章脚注2参照）。これは、長期的な貨幣流通速度の趨勢的な低下を説明する。

(19) なお、(3)式は、「**資金の利用規模＝財市場での資金利用（名目GDP）＋資産市場での資金利用**」のように理解できるが、これは、第7章の（2）式ないしは（4）式（漏出・還流モデルを構成する式）と同じ構造をしている。

資金が余剰であるにもかかわらず、設備投資が縮小している原因は何だろうか。あらためて考えてみよう。まず、余剰資金があっても、それを銀行が抱え込んでいるのかもしれない。しかし、銀行は、資金を効果的に運用しなければ、金利を預金者等に支払うことはできない。現在の銀行の主な資金運用先の一つは国債だが、その金利は極めて低い。銀行が自ら求めてそうした低金利の投資先を選んでいるとしたら、少なくとも金融市場から見る限り、金融政策は十分緩和的であると言える。

では、銀行の貸し渋りによるのだろうか。しかし、貸し渋りをして資金をどこに回すのだろう。超低金利の国債を買うくらいに銀行は運用先に困っているのである。短期的には貸し渋りという局面があったかもしれないが、重不況の長期停滞期間中それが継続していたとは考えられない。

では、金融システムの機能に問題が生じたのだろうか。例えば、日本では九〇年代後半に山一証券や北海道拓殖銀行の破綻などに伴う金融危機があったし、リーマン・ショック後のFRBの大規模な金融緩和政策の目的の一つはこの対策である。しかし、これもあったとしても一時的なものと考えられる。

また、日本の長期停滞の真因に関して対立する複数の原因仮説を論争的に評価した浜田宏一・堀内昭義・内閣府編［二〇〇四］では、「銀行機能の低下がマクロ経済のパフォーマンスの劣化の原因ではないという堀雅博・木滝秀彰論文（「銀行機能低下元凶説は説得力を持ちうるか」）について、編者の「浜田、堀内とも同意」している。また「浜田は堀内とは異なり、九〇年代の企業のパフォーマンスは、銀行機能の低下よりも、デフレ下での企業の投資意欲の萎縮によると考えている」（三三八頁）。

本書も浜田を支持する。景気後退で消費が減ると、企業の売上が減少する。企業が、その状況を踏まえて将来も売上が伸びないと予測すると、金融機関にいくらお金があって金利が安くても、設備投資をしないだろう。また、重不況下で企業がリスク・不確実性に敏感になると、企業はさらに慎重になるだろう。設備投資をしない場合に予想以上に需要が伸びて売上を逃すリスクよりも、設備投資をしたのに売上が伸びず設備資金の返済に窮する方がはるかにリスクは高い。倒産するからだ。

本書では、例えば九七年の金融危機については、第3章と第4章で実体経済への影響は小さいと整理した。また、日本の金融機関は米欧に比べてリーマン・ショックの影響が極めて小さかったから、その後の日本の大不況を、金融側の原因で説明することも難しい。

さらに、図22でわかるように、日本の長期停滞下の企業部門は九八年以降資金余剰である。このとき、企業は内部留保を毎年増やしているのだから、設備投資を抑制している理由は企業に資金がないからではない。つまり、重不況期には、企業部門は全体として資金需要が弱いのである。問題は、金融政策や金融側に問題があるのではない。実体経済企業に資金需要がないことが問題なのだ。こうした理解は不況期にマネーストックが受動的に動いているように見えることと整合的である。

重不況下の長期継続的な資金余剰

ちなみに、図15と図22は、本章でみた「短期の」資金余剰を超えて、九〇年代以降の日本の企業が継続的な資金余剰状態にあることをも示している。前節の貨幣流通速度でみた資金余剰は、前期比の変化率で見ているため、こうした中長期の変動は見えない。だが、重不況下では、中期的な企業部門の資金余剰は広く見られるようだ。図6は、大恐慌期の日米両国の企業部門の資金余剰を示している。これは、もちろん企業部門だけであり、（貨幣流通速度による確認とは異なり）経済全体の資金余剰を直接示しているわけではない。しかし、少なくとも企業は資金が余っているにもかかわらず設備投資をしていない。

以上は、企業が家計の貯蓄を借りて設備投資に使うという基本的な関係が、重不況期には崩れ（＝企業自身が貯蓄をする側にまわっている）、貯蓄を借りて使ってくれる主体が国内の民間主体の中になくなっていることを意味する。これではセイ法則は成立しない。

3　日本国債のパラドックスと動学的効率性、不況期資金余剰

「日本国債のパラドックス」とは、日本政府がGDP比で世界最大級の巨額累積債務を抱え、しかも毎年の巨額国債発行でそれが増加し続けているにもかかわらず、国債発行金利が世界的にも極めて低水準を維持していることを言う。通常の経済学では、これは理解しにくいことだ。本書の目的のひとつはこのメカニズムを他のメカニズムと整合的に理解することであり、この章もそのステップの一つである。

動学的効率性と日本国債のパラドックス

さて、経済が「動学的効率性」を満たしていない（動学的非効率性）とき、資金は非効率に使われていて利子率も低いため、その資金を政府が借り入れて支出（財政出動）すれば、現在と将来時点の両方の経済が効率化する。このとき、財政出動資金を国債で調達しても、財政の持続可能性は維持される（井堀他［二〇〇〇］一〇頁）。だが、実証研究では、日本の長期停滞期の経済は動学的効率性を満たしている（田中［二〇〇五］など）。とすれば、これはパラドックスを説明しない。

ここで「動学的効率性」を満たすとは、「投資収益率（利子率）が経済成長率を上回っている」ないし

は「純資本所得が投資額を上回っている」状態だとされる。[20] そもそも、この観点は、基本的に新古典派的な枠組みが前提となっており、所得は消費と貯蓄に分割され、貯蓄は全額が企業に借り出され設備投資になることが前提とされている（つまりセイ法則が成立している状態である）。したがって、これは需要不足がない状態で、現在と未来の資金配分の効率性を捉えるものだ。

試しに、これを日本の長期停滞に適用してみよう。長期停滞下では消費の伸びの将来見通しが低下している。このとき、企業の合理的な判断は「投資収益率」の低下を防ぐために、新規「設備投資」を縮小するというものになる。かくして、投資額よりも資本所得が大きくなり、動学的効率性が満たされてしまう。ところが、経済は投資縮小で需要不足が続き、長期停滞は続いていく。つまり、動学的効率性は不況や重不況とは無関係に成立しうる。そもそも動学的効率性とは、セイ法則が成り立つ長期で使われる概念であり、不況や長期停滞などの「短期の」問題にこれを適用する意味はない。

需要不足下、不況期の資金余剰と日本国債のパラドックス

これに対して、世界同時不況や日本の長期停滞では、一般に需要不足が生じており、セイ法則に破れがあると考えられている。また、本章では、不況期には資金余剰が生じることを示している。これは、セイ法則が破れ、財市場で需要として使われなかった資金が余剰化していることを示すものと考える。

このとき、動学的効率性が満たされない場合と同様に、資金は「有効に活用されていない」。したがっ

（20）この二つの定義は前提条件が少し違うが、ここでの議論には影響ないので、おおむね同等と考えて進める。なお、後者は Abel *et al.*［1989］による。

て、動学的効率性が満たされない場合と同様に、財政出動資金の調達が債券市場に負の影響を与えたり、財政の持続可能性に問題が生じたりはしないと考えられる。

この資金余剰は、貯蓄と設備投資の不一致分に相当する。不況期には設備投資に使われるべき貯蓄の一部が、債券投資や貨幣投資に使われ（超過流出し）、財の需要として企業に還流しない。したがって、財市場は需要不足で不況となる一方、資金は資産市場に滞留し資産市場は超過需要となる。国債が売れるのも当然だろう。この結果として「日本国債のパラドックス」が発生していると考える。

日本で①財市場が需要不足で重不況であること、②債券市場が超過需要で国債が順調に消化されていること、③政府財政が税収の不足や財政出動で赤字であることは、独立した現象ではなく、すべてリンクし相互依存の関係にある。

第6章　資金循環とワルラス法則：ワルラス法則と需要不足

松尾［二〇〇九］は、「貨幣市場と債券市場だけでワルラス法則が成り立つ」ことがいつのまにかマクロ経済学で常識になっていることに批判的にふれている（二二六－八頁）。たしかにこの二つの市場のみでワルラス法則が成り立つなら、これらの市場と財市場の間にはマクロ的な相互作用は生ぜず、財市場ではセイ法則が成立する。しかし、この「常識」は、市場間の関係に誤った理解をもたらしている。

これに対して、浜田［二〇〇四］は、ワルラス法則を財市場、債券市場、貨幣市場で成り立つと考え、財市場の超過供給は債券市場と貨幣市場に超過需要を生むと説明している。本書の観点もこれと同様である（両者の帰結が異なる点については、第3節の4項を参照）。

この章では、セイ法則の破れ、ワルラス法則と向井［二〇一〇］の漏出・還流モデルを、マクロ的な資金循環と経済主体の予算制約の観点から整理し直し、マクロ経済学に新しい観点を付加する。それは、財政出動に係わるクラウディングアウト、マンデル＝フレミング・モデル、中立命題、財政赤字や財政の持続可能性問題に全く新しい観点をもたらす（第3節など参照）。

第1節　セイ法則とワルラス法則

ラカトシュ〔一九八六〕の枠組みで見れば、現代マクロ経済学はセイ法則の成立を前提とする「基本理論」を核に構築されている。その上で、セイ法則が短期的には破れる問題を、賃金の下方硬直性といった様々な「補助仮説」を基本理論に付加することで説明してきた。しかし、リーマン・ショック後の金融危機・世界同時不況の経験は、こうした枠組みが必ずしも有効に機能しなかったことを示している。ここでは、セイ法則とは何かをワルラス法則のかかわりからみてみよう。

1　ワルラス法則とセイ法則

「ワルラス法則」とは、「『諸商品』の超過需要の和は恒等的にゼロ」だというものだ。これは「商品」市場ごとに需要と供給の差を見ると、どこかの市場で需要が超過するときは、ほかの市場で必ず需要が不足しており、すべての市場を合算すると、超過需要は常にゼロになっていることを言う。つまり、すべての市場の合計でみると、需要と供給は常に等しいというものだ。これは（後述するが）、恒等的に正しい。

ここで「諸商品」とは、ここまで中心的にみてきた「財」(2)のほか、経済的に取引される土地をはじめ、国債や社債などの債券、株式などの証券、貨幣などの「資産」のすべてを含む。これら全体の超過需要がゼロだというのがワルラス法則である。

これとほぼ同じ意味で使われるものに「セイ法則」がある。本書では、「セイ法則」とは「『諸財』の超過需要の和は恒等的にゼロ」であることを言う(3)。ここで諸「財」とは、工場、農場や店舗などで生産された生産物やサービスのことを言い、（その期に）生産されたものではない土地や債券などの「資産」と区別される。(4) つまり、セイ法則とは、ワルラス法則が、財市場（生産物市場）単独で成立すると考えるものだ。本書では、ケインズと同様、セイ法則を財市場で「供給と需要が常に一致する」という意味で使用し、「諸商品」全体では需給が一致するというワルラス法則と区別する。

2　セイ法則の評価

リーマン・ショックまでは、セイ法則を出発点とするＲＢＣ理論やＤＳＧＥモデルがマクロ経済学の中心になると思われていた。セイ法則の位置づけの推移を少し遡ってみよう。

（1）ラカトシュ［一九八六］では、一般に理論の中心には「堅い核」（基本理論）があり、それが一部の対象で現実を説明できない場合には、基本理論を修正するのではなく、「補助仮説」を付加、修正することで対応し、それによって問題を解決していくとする。

（2）第4章で述べたように、本書では簡略化のため、財とサービスを合わせて「財」と呼ぶ。

（3）セイ法則をワルラス法則と同義に用いる場合もある。だが、区別することには重要な意味がある。

（4）財の生産には、賃金や原材料購入などのコストがかかる。一方、土地を財に含めないのは、生産されたものではなくコストもかかっていないからだ。「コスト」が体現された商品が「財」である。土地の売買では、その斡旋や売買契約に関する手数料や測量、登記などのコストがかかるし、土地を造成して形を変える場合にもコストがかかる。こうしたコストがかかる付随的サービス等は財（・サービス）に含まれ、ＧＤＰにも計上される。だが、土地そのものの売買差益や差損は単なる物価の上昇、下落と同じで、ＧＤＰにはカウントされない。土地のほか、債券、証券、貨幣などは第5章第1節で定義した「資産」には含まれるが、財ではない。ここでは、こうした財、債券、貨幣、土地など各経済主体の購買力の対象となるもの全部を「商品」と呼んでいる。

マーシャル

ケンブリッジ学派の創始者アルフレッド・マーシャルは、ワルラス法則は常に成立すると考えた。そのうえで、財市場に関するセイ法則については、仮に不況で一時的にセイ法則が破れ、財市場で超過供給（＝需要不足）が生じた場合、ワルラス法則にしたがって（財市場の超過供給をちょうど埋める規模で）債券市場で超過需要が生じると考える。

すると、それにより（債券価格が上昇して）金利が低下するため、低金利の資金を使って設備投資が活発化して生産設備財の需要を増加させるため、財市場では超過供給が解消される。こうしたプロセスを経て、（均衡状態では）セイ法則が再び成り立つ状態になると考えた。

ケインズ

これに対してケインズは、セイ法則が成立しない実例として「タンス預金」を例示し、それに資金が流出することで財市場では需要不足が生じると考えた。また、大恐慌などでは信用不安などが高まり、資金を流動性の高い状態で保有したいという「流動性選好」が高まると考えた。このため、財に使われない資金は、マーシャルの考えた債券市場ではなく、最も流動性の高い貨幣市場に流入すると考えた。この結果、債券市場の需要増加は生ぜず、したがって金利が低下しないため、設備投資は活発化しないと考えた(5)。

確かに大恐慌では、金融システム崩壊のリスク（システミック・リスク）が顕在化し、信用不安が高まったことで現金に超過需要が生じている。しかし、それは一時的であり、その後はおおむね収束している。同様のことは、世界同時不況や日本の長期停滞でも確認される。

実際、世界同時不況や日本の長期停滞では、多くの期間を通じて、資金は債券市場に流入していると考えられ、(大恐慌期と同様) 名目金利は極めて低くなっている。とすれば、設備投資が増えないのは金利が下がらないからという説明は普遍性のあるものではない。現在の世界同時不況を見れば、近年実質金利がマイナスの欧米でもリーマン・ショック後少なくとも四、五年間は設備投資の増加は見られなかった。

金融市場の効率性信仰

この章の冒頭でふれたように、貨幣市場と債券市場の合計でワルラス法則が成り立つという見方もある。この場合、残る財市場は、単独でワルラス法則が (つまりセイ法則が) 成り立つことになる。貨幣市場と債券市場を合わせたものとは「金融市場」である。こうした見方の背景には金融市場の効率性信仰がある。

実際、財を生産する実体経済では、特定企業に特化した生産手法、特定企業に適合するように訓練された技能を持つ労働者や、特定企業の生産内容に特化した生産設備、特定企業の生産物に特化された販売ルートなどがあるため、実体経済の取引は、短期の単純な経済計算に現れない制約を受けている。

これに対して、金融資産市場は、実体経済の様々な関係を捨象して組成された価格を中心に単純化された金融商品を売買する市場であり、取引はほとんど価格情報のみで行われている。このように取引内容が極めて単純化されているために、取引が効率化されやすい。

この結果、実体経済に比べて、金融市場の取引は常に効率的に行われ、そこで実現される価格は常に効

(5) ケインズは、大恐慌では需要が減少し、投資の限界効率が低下するため、相対的に金利が高くなって投資は活発化しないと考えた。

率的かつ合理的であると考えられ、金融市場から実体経済への資金の供給は、常に実体経済に密着して効率的に行われていると考えられてきた。それがここでいう金融効率性信仰である。

また、金融市場が財市場（実体経済）に与える影響は、物価上昇という名目値の変化だけであり、実体経済に大きな実質的影響を与えることはない（これを「古典派の二分法」という）という考え方も影響力があった。これは、金融市場のみでワルラス法則が成立しているという見方につながり、その結果、ワルラス法則にしたがって、残りの財市場単独でもワルラス法則が成立しているという冒頭の見方になる。

しかし、これらは、第5章を見れば必ずしも実証に基づいているとは言えない。そもそも、金融効率性信仰は、資金が常に（ケインズの言う）財の取引的動機のみに基づいて流れている状況では正しい。だが、投機的動機に基づいて資金を貨幣や債券の形で保有しようとする動きが強まると、効率性は消滅してしまう。セイ法則も破れてしまう（第4章第4節2のセイ法則成立条件③参照）。

クラウアーにおけるワルラス法則

ロバート・クラウアーは、ケインズ経済学の「需要不足」とワルラス法則の矛盾を説明する「二重決定仮説」を提案し、非ワルラス経済学の基を作った米国の経済学者である。

そのクラウアーでも、クラウアー［一九八〇］を見ると、ワルラス法則が明示的には財市場と（労働市場などの）要素市場のみで成立するという前提で議論を展開しており、そこには土地、債券、貨幣などの資産市場は表面には出てこない。これは、金融市場単独でワルラス法則が成立しているという理解を踏まえているのかもしれない。しかし、そうであれば、すでにセイ法則の常時成立を認めていることになる。

とするなら、確かに「二重決定仮説」によらなければ、ケインズの財市場における需要不足という問題をワルラス法則と整合的に説明することはできない。しかし、第5章で明らかなように、金融市場単独で常にワルラス法則が成立しているという理解は、実態とは合わない。

第2節　資金循環と資金配分でワルラス法則とセイ法則をみる

現実に、セイ法則が「常には」成立しないことは、大多数の経済学者が認めている。つまり、セイ法則を実現するメカニズムが、常に十分に働いているとは言えない。実際、財以外の商品に多量の資金が流入した明らかな例がある。例えば、図32でみたように、土地バブルでは不動産関連三業種への貸出がGDP比で二倍以上に拡大している。また、世界同時不況などの重不況下では、マーシャルの考えた金利による設備投資の自動調整は、明らかに機能していない。ここでは、なぜ、そうなるかのメカニズムは問わない。本書では、ワルラス法則は恒等的に成立するが、セイ法則には破れがあり得ると考える。では、セイ法則が破れているとき、財市場以外の市場には何が生じているのだろうか。

ワルラス［一九八三］は、全ての市場の需要・供給が均衡する一般均衡の解をみるためにワルラス法則を使ったが、ここでは、資金循環の観点を加え、需給均衡のない市場間の関係を見るために使う。

1　ワルラス法則と市場間の資金循環

一般にワルラス法則は、各商品（財、債券、貨幣、土地など）市場の需給で考えられている。これをわかりやすく、物々交換経済で考えると、例えば財市場で超過供給があれば、財市場で交換しきれなかった超過供給分の「財」は、他の市場例えば債券市場の「債券」と交換されることになる。その結果、債券市場の需要には、財市場の超過供給分の財が追加され、債券市場は（財市場の超過供給分と同額だけ）超過需要が生じる。したがって、すべての市場を合算すると超過需要は必ずゼロとなるわけだ。

このように、一つの市場の変化が他の市場に変化を与えるには、必ずそれを媒介するものが必要だ（そうでなければ、どうして他の市場に影響を与えられるだろうか）。物々交換経済では、財や商品そのものが市場を超えて他の市場の商品と交換され、それによって市場間の調節が行われる。

貨幣経済下ではワルラス法則は市場間の資金の流入流出を伴う――さもなければオカルトだ

現代経済では、物々交換ではなく貨幣が使われる。したがって、現代経済では市場間を媒介するのは貨幣（資金）の移動である。貨幣の媒介で市場間の障壁は物々交換の場合より低くなる。財市場で超過供給《需要不足》があれば、財の購入に使われなかった「資金」(6) が財市場から債券市場などに流入する。それによって、財市場の超過供給に相当する金額分だけ債券市場等で超過需要が創り出されるから、各市場を合算した超過供給（需要）の総和がゼロになるのである。

ワルラス法則は、このように各市場の超過供給、超過需要に対応した市場間の資金移動があってはじめて成立する。これがワルラス法則成立のメカニズムである（これなしにワルラス法則が成立するなら、それはオカルトである）。逆にワルラス法則にしたがって市場間の資金の流入、流出を考えれば、市場間の影響関係がクリアに理解できる。

現代のマクロ経済学では市場間の資金循環はほぼ考慮されていない

ところが、一般に現代のマクロ経済モデルでは、財市場の需要不足を扱う場合にも、市場間の資金の流出入はほぼ考慮されない。例えば、マンデル＝フレミング・モデルを不況下の財政出動に適用する議論でも、不況で財市場に需要不足がある場合に債券市場などに超過需要が生じることは考慮されない。つまり、市場間の自律的な資金移動は想定されていない。これは、セイ法則が前提とされているからだろう。

だが、財市場で需要不足（＝供給超過）があることを認めるなら、その供給超過分に相当する資金は、他の市場、特に債券市場に自律的に流入すると考えなければならない。

2　経済主体の資金配分行動に基づいてワルラス法則をみる

ここで、ワルラス法則を、①企業や家計などのミクロの支出配分に関する最適化行動と、②マクロ的な循環上の制約（マクロ循環制約）に基づいて説明してみよう。以下では、簡単に企業と家計だけで考えるが、政府などを追加しても同様に考えることができる。

①ミクロの支出配分とは、例えば家計が予算の一部は消費し一部は現金で持ち一部は預金し一部は土地を買うといった形で使途を配分することだ。また、最適化行動とは、現在から将来にわたる自分の満足を全体として最大化（効用最大化という）するような配分（組み合わせ）を選択して実行することだ。

(6) ここでの「資金」とは物々交換の交換物の間に入って交換を媒介するものである。需要は「資金」によってはじめて顕在化するることができるから、需要曲線は資金によって制約されるといえる。マクロ経済では総需要を規定する資金総額は総供給に規定される。供給が需要を作るというセイ法則は、こうした理解から生まれる。

②マクロ的な循環上の制約とは、第4章で見たように家計の所得が企業の生産コストの支払いに依存し、その家計所得の全額が、企業が生産した財の購入に使われることで、企業の売上収入が家計の所得に依存するという、家計と企業の収入の相互依存関係（マクロ循環制約）であり、それが①の家計や企業などの各経済主体の予算を制約していることだ。

①に②の制約を加えることで、企業と家計それぞれのミクロの資金配分式から、次のようなマクロ循環に係わる式が導かれる（**補論1**参照）。

財（供給－需要）＋労働（供給－需要）＋銀行預金（供給－需要）＋貨幣（供給－需要）＋債券・証券（供給－需要）＋土地（供給－需要）≡0　…⑴

この⑴式は、財、労働、預金、債券・証券、土地の市場の超過供給（＝供給―需要）の和がゼロであることを表している。つまり、この⑺式はワルラス法則（ワルラス恒等式）を記述している。

このように、家計と企業の可処分資金（収入）の相互依存と家計と企業の支出配分に関する選択行動をトレースすれば、自然にワルラス法則が導かれる。導いた過程から⑴式は恒等式である。もし、項目に漏れがあれば、その項目を追加するだけで、その項目を加えた形で同様のプロセスにしたがって⑴式と同様の形の恒等式が導ける。

こうしてマクロ的な循環上の制約と個々の経済主体の最適化行動からワルラス法則が導かれるなら、あとは各経済主体の支出配分を観測すれば、経済主体のミクロ的な行動に基づいて財市場における需要不足の発生（・不発生）と変動が説明できることになる。

また、経済学では、しばしば、銀行預金は貨幣や債券に含めて考えられることが多く[7]、証券は債券に代表させる場合が多い。すると(1)式は次のようにも書ける。

財(**供給**－**需要**)＋**労働**(**供給**－**需要**)＋**貨幣**(**供給**－**需要**)＋**債券**(**供給**－**需要**)＋**土地**(**供給**－**需要**)≡**0**……………(2)

なお、これを導いたプロセスから明らかなように、このワルラス法則をあらわす式は、マクロ経済全体の全経済主体を合成した経済全体の予算制約式でもある。それが個々の経済主体の予算制約式と異なる点は、経済主体間（家計、企業など）のマクロ的な（資金循環の）相互依存関係に従っている点である。

また、財市場、債券市場などの市場単位で見ると、これは各市場の「予算制約」を表していることもわかるだろう。各市場は独立しているのではなく、どこかの市場で超過需要があると、別の市場では需要不足（つまり供給に対して買う側の予算が不足）が生じる関係にある（≡ワルラス法則による資金制約）。

わかりやすくするため財市場と債券市場しかないと考えると、(2)式は「**財**(**供給**－**需要**)＋**債券**(**供給**－**需要**)≡**0**」となる。このとき、財市場の需給の差がゼロではなく正のある値（超過供給）を取るなら、この式が成立するには、債券市場の需給の差はそれと同額だけ負（超過需要）でなければならない（財市場が需要不足のとき、必ず債券市場は需要超過になる[8]）。

（7）預金は預金者が銀行に貸し付けた債券である。しかし、このうち当座預金や普通預金は、直ぐに引き出して使えるから（ということで要求払預金と呼ばれる）、現金に近い。このためマネーストック統計などではマネー（貨幣）に含められる。

（8）なお、本書の議論は基本的に「実物的」なものであり金融機関の「信用創造」は考慮していないが、本書の提案する基本メカニズムにとって、信用創造は付加的なメカニズムの位置づけとなる。信用創造は、一般に好況期・バブル期で多く不況期には少ないため、不況期中心の本書の議論では、大きな問題はない。

3　ワルラス法則が支配するマクロ資金循環

前項（及び補論1）から、ワルラス法則は、需要不足のある市場から、その市場の需要として使われなかった資金が他の市場へ流出し、他の市場に同規模の超過需要が生じることで成立することがわかる。つまり、資金の市場間移動で、市場間に相互作用が生じると考えればわかりやすい。

ここで、これまで見てきた様々な不況期の経済現象を、この観点からあらためて整理しなおしてみよう。

重不況で生ずる一般的経済現象

重不況を例に、資金の循環でワルラス法則による波及を見てみよう。バブル崩壊で消費や設備投資が抑制されると、まず財市場では全般的需要の縮小で財の需要として使われない資金が金融機関等に滞留して（これは資金が貨幣市場、債券市場に流入したとみなせる）、第5章で見たように貨幣の流通速度は低下する。これは、マネーストックMの量に比べて、実体経済の取引（名目GDP）が低調で、その余剰資金が貨幣、債券市場に流入し、両市場に滞留している（一応そこで使われているといえる）のである。

また、需要不足で財市場では一般物価に低下傾向が生じ、逆に超過需要が生じた債券市場では債券価格が上昇する。貨幣、債券市場では、より多くの貨幣（現金、預金口座の開設）、国債などの債券の発行や貸出先が求められることになる。こうして債券の需要が増えて「債券価格が上昇する」。このときには、より低い金利で債券を発行しても買い手がいるから「金利は低下する」。

重不況下で生ずる債券価格の上昇（＝金利の低下）

好況期や軽微な景気循環であれば、債券市場で金利が低下すれば、企業は、その低利の資金を借りて設備投資を増やすから、資金の余剰は速やかに消失する。こうして、財市場の需要と供給の均衡が回復して景気も回復する。新古典派の設備投資理論は、こうした好況期や軽微な景気循環の状況を説明している。

しかし、重不況下では、名目金利が低下し資金が豊富であっても、企業が設備投資を増やさない現象が続く。これは、例えば図22や図6などでも明らかである。

このとき、財市場では需要不足となり、財の需要に使われなかった資金が債券市場や貨幣市場に流入する。流入した資金で超過需要が生じる貨幣、債券市場では、資金が余剰となり債券等は不足するから、債券価格は上がり利子率は低下する（**補論3**も参照）。

再び「日本国債のパラドックス」：重不況下における国債発行の安定

不況対策として財政出動が行われるなら、財政出動資金の調達が行われるのは不況下であり、そのとき債券市場には、財市場で使われなかった余剰資金が流入を続けている。つまり、財政出動に必要な資金は、不調の財市場が自ら生み出している。特に重不況下では、財政出動資金の調達が（財市場の需要不足額を下回っている限り）債券市場や貨幣市場の資金需給を逼迫させることはない。

第5章でふれたように「日本国債のパラドックス」とは、GDP比でみた日本国債の発行残高が世界第最大規模であり毎年増加し続けているにもかかわらず、発行金利が極めて低い状態が維持されていることを言う。既存の経済学からは明快に説明できないが、現実にはそうなっているという事実は認めるしかない。しかし、経済学的には説明できないから、それは極めて不安定で危ういものと経済学者や投資家は考え、今か今かと日本国債の崩壊を待っている。財政再建派が勢力を得るのも当然だろう。

しかし、ワルラス法則を資金循環で理解すれば、これはパラドックスでもなんでもない。重不況では財市場の需給ギャップ（潜在的供給能力と需要の差[9]）が大きいほど大規模な財政出動が必要になるが、財市場から債券市場への資金流入も需給ギャップが大きいほど大きい。つまり、不況が深いほど国債の発行は安定する。長期停滞を続ける日本で、日本国債の消化が順調なのは当然のことなのである。

中央銀行と国債発行金利

このように、第5章で見た不況期の資金余剰は、理論的にもワルラス法則でごく自然に発生する現象だから、日本国債の金利が極めて低いのは当然であって、日銀が金融市場を押さえ込んでいるからではない。もっとも、金融市場は、バブルに典型的に見られるように、しばしば投機、期待、主観的思惑に支配されて合理性のない価格形成が行われる。中央銀行の金融安定化機能は、その意味で重要である。

4　経済モデルを絶対的に制約するワルラス恒等式（ワルラス法則）

以上のように、ワルラス法則（ワルラス恒等式）は、ミクロの支出選択行動から、マクロ循環制約以外、特別な条件や仮定なしに導かれることから、絶対的に成立する恒等式である。

したがって、様々なマクロ経済モデルが変動する際には、ワルラス恒等式はそのモデルが動ける範囲を決定的に制約する。どのようなモデルも、ワルラス恒等式を侵すことはできず、すべてのモデルは、必ずワルラス恒等式が与える制約に従わなければならない。

一方で、「セイ法則」は、現代マクロ経済学の長期基本モデルの基盤であるが、それが成り立たない場合があることには経済学者の間で幅広い合意があり、絶対的に成立する法則ではない。にもかかわらず、セイ法則を前提とする経済モデルには、基本において、ほぼセイ法則が絶対的に成立するという制約が課されていると考えてよい。すなわち、前提としてセイ法則を組み込んだマクロ経済モデルは、モデルが動く範囲をセイ法則が過度に制約しているのである。今回の世界同時不況に際して、これらのモデルに有用性がなかった理由は、この制約がモデルを重不況下の経済から遊離させてしまっている点にあると考える。

ニューケインジアンのDSGEモデルは、セイ法則を前提とするRBCモデルに、財の一時的な需要不足を導入したものであり、セイ法則の破れを折り込んでいるかに見える。しかし、RBCモデルと同様、モデルの基盤がセイ法則にあるため、セイ法則が破れている場合に準拠すべきワルラス法則（恒等式）は考慮されていない。すなわち、財市場の需要不足が市場間の資金循環に与える影響は十分考慮されていないと考えられる（なお、セイ法則が前提とされていることは、IS／LMモデルも同様である）。

しかし、ワルラス法則に従えば、財市場で使われなかった資金は、必ず他の市場に流入してその市場に超過需要を作りださなければならない。財市場の需要不足の影響が他の市場に現れないモデルや、不十分にしか実現しないモデルは、決定的に誤った挙動をするか、誤った解釈をもたらす可能性が強い。

（9）ここでは立ち入らないが、潜在GDP（潜在的供給能力）の計測には様々な方法があり、方法によって差が大きい。

第3節　資金循環から見たワルラス法則の果実：財政出動について

ここでは、第2節までの観点を、大恐慌における財政出動の効果の否定問題と、財政出動に伴う財政の持続可能性問題に適用して、すでに見た日本国債のパラドックス以外のいくつかのパラドックスがシンプルに解決されることをみる。

1　中立命題ではなく「セイ法則」の成立・不成立が財政出動の効果を左右する

第4章第3節で見たように、「マクロ的中立命題」とは、増税と公債発行が経済に与える影響が等価であるという命題である。この命題は税と公債のどちらで財政出動しようが、細部はともかくマクロ経済上の違いはないというものである。[10] したがって、リカード中立命題のバロー的解釈のように、そもそも国債発行（財政赤字）だけを云々するのは誤っている。

セイ法則の破れの有無が財政出動の効果を規定する

では、税にしろ国債にしろ、民間から資金を吸い上げて財政出動をしても効果はないという議論はどうだろうか。これは、たしかに好況期には妥当する。セイ法則が成立していれば「使われていない余剰資金」はどこにもない。この場合、国が民間から資金を吸い上げれば、民間で財を購入するはずだった資金がその分減少し、政府の財政出動の多くは、民間需要の減少と相殺されてしまう。

だが、セイ法則に破れがあり需要不足なら、需要に使われない余剰資金が債券市場等に流入している。

この場合には、市場に負の影響を与えることなく政府が資金を吸い上げることができるから、民間資金吸収に伴う負の効果はなく、財政出動分だけ需要は増加する。つまり、財政出動の効果は、セイ法則成立の可否が左右する（マクロ的中立命題は、財政出動の効果には無関係である）。

もちろん、税で吸い上げる場合は、家計等が実際に財の購入にあてようと考えている資金も吸い上げてしまう。また、増税する場合には、現実には一括税ではなく、消費税のように特定の税目で行われるから、それが財の相対価格のバランスを変えたり、特定の層のみに負担がかかったりといったことが起きて、マクロ経済に影響を与える場合が多い。これに対して、国債発行で吸い上げる場合は、ほぼ需要として使われる予定のない余剰資金だけが吸い上げられる。したがって、現実には、増税によるよりも国債発行による方が財政出動の効果は大きいと考えられる。

最悪の組み合わせは増税＋歳出削減　**表2A**と**表2B**は、以上から想定される、増税と公債発行が民間需要に与える影響を（需要環境別に）整理したものである。第4章の九七年の消費税増税のケースは、財政出動によってかろうじて景気が維持されている不況下にあって、消費税増税（表2Aの①）と公債償還（緊縮財政。表2Bの②）の組み合わせが実行されたことになる。

2　不況期と好況期の区別がないモデルや実証研究には意味がない

この枠組みからは、不況期と好況期の区別が極めて重要である。不況下では、財市場の需要不足とともも

（10）江口［二〇一二］は、RBCやDSGEの観点からみた中立命題について「税金と国債発行が無差別になるというものであって、財政支出が無効になるという命題ではない」（三四頁）と述べている。

表2A　需要の過不足と「増税・公債発行」の選択の影響

	財市場	金融市場	[増税／公債発行] の影響		
				財の民間需要	金融市場
好況～平常期	需給均衡～需要超過	資金需給均衡～不足	増税	増税・公債発行全額相当分の需要減少…①	資金不足・金利上昇
			公債発行		
不況	需要不足	資金余剰・低金利	増税	増税の一部相当分の需要減少	（増税／公債発行が需要不足の範囲内なら）資金余剰・低金利
			公債発行	影響なし	

表2B　需要の過不足と「減税・公債償還」の影響

	財市場	金融市場	[減税／公債償還] の影響			
				A：民間需要	B：政府需要	A＋B：総需要
好況～平常期	需給均衡～需要超過	資金需給均衡～不足	減税	減税・公債償還全額相当分の需要増加	減税・公債償還全額相当分の需要減少	±0
			公債償還			
不況	需要不足	資金余剰・低金利	減税	減税の一部相当分の需要増加		一部減少
			公債償還	ほぼ変化無し		減少‥②

に債券市場で超過需要が生じ、資金需給が緩和して金利が低下するからだ。

好不況を区別しない財政乗数の計測には意味がない

好況と不況の区別の意味を財政乗数で見てみよう。例えばバロー＝レドリック（Barro & Redlick [2010]）にみるように、軍事支出の波及効果を計測すると、財政乗数は低い値が出る傾向がある。

不況対策としての財政出動は、多少のラグはあっても基本的には不況期に行われるが、軍事支出の増加は、景気とは無関係に好況期に行われることも多い。政策の目的が異なるからだ。前項でふれたように、好況期には、不況期とは異なり、財の需要不足に伴う資金余剰がない。このため、財政出動資金の吸い上げ分だけ民間需要は資金の制約で小さくなるし、資金不足で金利も上昇する。一方で、財政出動の乗数効果が1を上回るならその分だけ超過需要が生じて物価も上昇する。つまり不況期とは異なり、財政出動の効果の多くは相殺される。[11]

このように、好・不況という環境の差を意識しない財政乗数計測の価値は低い。

財政乗数上昇の本源的理由は強い需要不足である

こうしたことは、（第1章でもふれた）ゼロ金利下では財政乗数が大きくなるというホール（Hall［2009］）、ウッドフォード（Woodford［2011］）、クリスチャーノ他（Christiano *et al.*［2011］）などの研究や、二〇一二年一〇月のＩＭＦの財政乗数の見直し（IMF［2012］）とも整合的である。

財政乗数上昇の本源的理由は、重不況下では、財市場での大きな需要不足に対応して債券市場に超過需要が生ずるため、財政出動のために国債を増発しても金利上昇や資金不足は生ぜず、また財市場は需要不足だから物価上昇もないため、財政出動の効果を相殺する負の影響が生じない点にある。このメカニズムの結果として、財政乗数の上昇が生じる。それとは別に、それと並行して債券市場の超過需要によってゼロ金利も生ずる。つまり、ゼロ金利は財政乗数上昇の原因ではない。

好不況を区別しない実証研究の多くには価値がない

財政出動に効果がないという従来の通説は、好況と不況を区別せず、不況下ではワルラス法則にした

（11）好況期は財政出動資金吸上分だけ民間需要が減少するから、財政乗数が1を超える分だけ超過需要となる。

がって財の需要として使われない資金が債券市場に流入するメカニズムを見過している。

また、従来のオールド・ケインジアンに対する批判や実証研究には、不況と好況の区別がないものが多い。これは、ケインジアン側のＩＳ／ＬＭモデルですら、不況と好況の違いを反映する枠組みを持っていなかったのだから、当然のことだとも言える。

したがって、今後の実証では、財市場の需要不足の大きさ、期間などには重要な考慮が必要だし、財市場の需要として使われなかった資金が資産市場に流入することや、それが債券市場などの資産市場に与える影響を十分に考慮しなければならない。こうした考慮のない既存の研究の多くには価値がない。

3　重不況下のマンデル＝フレミング・モデル、クラウディング・アウト

マンデル＝フレミング・モデルは、特に変動相場制下で財政出動が無効になることを示す点で著名なモデルである。これを、ワルラス法則とマクロ的制約の視点から整理してみよう。

不況下の財政出動無効の理論的根拠として、このモデルが生き残っていることは、現代経済学でワルラス法則にしたがう資金循環が広く見過ごされていることを示す好例である。

マンデル＝フレミング・モデルでは、財政出動が行われると、そのための資金調達や取引の活発化に伴って資金需要が増大し、国内金利に上昇圧力が生じると考える。(12) それに誘われて海外から資金が流入するが、資金流入の際に海外通貨で自国通貨が買われるために自国通貨高となり輸出が減少する。(13) この輸出減少のマイナスが、財政出動のプラスを相殺するため、財政出動には効果が無いというものである。(14)

しかし、ワルラス法則による資金循環を考慮すれば、このメカニズムは不況では機能しない。財の需要

不足で債券市場に余剰資金が流入するからだ。このため、国債を債券市場で増発しても、それが民間の資金調達と競合して生ずるクラウディング・アウトは生じないし、金利の上昇傾向や海外資金の流入を必要とするような強い資金需要が生ずることもない。マンデル＝フレミング・モデルの枠組みが、不況期、特に重不況期にも成立するという議論は、ワルラス恒等式、ワルラス法則に反しているのである。

ただし、これは、不況でも経常収支赤字の国には当てはまらない。こうした国は、不況期の資金余剰というバッファーがなく、国内の資金需要が海外資金の流入・流出と直結しているからだ。

したがって、経常収支の状況と、好況不況を区別していない実証研究には価値がないと言える。

4　貨幣数量説、マネタリズム、リフレ派

一般物価の変動要因は貨幣的要因だけか

現代の主流派経済学では、（長期的には）一般物価の変動（インフレ、デフレ）は、貨幣数量説に基づいて、貨幣量によって規定されると考えられている。浜田［二〇〇四］は、こうした観点から「需給ギャップで物価が決まるという議論は、貨幣経済における予算制約式を無視した議論」であり、「予算制

(12)　このモデルはIS／LM分析を基礎としているが、IS／LMモデルでは、財政出動が行われると金利が直ちに上昇してIS曲線が右にシフトする。つまり、IS／LMモデルは、単純には好況と不況を区別しない。

(13)　海外から投資資金が流入すると、例えばドルを売って円が買われるので、円高ドル安が生じる。円高になると輸出品の価格はドルで見ると割高となって輸出が減る。

(14)　なお、資金需要増加の原因として上げた①財政出動資金の調達と②財政出動に伴う取引の活発化の二点のうち、①については、すでにケインズが不況下では遊休資本と失業が存在しているため問題は生じないと述べている（ケインズ［一九四一］）。本書の視点はこれを資金循環で捉えているだけである。また、後者の②が問題とすれば、財政出動に無関係の自然な景気拡大でも、拡大効果は相殺され、景気拡大は生じないことになってしまう。

約式を足し合わせたものが、ワルラス法則となる」として次の式を掲げる。

財の超過需要＋証券の超過需要＋貨幣の超過需要＝0…………(3)

そして、財に超過供給があるときには証券と貨幣に超過需要が生ずると説明する（一一二〜一一四頁）。以上は、本章の説明と同じである。ただし、本章では、財市場で有効需要として使われなかった資金が、他の二つの市場に流入し、その二市場の合計で、合計流入額に等しい超過需要が生まれる結果、(3)式が成立すると考える。このとき財市場では、財の需要に使われる予算が縮小するため（予算制約）、供給に対して有効需要が小さくなる。すると財市場全体では、需要と供給の関係だけで一般物価（加重平均された物価）が低下することは明らかであり、財市場で需要不足があるなら貨幣的要因を持ち出す必要はない。こうした観点は、浜田［二〇〇四］と矛盾するようだ。

財の需要不足で財市場から資産市場に資金が純漏出すると、マネーストックの変動無しで物価が低下する。また、マネーストックを増やしても、増えた分がすべて資産市場に滞留するなら、物価には影響しない（一方で、当然に債券などの資産価格は上昇する）。これはまさに我々が今見ている状況だ。

貨幣数量説、マネタリズム等は、セイ法則の成立に強く依存している

第5章の(3)式（交換方程式「MV＝名目GDP＋a」）で、名目GDPは「財市場の物価P」×「財市場の取引量T」で表せるから、貨幣数量説、マネタリズムやリフレ派などが考えるように、物価Pとマネーストック量Mが連動するためには、Vの安定に加えて、資産市場の取引規模を表すaが安定（一定か、名目GDPとの比率が一定）していなければならない。

ａの安定には、財市場と資産市場間の資金の流入流出の差（純漏出）が基本的にはゼロである必要がある。財市場に需要不足があるなら、使われない資金は財市場から資産市場に流出超過し、この条件は成立しない。また、バブルの場合も他市場で使われるべき資金が土地市場等に超過流入する。すると、第5章(3)式のａが大きくなり、リフレ派などの基盤である貨幣数量説等は実体との乖離が大きくなる。貨幣数量説、マネタリズムは、ａが比較的安定している平穏期では問題が少ないが、バブルや重不況が大きいほど、実態との乖離が大きくなる。貨幣数量説の成立はセイ法則の成立に密接に係わっている。

なお、貨幣数量説は、対象を財市場だけでなく、債券や土地などの資産を含めた全ての「商品」市場を対象とするならよく成り立つ（これは「マクロ資金循環を折り込んだ貨幣数量説」とでも言えるだろう。第5章の(3)式は、その考え方を示す意味で基礎的な方程式になる）。

5　本章の観点で見たボール＝マンキュー論文

ボール＝マンキュー論文（Ball & Mankiw［1995］）は、カンザスシティ連銀が主催した、政府の財政赤字と負債に関するシンポジウム用に書かれたもので、財政赤字の意義と課題を幅広く整理している（著者のボールはジョンズ・ホプキンス大学教授、マンキューも高名なニューケインジアン[15]）。これには、現代マクロ経済学の主流派的見解が述べられているので、本章の理解と比較してみよう。

(15) N・グレゴリー・マンキュー（N. Gregory Mankiw）は、マクロ経済学者でニューケインジアン。二〇代でハーバード大学教授となった。また、世界的なベストセラーとなった経済学のテキストの著者として知られ、ブッシュ前大統領時代には大統領経済諮問委員会（ＣＥＡ）委員長を務めた。なお、一三年四月のブログで、現在も考えはこの論文と概ね変わっていないと書いている。

まず、財政赤字のプラス点は、財政赤字が減税または補助金の増額によって行われた場合には、短期的には民間消費を引き上げる点だとされている（もっとも、財政赤字はGNP成長には、明白に有害であると強調されている）。以下はマイナス点である。

①　財政赤字は貯蓄を減少させることで設備投資や純輸出を減少させる。(16)
②　長期的には投資の減少は資本蓄積の増加を抑制するため生産能力の成長が減ぜられる。
③　純輸出減少で経常収支が悪化し海外資本が流入すると、それに応じて成長の成果が海外に流出する。
④　投資減少で資本の希少性が上昇し、資本の効率が上昇する一方で資本装備率の低下で労働の効率が低下するため、資本側の受取りが増加し賃金が低下して格差が拡大する。
⑤　将来、公債償還のために、増税あるいは緊縮財政政策が必要になる。
⑥　現在の納税者と将来の資本家は利益を受けるが、将来の納税者と労働者は損をする。こうした配分は経済学では評価できず政治的な判断を要する。
⑦　設備投資の不足は生産性の低下から、成長を抑制するかもしれない。
⑧　④でみた格差の拡大は犯罪の発生率の上昇によって生活に影響を与えるかもしれない。
⑨　国の信用が失われ債務危機に至る可能性がある。

以上を、本章の観点で評価しよう。まず①は、本章で見たように需要不足下で債券市場が資金余剰となるため、国債発行で民間の設備資金調達が妨害されることはないから、設備投資が抑制されることはない。③はマンデル＝フレミング効果に係わるが、これも不況期の資金余剰下では発現しない。①③が発生しなければ、②④⑦⑧の問題も発生しない。

なお、④は、①のほか、財市場で需要不足がある状況下では、債券市場で超過需要が生じている（＝資金余剰の状態）から、資本は余剰状態にある。したがって、資本の希少性の上昇はない。

次に、⑥については、第4章第3節のリカード中立命題関連で「負担の次世代先送論」について述べたように、閉鎖経済、経常収支黒字国や基軸通貨国では、マクロ経済的な問題はない。償還時点では、たしかに納税者から国債保有者に資金が移転されるが、国債保有者は、保有していた国債証券が現金に置き換わるだけで所得が増えるわけではない。増税は政治問題でもあるが、それは好況期に少しずつ行えばよいのである。経済成長していれば自然増収もある。これは⑤に対する答えでもある。

ボール＝マンキューと本書の違いは、財市場の需要不足がワルラス法則に従って債券市場等に超過需要（資金余剰）をもたらすと考えるか（本書）、考えないか（ボールら）の違いにある。

もちろん、以上が成り立つのは、需要不足下の不況対策としての財政出動の場合である。好況期や慢性的な経常収支赤字国（基軸通貨国を除く）ではボールらの議論が当てはまる。問題は、ボールらが、こうした違いを考慮せずに一律に財政赤字を論じている点だ。こうした観点は、現実の不況対策の選択に今も大きな負の影響を及ぼしており、米国では財政の崖問題、欧州では緊縮財政政策の原因となっている。

第4節　需要不足と財市場からの資金流出を規定する原因とメカニズム

本章では前節までセイ法則の破れの原因論には立ち入らず、その破れを資金循環で捉えるだけで多くの

（16）なお、設備投資の減少はクラウディング・アウト（政府の国債による資金調達が民間の設備投資の資金調達と競合して、設備投資が抑制されること）によって、また、純輸出の減少はマンデル＝フレミング効果によると考えられていると思われる。

経済現象が理解できることを示した。この節では原因論にふれる。ここでは第一部を踏まえ、重不況下やバブルで持続的な需要不足、セイ法則の破れを引き起こしている原因、メカニズムを整理する。

重不況では財市場からの資金流出が持続的に生じている。本章のこれまでの検討を踏まえれば、その原因は、ワルラス法則の基礎でもある経済主体のミクロの意志決定のメカニズムの中にあるはずだ。

1　平穏期の要因に対して重不況期・バブル期に顕在化する要因

平穏期の効用最大化原理、収益最大化原理

経済学が、企業や家計などの意志決定を左右するものとして重視してきたのは、個人や家計の①効用最大化原理であり、企業の②収益（利潤）最大化原理である。前者は個人が常に自分の満足（効用）が最大になるように、後者は企業が常に利潤が最大になるように、意思決定し行動するという原理である。

行動原理がこの二つしかないなら、たしかに、ニューケインジアンが、景気後退の説明に賃金や価格の硬直性、粘着性を取り上げざるを得なかったことは理解できないこともない。しかし、明らかに、重不況では、家計や企業がこの二つだけに従っているようには見えない。例えば、企業が収益最大化原理だけに従っているなら、名目金利がこれほど低いのに設備投資が活発化していないはずがない。米国は日本よりもさらに実質金利は低かった。にもかかわらず金利低下に設備投資が反応しなかったのである。

重不況期・バブル期に顕在化する要因と「重不況型不況メカニズム」

本書では、重不況下では、企業や家計の意思決定要因の重みは、軽微な景気変動時とは異なると考える。

以下では、こうした観点から、重不況下では、上記二つの原理に追加すべき重要なものとして、③リスク・不確実性最小化原理と、④需要の将来見通しの動向及び⑤バランスシート要因などの三点を、さらに、バブル期に関わる⑥価格投資による資産の魅力上昇要因が顕在化すると考える[17]（ただし、これらは未だ多く仮説に止まる。その影響力は今後実証的に評価されていかなければならない）。

これらは、確かに、特定の状況を説明する際にはしばしば俎上に上る。しかし、それらが顔を出すのは経済全体の中の特定の部分の説明の範囲に止まり、それを取り巻く他の部分メカニズムや経済全体のメカニズムの基本は、①効用最大化原理と②収益最大化原理が支配するままである。だが、特に重不況やバブルでは、①と②に換わって、③－⑥のいずれかが経済全体を支配することがあると考える。このとき①と②のみに基づく分析手法は効力を失ってしまう。③－⑤の要因の影響力が強まるメカニズムを以下では「重不況型不況メカニズム」と呼ぶことにしよう。収益最大化原理だけが働いているなら、量的緩和政策で銀行に資金が供給されれば、その資金は直ちに企業に借り出されてマネーストックが増えるが、重不況型不況メカニズムが働いているとき、企業には資金需要がないから資金は銀行に滞留するだけになる。

2　リスク・不確実性最小化原理

リスクは少なくとも金融現象の理解に不可欠の要因のはずだ。金融関係者のみがリスクを考える一方で、

(17) ③リスク・不確実性最小化原理は、①効用最大化原理や②収益最大化原理と同様、個々の経済主体の基礎的な行動原理である。一方、④需要の将来見通しや⑤バランスシート要因、⑥価格投資による資産の魅力上昇は、金利と同様にそれ自体がメカニズムをもった要因である。しかし、いずれも環境の変化によって個々の経済主体の行動の斉一性が高まることによって影響力が顕在化する（斉一性については向井［二〇一〇］参照）。

コラム4

重不況と金利万能主義の限界

金融関係企業にとって金利は損益を決定する最大の要素だから、金利は重要だ。しかし、実体経済企業の設備投資の判断にとって、金利は判断要素の一つに過ぎない。通常は、設備投資に影響する他の様々な要素は経済全体の中で互いに打ち消し合うから、同じ方向に一律に影響を与える金利の影響が目立つ。

しかし、特に重不況下では、どの企業でも斉一的に需要の将来見通しが低下するから、需要の見通しの変化は相殺されずに投資判断に巨大な影響を与える。売上数量が増える見通しがないのに生産能力増強の必要はないから設備投資はない。であれば名目金利であれ実質金利であれ、その影響は小さい。

需要数量の増加が予想されるなら、そのときはじめて実質金利も重要になる（フィッシャー方程式から「実質金利＝名目金利－期待インフレ率」）。一般に、需要数量が増加すれば期待インフレ率も上昇する。しかし、マネーの供給増で期待インフレ率が上昇するだけなら、需要数量とは無関係だから設備投資は増えない。設備投資は需要数量とは因果があるが、期待インフレ率との関係は疑似相関だ。

一方、第3章でふれたように、期待インフレ率が上昇すると家計は消費を前倒しして需要が増える場合がある。しかし、それは多分五％程度以上に限られるだろう。また効果は一時的なものである。

このように重不況下で、設備投資を規定しているのは金利ではなく、需要見通しなどの重不況型不況メカニズムである。「実質金利」は、物価上昇で設備投資が増えるという誤った政策論を生んでいる。

一般企業や家計がリスクを考えないという暗黙の仮定があるとしたら、それは明らかに誤っている。すなわち、リスク・不確実性最小化は経済主体の意思決定に非常に重要だと考える。効用最大化原理や収益最大化原理に対応して、これを「リスク・不確実性最小化原理」と呼ぶことにしよう。

信用不安下のリスク・不確実性最小化原理

重不況とは、バブル崩壊で支払い危機が生じ、それを背景に信用不安が高まるとともに、設備投資の減少等により需要不足が続く状況だと考えられる。信用不安も、売上収入の不足（需要不足）も支払危機を生み出す。企業の倒産確率も上昇し、企業は、いつ取引先企業が倒産するか、いつ融資の停止が生じるかわからない状況で生産を続ける必要がある。こうした状況で、各経済主体はリスク・不確実性を重視するようになり、不時の支払いに対応できるように、資金や資産を流動性の高い状態で保持する傾向を強める。

経済主体は、本来的には主に①効用最大化原理や②収益最大化原理と③リスク・不確実性最小化原理等に基づいて支出の判断が行っていると考えるが、平常時は③の影響力は低く、ほぼ無視しうる。

しかし、重不況下では判断基準の中で③の影響力が斉一的に高まり、支出選択の判断で重要な役割を果たすようになると考えられる。リスク・不確実性を最小化するという判断基準がウエイトを高めれば、金利が下がっても、企業は単純に設備投資を増やす行動はとらない。また、銀行などの資産運用機関も、そこに預け入れている各経済主体のリスク・不確実性最小化志向などを反映して、資金運用のポートフォリオを（収益最大化を考慮しつつも）流動性の高い方向に変化させる。

流動性とリスク・不確実性最小化原理

資産市場を大きく土地、債券、貨幣の三市場に分け、緊急の資金ニーズに応じて容易に現金に換金できるかどうかで評価すると、その特性（流動性）が最も低いのは土地だから、リスク・不確実性が高い重不況下では、土地へは資金は流入しにくい。

一方、もっとも流動性の高い資産は貨幣だが、そのうち現金や当座預金は利子を生まないため、収益最大化原理からみると最低である。このため、資金の多くは貨幣のうちで利子のつく要求払預金（普通預金）と債券市場に流入し、貨幣と債券市場で超過需要が生ずる。貨幣市場で超過需要が生ずるとは、普通預金口座の開設や預金額を増加させる需要だから、預金利子は低下する。債券市場の超過需要とは、債券の供給不足でより多くの債券発行が求められるのだから、債券金利も低下する。リスク・不確実性が高まれば、普通預金や債券市場の中では、普通預金や安全性の高い国債が買われ、リスク・不確実性が低下すれば、より格付けが低く利回りの高い社債などに資金が流れていく。

経済が好況となり又は景気回復の確信が高まって、リスク・不確実性が軽視されるようになると、収益最大化原理のウエイトが高まり、株式市場などに資金がより多く配分されるようになる。つまり「リスク・オン」というわけである。株価が景気に先行して変動する原因の一つはこれだと考えられる。

これを家計でみれば、重不況下では失業不安も高まる。大きな買い物をして預金を減らしたり借入を増やしたりしたときに失業すれば、家計は当面の生活や借り入れた資金の返済に窮する。したがって、重不況で失業不安が増大すると、家計は、住宅や耐久消費財の購入を抑制して、貯蓄の維持・増加に努め、失業した場合の生活リスクに備えようとする。

リスク・不確実性最小化原理が影響を強める状況下の市場間資金配分など

　このように、経済主体の支出選択行動の判断基準としては、効用最大化原理、収益最大化原理だけでなく、少なくともリスク・不確実性最小化原理があり、それらが、好況、不況、重不況などの環境にしたがって、判断要因としての影響力を変化させると考える。リスク不確実性最小化原理は、特に重不況の初期に影響力を強め、重不況特有の次のような経済現象を引き起こすと考える。

土地市場　先に述べたように、重不況下ではリスク・不確実性最小化原理のウエイトが高まるため、資金が溢れていても、緊急の際の換金が難しい（流動性の低い）土地市場には資金は流入しにくい。

流動性の罠　金融不安などでリスクや不確実性が重視されると、資金は現金、預金保険対象の預金や国債などの安全性が高く流動性の高い債券等の市場に流入する。債券市場は需要超過となり金利は低下するが資金は流入を続ける。これが広い意味の「流動性の罠」の状況である。

　そこでは、資産運用の判断基準として、金利の重要性が低下する一方で、リスク・不確実性の重要性が高まる結果、流動性選好が上昇し、低リスクかつ高流動性の貨幣、債券に超過需要（資金余剰）が生じる。金利操作による金融政策の有効性が低下するのも当然である。

3　「需要の将来見通し（期待）」要因

「景気変動」は、各経済主体の支出選択に斉一的な影響を与える。好況であれば、今後も好況であるという期待の元に消費や投資が行われる傾向があり、不況であれば逆である。

　特に重不況では、経済成長率が低下し、市場の需要の伸びが低くなる。この結果、各企業は、斉一的に需要の将来見通しを低く見積もるようになり、しかも、すでに供給能力が過剰の状態にあるのだから、企業は、斉一的に設備投資を抑制する。これは、経済全体の需要不足の原因となるから、需要の伸び率の低下予測を自己充足的に実現してしまう。これは、重不況の中期以降で支配的要因になる。

バブル崩壊時はリスク・不確実性最小化原理の影響が高まり、現金や保証のある預金に超過需要が生ずるが、信用危機が収束すると、需要の将来見通しの低下が設備投資などを縮小させ、債券発行や資金借入ニーズが縮小する。したがって、債券市場や貸出市場は（債券の供給不足等で）超過需要となる。

4　「バランスシート不況」や「負債デフレ」要因

資産バブルが崩壊すると、負債は変わらないのに資産の価値は激減する。まず、それは負の資産効果で家計の消費などを減少させる。さらに各経済主体は、縮小した資産価値に対応しない過大な負債を圧縮する必要に迫られる。家計は消費、企業は設備投資を抑制して資金を負債の返済につぎ込む（統計的には貯蓄の増加として把握される）。それは負債と資産のバランスが回復するまで続き、その間需要は縮小したままとなる。これは重不況の前半期には大きな問題である。

需要不足の期間は、①資産価格低下の規模と、②景気の回復状況に左右される。不況が長引けば売上が伸びないため、負債償還資金が不足し回復までの期間は長くなる。また、不況が長引けば、資金不足で資産を投売りする企業や家計が増え、資産価格の下落がさらに進んで、不良資産がさらに増えてしまう。

負債問題は、通常の景気変動でも一定の役割を果たす。需要減少で企業が計画した売上を達成できない場合、企業はコストカットに努めるが、借入金の元利償還は削減できない。したがって、それ以外の賃金などが、売上の減少率以上にカットされる。元利償還額は変わらないから、企業が全体として家計に払う額は、売上額の減少率と同率となるはずだ。しかし、企業への貸付金は、そもそもは家計の余裕資金だったものだから、償還されても不況下では消費には使われない割合が高い。すると、売上の減少率以上に財の需要に使われる資金は減少するから、それは不況をさらに強める。

5　価格投資による資産の魅力上昇要因

最後に資産側の要因を考えよう。資産の魅力の上昇で資金が財市場から資産市場に流入することもありうる。例えば、資産市場で利子、配当又は資産の価格自体が上昇すれば、家計や企業は資産への投資を増やす。もっとも、資金流入で資産価格が上昇すれば、投資の収益率は低下するから、資金の流入と流出はある水準でバランスする。通常は、資産市場の動向が、財市場の需要の過不足を生じさせる原因になることはあまりないだろう。

だが、バブルは異なる。日本の八〇年代後半の土地バブルでは、土地価格の継続的上昇が土地市場への資金流入を招き、家計でも直接に土地投機に配分される資金が増加した。また、金融機関も土地関係企業への融資を拡大したし、実体経済企業も、土地取得への資金配分を増やしたと考えられる。

バブルは、資産市場特有の「価格投資型価格メカニズム」（**コラム5**）に係わる。このメカニズムが支配する市場では、価格上昇がさらなる上昇予想を生み、売買差益を目的とする市場参加者と資金がさらに集まり、価格は上昇を続ける。こうした傾向が継続するとバブルが生じ、資産市場は、財市場から資金を吸収し続ける。資金の吸収は財市場で需要不足要因となるが、一方で資産効果は財の需要を増やす。

コラム5

市場の効率性と価格投資型価格メカニズム

市場の特性は、市場参加者の「合理性」や「情報量」が左右する。一方、向井［二〇一〇］では、市場の特性は、市場参加者の「目的」によっても左右されると考え（目的の違いによって）「実需型価格メカニズム」と「価格投資型価格メカニズム」を区別した。

「価格投資型価格メカニズム」とは、市場参加者の目的が自己の資産の維持、拡大のみを目的とする（転売目的の）参加者間の取引で働く。この取引では、価格が高くても、さらに高い価格で転売できる予想があれば買い手がいるので、実需を離れた価格が実現して、市場は経済の効率向上に寄与しなくなる。

これに対して「実需型価格メカニズム」では、実需に基づく需要側の市場参加者が、企業なら収益最大化のために高い費用対効果を求め、家計なら効用最大化のためにより多くの財が購入できるように、価格を最低限にしようとする。このため、価格はこうした実需のコストに縛られ「市場は経済を効率化」する。

つまり、市場が経済の効率向上に寄与するかどうかは、市場参加者の「目的」に依存する。

通常、取引対象は最終的には実需を目的とする参加者に引き取られなければならないから、市場価格はおおむね実需型取引に支配される。ところが、資金流入が継続するなどの条件が整うと、価格投資型市場参加者が市場を支配するようになり、バブルになると考えられる（向井［二〇一〇］第4章参照）。

第７章　マクロ循環制約とマクロ経済学の新たな方向

前章では、経済主体間のマクロ的相互依存関係と各経済主体の予算制約から導かれるワルラス法則の意味を見てきた。本章は、この観点をマクロ経済学の基盤に折り込む提案を行う。第１節では、財の需要不足による市場間の資金循環を経済学の基盤に折り込むために、セイ法則ではなくワルラス法則を基本的前提とする基本モデルの意義を述べる。第２節では、その観点からいくつかの基礎的な整理を簡単に行う。

第１節　リーマン・ショックの経験と現代マクロ経済学

第４章以降ここまで見てきた本書の観点は、ワルラス法則を資金循環で見るものであり、不況期の需要不足（セイ法則の破れ）を財市場から資産市場への資金の流出という形で捉えるものだ。ここでは、序章を踏まえて、この観点をマクロ経済学の基盤に組み込む意義を考える。

1　世界同時不況とＤＳＧＥ

世界経済はリーマン・ショック後に、急速な需要縮小を経験した。ＲＢＣ理論やニューケインジアンのＤＳＧＥモデルが、これをどのように説明したのかといえば、実は実質的に説明されなかったと考える。

現代マクロ経済学は基本的に供給を重視し、仮に一時的に需要不足が生じるとしても、それは主に供給ショック、賃金や価格の硬直性といった供給側の要因によると考える。しかも、その需要不足は市場の自律的な調整機能で自動的に解消されるはずだった。しかし、世界同時不況では、明らかにこうした供給側の要因なしに財市場で大規模な需要不足が生じ、それが続いている。

ＲＢＣ理論とニューケインジアンのＤＳＧＥモデル

ＲＢＣ理論（実物的景気循環理論）は、セイ法則を前提とし、その名のとおり実物的な要因で経済を説明する。そこでは、景気変動の主な要因は技術ショックによる生産性の変化だとされるが、リーマン・ショックの前後で、あの経済変動を説明しうるような技術的なショックなどはまったく観察されなかった。

ニューケインジアンのＤＳＧＥモデルは、ＲＢＣ理論の基本的な枠組みに準拠して、それに需要不足が生じるメカニズムなどを組み込んだものであり、現代マクロ経済学の主流の位置を占めつつあった。そこでは、市場の外からの何らかの外生的なショックで需要が減ったとき、価格、賃金の硬直性により価格が十分に下がらないために需要が回復せず不況が長引くと考える。

しかし、リーマン・ショックは、外生的なショックと言えるものではなかったし、その後の五年間で見る限り、価格などの硬直性、粘着性を乗り越えて価格調整が行われるだけの十分な時間的な余裕があったようにみえるが、それで需要が回復し、雇用が本格的に回復するような変化は生じなかった。

また、こうした枠組みの問題点を一つあげれば、原RBCモデルでは、財政出動が行われると民間消費が縮小するという結果が生じるが、これは、観察される経済現象と一致しない（例えばBlanchard & Perotti [2002]）。これを「政府支出パズル」と呼び、RBC理論の枠組みに基づくDSGEモデル最大の問題ともされる（江口［二〇一二］）。ニューケインジアンは、この政府支出パズル解決のために、例えば家計の一定割合に、財政出動で所得が増加した場合に（生活がぎりぎりのため）将来の増税を考えずに消費を増やすという「流動性制約家計」（非リカード家計とも言う）を導入する。つまり、バロー的な意味でのリカード中立命題（**第4章**参照）が成立しない条件を導入することによって、財政出動による消費増加を再現する。

しかし、これはセイ法則成立と実物的な景気循環のみを扱うRBC理論の枠組みの中での対応に過ぎない。一面の真理はあるが、それが扱う部分は問題の本質とは、ずれている。

根本的な問題は、DSGEも、RBCと同様、常にセイ法則が成立する定常状態から出発することだ。出発点の定常状態では、資金、労働、財の需給に過不足はないから、そこで財政出動のために国債を発行すると、必ず資金需給が逼迫し、民間の設備投資資金の不足や金利上昇が生じ、政府発注によって物価も上昇する。この結果、財政出動は、金利や物価の上昇等を通じて、消費や設備投資の縮小をもたらすという結果になる。しかし、これは現実とは異なる。

RBC理論は、そもそも均衡が成立している定常状態のごく近傍を考える仮説だから、そこでは、セイ法則がほぼ成立しているとしてもおかしくはない（もっとも、そのために、今回の世界同時不況のような大きな変動は扱いようがなかった)。

ニューケインジアンのＤＳＧＥでは、より現実に合わせて、これに需要不足を導入したが、それによりモデルは、定常状態からの比較的大きな乖離を扱うことになった。そうであれば、セイ法則の破れが債券市場や貨幣市場に与える影響を折り込まなければならないはずだが、単に財の需要不足を導入しただけで、それが債券市場や貨幣市場に与える影響は十分考慮されていない。セイ法則が破れていれば、金利などのモデルの中の諸変数は、セイ法則の制約を離れてワルラス法則の制約の下に変動すべきだが、それらは依然としてセイ法則の下で動いていると言える。[1] 以上のようにこれらのモデルは、セイ法則の成立を前提とするため、需要不足下の経済を説明できない（ただし、好況期にはある程度成り立つ)。

ＲＢＣ、ＤＳＧＥの問題と新たな枠組みの可能性

ＲＢＣ、ＤＳＧＥの問題は、出発点でのセイ法則の常時成立（仮定）に象徴されるように、財市場と金融などの資産市場間の相互作用が十分考慮されていない点にあると考える。

これに対して、現在の状況を取り扱えるモデルがどのようなものかと考えると、当然それは、財市場と金融などの資産市場との相互作用を折り込んだものになるはずであり、それはセイ法則に破れがあり得ることを前提としたモデルでなければならない。

2　マクロ循環制約条件

前項のように考えると、マクロ的現象を説明するための理論仮説の中には、極めて広範に、マクロ的制

約を考慮していないものがあるように見える。ここで、マクロ的制約とは何かを例示すれば、（必ずしも漏れがなく重複がないとは言えないが）、第一は、ワルラス法則であり、それは各市場の相互依存を意味する。例えば、財市場の需要不足は、ほぼそのまま債券、貨幣市場における需要超過を意味する。

第二は、（海外取引がない）閉鎖経済では、①企業の広義の生産コストは②「家計の所得＋政府の収入」となり、それが使われて③企業の売上げとなるなど、各経済主体は相互に依存する関係にある。セイ法則が成立していれば、この三者は一致している。②と③が不一致ならセイ法則は成立しない。これは実はGDPの三面等価の原則と同じものである。こうした各経済主体の支出選択と同時に相互依存関係が各経済主体の収入と予算を制約している。

第三は、マクロ的中立命題である。つまり、政府の資金調達において、増税と公債発行がマクロ経済に与える影響は基本的には等価である。

これらをまとめ、あらためて「マクロ循環制約条件」ということにしよう。これはざっくり言えば、マクロ的な資金循環に係わる制約であり、ワルラス法則、三面等価の原則、マクロ的中立命題などはその一つの現れと考えることができる。

たとえば、DSGEモデルでは、需要不足が生じた場合には、一時的にせよセイ法則が破れているとは考えているが、資金循環で見るとワルラス法則に従うようには定式化されていないように見える。とすれ

（1）こうした理解が正しいなら、マクロ循環制約を満たさない理論という意味で、これらは疑似マクロ理論というしかない。ただし、RBCやDSGEモデルは、当初から定常状態の近傍でのみ成り立つものとして定式化されてきたから、それは許されると言うべきかもしれない。だとすれば、これらのモデルの適用範囲はこれまで過大に取り扱われてきたのであり、その適用範囲と有用性の評価は今後大幅に縮小されるべきである。

ば、このモデルは景気循環を説明するモデルとしては、重要な本質的要素を落としていることになる。

バロー的解釈のリカード中立命題による財政出動無効論も、ミクロ的な観点の議論をマクロ状況に当てはめる際に、マクロ循環制約条件を失念している。すなわち、家計が将来の公債償還時の増税を予想して予め貯蓄を増やすために消費が増えないという議論は、増税で家計等から吸収した資金が返済される相手が家計であることが看過されている。(2)

このように現代マクロ経済学の議論や仮説モデル等の多くは、マクロ循環制約条件を満たしていない可能性がある。例えば、不況下のマンデル＝フレミング・モデルはその例であるし、前章で取り上げたボール＝マンキュー（Ball & Mankiw [1995]）にも同様の議論がある。

では、マクロ循環制約を満たさない仮説モデルは、セイ法則に破れがある状況をどう記述しているのだろうか。それは、破れのない状態を中心に集められたデータで推定したパラメーター、係数をそのまま適用しているのである。だが、そうしたパラメーター等は安定したものではなく、セイ法則に破れがあると、ワルラス法則の制約に従って大きく変化する可能性が強い（当然、破れがある状態の説明は苦しい）。

したがって、マクロ循環制約を明示的に考慮していない仮説モデルは、改めてそれが分析結果に影響していないかが検証されなければならない。考慮していない場合、その仮説モデルは、近似として使える可能性はあるが、それはいわば定常状態のごく近傍でのみ使えるのであって、それがどの範囲まで使えるかは、あらためて検証されなければならない。

3　アプローチの転換

ＲＢＣ理論やニューケインジアンのＤＳＧＥのように、主流派経済学の基礎には、セイ法則の成立を前提とする長期の基本モデルがある。そして、これに基づいて、ほぼ常に供給側の要因が経済を支配し続ける形で理論体系ができている。需要不足が一時的に存在し得ることは大方の経済学者が認めているが、需要不足は、市場の自律的な変動によって比較的速やかに解消すると考えられてきた。

主流派経済学のアプローチの問題点

短期で一時的にせよ需要不足があれば、当然、基本モデルからの乖離が生ずる。短期ではこのように基本モデルが経済実態から乖離する問題を、基本モデルとは別に、それに付加的な要因や条件ないしは付加的なサブモデルを追加することで、基本モデルと実態の乖離を説明するというのが、現代マクロ経済学の基本的なアプローチである。[3] 例えばニューケインジアンは、価格の粘着性を付加することで需要不足を説明してきたわけである。

重不況では付加的なサブモデルへの依存度が高くなりすぎている

しかし、大恐慌や今回の世界同時不況などのように、現実の経済と基本モデルとの乖離が余りにも大きいときには、説明のほとんどが、（基本モデルから導かれたものではない）付加的なサブモデルや要因による説明に依存することになる。そして、今

（2）もっとも、資本調達を海外に依存しているギリシャなどでは、返済相手が海外であるために、この議論はある程度当てはまる。つまり、バロー的解釈によるリカード中立命題が当てはまるのは資本収支黒字国（＝経常収支赤字国）である。

（3）これらのサブモデル等は、ラカトシュ［一九八六］の「補助仮説」にあたる。

回の世界同時不況では、そのサブモデルが、基本モデルと重不況の現実に生じた大きな乖離を十分に埋めきっていないことが明らかになったと考える。世界同時不況で主流派経済学が説明力を失った原因としては、こうしたアプローチの限界が考えられる。(4)

付加的なモデルがワルラス法則などの基礎的原理を満たしていない可能性

また、こうした付加的な要因（の組み込み方法）やサブモデルでは、セイ法則の破れの影響のすべての経路が考慮されていないと思われる問題もある。そもそも、これらの付加的なモデルなどは、一般に基本モデルの体系から導かれたものではない。それは、基本モデルの論理とは無関係ないしは基本モデルとは異なるメカニズムのものであり、現実と基本モデルの乖離を説明できそうな要因を任意にピックアップして構築されている。(5) このため、ワルラス法則に係わる理論的・体系的なロジックは十分に折り込まれていない可能性が強い。

「セイ法則の破れ」を基本体系に位置づけた新しいアプローチへの転換

したがって、従来のセイ法則の成立を前提とした長期の基本モデルに換えて、セイ法則の破れを体系の基盤に組み込んだ基本モデルを考えることには、重要な意義があると考える。

つまり、本書は、第一に、セイ法則が破れている状態を基本モデルとすることを提案する。第二に、セイ法則が破れている状況でマクロ経済を制約、支配しているのはワルラス法則であるから、基本モデルの基盤にはワルラス法則を置くことを提案する。

これは、マクロ経済学体系の基本モデルの基礎にマクロ循環制約としてワルラス法則とセイ法則の破れ（＝財の需要不足）を組み入れることになる。それは、同時に景気変動を財市場と資産市場間の資金の流入・流出を介した相互作用として捉えることを意味する。

新しいアプローチの特色

新たな基本モデルでは、第一に、ワルラス法則に基づいて市場間の相互作用を扱えるようになる。従来の基本モデルではセイ法則が仮定されているため、市場間の相互作用はありえなかったのである。

第二に、従来の基本モデルが、単独では長期にのみ適合し、(付加的なサブモデル無しでは) 短期の経済変動を説明できなかったのに対して、新たな基本モデルは、単独で長期と短期を統一的に扱える。

第三に、新しい基本モデルではセイ法則は成立することもしないこともあるというように相対化される。したがって、需要が旺盛で供給不足の状況では、セイ法則成立という条件を使って問題を簡単にできる。しかし、需要不足のときには、ワルラス法則ベースの基本モデルに立ち戻らなければならない。従来の基本モデルが供給に基礎を置くのに対して、新しい基本モデルは、供給と需要を同等に扱う。

第四は、当面の重不況経済の理解とその対策の検討を、極めてシンプルにする。すなわち、ワルラス法則の下での資金循環を考えることで、非常に単純なレベルで不況を理解し対策の方向性を示すことができる。それには、IS／LMモデルの理解すら必要ではない。それでも多くの経済問題を単純に理解できる。

無数の仮説から正しい仮説を選ぶ

第五は、基本モデルの説明範囲の広さそのものである。ミルトン・フ

(4) こうした観点については田中［二〇一〇］参照。

(5) ラカトシュ［一九八六］の整理に従えば、長期の基本モデルが「堅い核」に、サブモデルが「補助仮説」にあたり、全体として一つの「理論系列」をなす。すべての反証は、補助仮説が「防御帯」として防御し、補助仮説は常に修正され増加し複雑になっていく。補助仮説が予測的であり続ければ理論は発展していくが、アドホックな性格の補助仮説に頼るようになれば、理論系列全体が退行的となる（二六三頁等）。

リードマンは、「観察された諸事実は必ず有限個であるが、ありうべき仮説は無限にある」（フリードマン［一九七七］九頁）と述べている。これは、経済現象の要因や説明仮説が無数にあるという認識を示しており、本書もそれに同意する。では、その中で「正しい」仮説はどのように選択されるべきだろうか。フリードマンは、実証によって確認され続けることと、その仮説を使った予測の正しさを上げた。そして、仮説は実証的説明力さえ高ければ、そのメカニズムや基礎的仮定の現実性は重要ではないとした。

しかし、このフリードマンの主張は、今日のマクロ経済学の研究に大きな歪みをもたらしていると考える。説明力の高い誤った仮説は、フリードマン自身が言うように「無限」にありうるからだ。例えばガリレイの地動説が対峙した当時の「天動説」は、現時点で見れば荒唐無稽と言うしかないが、当時の説明力は地動説と同等だったのである。（向井［二〇一〇］補論参照）。

こうした仮説の正しさは、フリードマンの基準に、新たに「説明範囲の広さ」（本書**補論4**参照）を加えることで、より高い確度で確認することができると考える。なぜなら、狭い範囲を説明できる仮説は無数にあり得るが、説明範囲を広くするほど、対象範囲全体を説明できる仮説の数は急速に減少するからだ。したがって、説明範囲が広い仮説ほど正しい蓋然性が高くなる。

従来の基本モデルの説明範囲が「長期」に限られるのに対して、提案する新しい仮説の説明範囲は長期と短期を併せて説明することができる。つまり、説明範囲が広く、したがって正しい蓋然性が高い。

第2節　ワルラス法則と「漏出・還流モデル」

前節で提案した、新たな基本モデルを基礎とする体系（これは、長期と短期、また供給中心の経済学と需要を統合する点で「統一理論」である。統一理論については向井［二〇一〇］補論第2節参照）についでは、本書ではその可能性を示すに止まるが、ここで、その基盤となりうると思われる点を簡単に整理しておこう。以下では、簡単な検討から出発して、向井［二〇一〇］の「漏出・還流モデル」を導く。

なお、第6章では、財市場と債券市場、土地市場などを等価に扱った。しかし、この節では家計や企業などの厚生に最も重要な影響を与える財市場を中心に考える（**補論2**参照）。

1　セイ法則が成立しない場合——タンス預金

ケインズは、家計が「タンス預金」すると、セイ法則が成立しないと述べた。現金がタンスにしまい込まれてしまうと、設備投資などに使うために企業や他の家計がそれを借り出すことができない。すると、その分だけ財に使われる予算が減少して財市場は需要不足になる。そのとき、貨幣市場では現金の超過需要が生じている（ワルラス法則）。

売上収入の縮小：価格調整か数量調整かにかかわらず

以下わかりやすくするために、第4章のように家計と企業だけで考えよう。企業が一〇〇億円のコストをかけて財を生産したとしよう。家計は企業から賃金、利子や配当などとして一〇〇億円を受け取り、そのうち一〇億円をタンス預金したとしよう。すると、企業が一〇〇億円のコスト（それはすでに家計に支払われている）で生産した生産物の販売収入として、（企業が）家計から受け取れるのは九〇億円だけとなる。つまり、一〇億円に相当する分は価格が下がらない限り売れ残りとなる。価格が下がった場合、生産した量がすべて売れても、企業の売上収入が九〇億円であることは変わらない。

現代経済では、多くの財の生産には巨額の費用を要する生産設備を必要とし、その設備投資費用の回収は、毎年の売上の中から中長期にわたって計画的に分割して行うことが予定されている。したがって、数量調整によるにしろ、価格調整によるにしろ、売上収入が一〇％減少するなら、企業は直ちに、設備投資費用の回収に窮し、それは実体経済に負の影響を与える。

「三面等価の原則」との関係をみる

こうした理解と「生産、分配（所得）、支出のＧＤＰの三面等価の原則」との関係を具体的に見てみよう。まず、三面等価のうち支出面のＧＤＰには在庫品増加という項目がある。この項目は、企業が能動的に在庫投資を行う場合の在庫変動を含むが、意図せざる売れ残りがある場合もここに計上される。

しかし、実際には、これは必ずしも大きくならない。企業が売れ残りに直面すれば、価格を引き下げ、必死に売り切ろうとするし、売れ残りを予測して生産を削減できれば、やはり売れ残りは減少する。

だが、マクロの売上収入の縮小は、価格引下げで全量を売り切っても、生産数量を縮小しても変わりがない。それに応じてコストも削減されなければならないが、通常は過去の設備投資のための借入金の元利償還を削減することはできないため、それ以外の費用は、売上の縮小率以上に圧縮されなければならない。

それに必要とされる圧縮率に応じて、まずは賃金や原材料・中間財の引き下げが可能な限り行われ、足りない分は配当削減や赤字で処理される。これにより縮小した家計の所得等に応じて支出面のＧＤＰも定まる。こうして、三面等価は成立するが、それは名目ＧＤＰの規模を縮小することで成立するのである。

企業は、翌期以降の賃金・雇用の抑制、原材料・中間財仕入額の引き下げなどコストの削減に邁進し、それはさらに経済の名目規模を縮小させる方向に作用することになる。これは、さらに借入金の実質的負担を重くし、それは実質需要をさらに縮小させる（第6章第4節の4バランスシート要因の項参照）。

2 タンス預金の例を資産投資一般に拡大して考える

生産物の売上収入の形で家計から生産企業に還流しないお金が生じるのは、上記のタンス預金の場合だけではない。土地の購入も、企業が生産した財（生産物）の需要にはならない。これに関連する第4章ー第6章の理解を整理して再確認しよう。

財市場から資産市場への資金の漏出超過（＝漏出ー還流）

家計のお金の使途は、企業の生産物（財）だけではない。選択肢としては、（タンス預金のほか）土地、株式などの証券投資や債券投資、また銀行預金などの資産があり、現実に、そこに資金が流れている。

このうち株式や債券は、当初は企業の設備投資等の資金ニーズに応じて発行されたものだが、例えば株式市場の取引のうち新規発行株式の取引は、株式市場の取引全体の一〇〇分の一程度しかない[6]。取引されている株式や債券のほとんどは、発行企業の資金需要とのつながりはほぼなくなっている。

(6) 例えば、二〇〇七年の全国の証券取引所の売買代金総額七九五・二兆円に対して、株式発行による企業の資金調達額は二・一兆円、全売買代金額の〇・二七％である。〇七年以後では、二〇〇九年が最大で一・六一％（原因の一つは〇七年に比較して売買代金が半減したため）。二〇〇六ー一一年の平均は〇・五五％（データは東京証券取引所（http://www.tse.or.jp/market/data/geppo/index.html）による）。

銀行預金も、銀行を通じて企業の設備投資や家計の住宅投資、耐久財購入などに貸出されればよいが、土地投資や債券・証券投資などの「資産投資」にまわる分もある。

このように資産市場に資金が回っている状況を、財市場からみて資金が「漏出」していると捉えよう。もちろん、これに対して、土地、債券、貨幣などの資産（ストック）市場から財市場に戻ってくる資金もある。これを財市場への「還流」と捉えよう。

各所に「滞留」する資金も資産市場にあると考える

また、以上の場合とは異なって、明確には使途が把握できないような場合もある。典型的には金融機関などに資金が滞留し、財市場の需要としては使われない状況である。ストック市場への流出と同様、これも貨幣流通速度の低下として現れる。

第6章で見たように、重不況下では、多くの企業が斉一的に将来の需要見通しを低く予想し、リスクや不確実性を重視するようになっている。このとき企業の合理的選択は、設備投資をしないことである。企業に設備投資の意志がなければ、新たな債券の発行や株式の発行も低調になるし、銀行が貸し出すことも出来ない。また、家計も重不況下では失業不安を感じ、万一の失業の備えとして貯蓄を増やそうとする人が増えるし、借金を増やして住宅や耐久消費財を買う人も平常時よりは減少する。これが第6章第4節で述べた重不況型不況メカニズムである。

つまり、不況では、預金が維持又は増える傾向にある一方で、設備投資や住宅投資のために資金を借りる企業や家計は減少する。すると、資金は金融機関に滞留するしかない。このほかに、企業や家計に滞留している現金（広い意味でのタンス預金）もある。

以上のように金融機関や企業、家計に滞留し、回転率（貨幣流通速度）が低下している資金の「回転率低下分」も、ストック市場に資金が漏出したとみなすことができる。

資産市場への漏出超過は不況

「漏出」と「還流」がバランスしていれば、財市場では需要の過不足はなく、全体としてセイ法則が成立している状況である。しかし、第5章でみたように、常にそれがバランスするとは限らない。

財の生産のために生産コストとして企業から家計に賃金、利子、配当などとして配分された資金が、そのコストの元となった生産物の代価として企業に戻らなければ、企業は赤字で経済は不況となる。

一方、ワルラス法則にしたがって、財市場と労働市場で需要として使われなかった資金が、この二つの市場以外の資産市場に漏出し、資産市場では超過需要が生じる。このときには当然セイ法則は成立しない。

フィリップス曲線

このとき、企業は、生産能力の過剰を認識し、雇用削減に取り組む。この結果、労働市場は超過供給で失業率は上昇し、財市場では総需要が不足するから一般物価に低下傾向が生ずる（第6章第3節4参照）。この結果、インフレ率の低下とともに失業率が上昇するというフィリップス曲線が観察されることになる。しかし、重不況下で物価に下方硬直性（粘着性）があるならインフレ率は下げ止まる一方で、失業率は上昇し続ける。この結果、フィリップス曲線は「フラット化」する。フラット化の原因は、不足する総需要に対して供給側は価格調整ではなく数量を調整することが合理的であり、現代経済ではそれが実行可能だからだ。この結果、重不況下では、物価は変化せずに雇用量と稼働率が変化する

図35　漏出・還流モデル（漏出・環流が変動する世界）

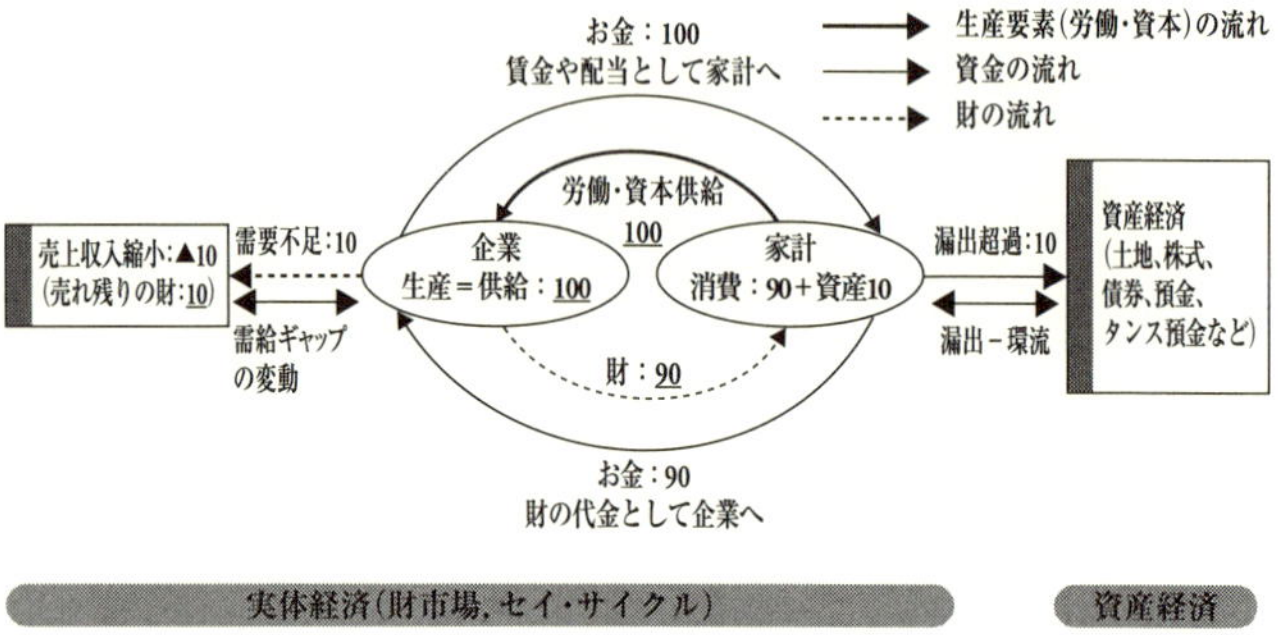

のである。

3　漏出・還流モデル

以上を図35で見てみよう。図の右側で、家計は企業の生産物（財）以外の「商品（土地、債券や貨幣などの資産）」を買う場合がある。また、タンス預金もある。さらに、家計が金融機関に預金した全額を企業が借りない場合がある。これは、第4章で見たセイ法則成立の条件である「貯蓄と設備投資の一致」が成立しないことを意味する。

これらによって、資金[7]が、財市場（生産物市場）に係わる「実体経済」の資金循環から、資産経済（資産市場）に漏出する（図では一〇〇のうち一〇が漏出超過する場合を示している）。もちろん、その一方で、逆方向の還流も存在するが、漏出量が還流量を超過すると、その差額（漏出超過額＝純漏出）に対応する額だけ、企業全体の売上収入は減少する。この売上収入の減少は、生産物の売れ残りによる売上収入の減少、あるいは全量を売るための価格引き下げによる売上収入の減少、又は生産量の削減による売上収入減少のいずれか、あるいはその組み合わせの形で現れる。

これが、単純で時間軸も考慮していないが、向井［二〇一〇］で述べた「漏出・還流モデル」である。これは、次の四つの式で表すことができる。

①　**家計の所得＝企業の財生産コスト**……………………………(1)

※家計の所得は、家計から企業への生産要素（労働力、資本、資金）提供の対価として得られる。ここには、資本の対価として株主配当も財生産コストに含めている。

②　**家計の所得（＝家計の支出額）＝財の購入額＋資産の購入超過額**……(2)

※資産の購入超過額＝資産の購入額－売却額。ここで「資産の購入額」には借入金の返済額や新規預金等を含み、売却額には預金引出・新規借入等を含む。

③　**企業の売上収入＝家計の財の購入額**……………………………(3)

④　**企業の財生産コスト＝企業の売上収入＋企業の生産物（財）の需要不足額**………(4)

※「企業の生産物の需要不足」とは、予定していた収入（＝(1)式の企業の財生産コスト）に対する実際の売上収入の不足額である。なお、簡略化のため在庫の出入りは無視している。

ここで重要な点は、(2)式で家計の支出先として「資産の購入超過額」を含み、それが(4)式の「企業の生産物の需要不足額」と一致する点である（**家計の資産購入超過額＝企業の生産物（財）の需要不足額**）。したがって(2)式と(4)式は同じ式になるが、(2)式は資産市場の需給バランスへの波及を示し、(4)式は資産市場への資金の漏出額を示すとも言える。[8]

(7) 本書では「資金」を「購買力」の意味で考えればわかりやすいかもしれない。

(8) 第5章注19も参照。

漏出・還流モデルの位置づけと基本的意義

これらの各式は、ワルラス法則（第6章の(1)式）を導いた補論1の各式や条件と同じものであり、当然ワルラス法則を満たす。つまり、これは、ワルラス法則を、財市場を中心に整理し直したものである。[9] この単純なモデルに、海外や政府を加え、貯蓄と設備投資の経路を加えても、少し複雑になるだけで基本的なメカニズムは変わらない（観点が少し異なるが、**補論5**参照）。

以上のように、本書では、セイ法則の破れを「純漏出」という定量的な概念で捉える。そして、純漏出の正負やその大きさが、財市場の超過需要（超過供給）の量を決定すると単純に考える。財市場に超過供給（＝需要不足）があれば、需要不足分の資金が資産市場に流出（純漏出）して、資産市場に同額の超過需要が生じ、資産市場にも変動が生じると考える。

このように、漏出・還流モデルはワルラス法則に基づいて、直接、好不況の変動を説明する。そして、こうした枠組みを経済学の基盤に組み込むことが、不況や重不況の理解に不可欠だと考える。

---

(9) (4)式の右辺第一項を左辺に移項すると、左辺は「供給コスト－有効需要額」）だから財市場の需給（超過供給）を金額表示したもの、右辺は資産市場への漏出超過額である。この右辺は、財以外の各資産市場の需給合計の差額（超過需要額）に等しいから(4)式はワルラス恒等式でもある。また(4)式を財市場との関係で見れば「漏出を組み込んだセイ方程式」だと考えることもできる。

なお、(2)式が、第5章(3)式（MV＝名目GDP＋a）と（広い意味で）基本的に同じ構造をしていることにも注意しよう。

終章　重不況からの脱出：脱出手法の評価

最後に、以上の本書の検討を踏まえて、需要の観点から[1]、重不況からの脱出政策についてみてよう。一般に、その方策としては、金融政策、輸出政策そして財政政策が考えられる。

この最終章では、まず金融政策にふれ、それを踏まえて「重不況からの脱出対策」としての輸出政策と財政政策を、また財政出動を制約している「重不況下の財政の持続可能性の問題」などを整理する。

第1節　金融政策の出口リスクとバブル

大恐慌からの回復要因として金融環境の変化を重視する通説が正しいなら、中央銀行が適切な金融政策さえ行えば、リーマン・ショックの影響は速やかに解消されるはずだった。そして、こうした通説を前提に大恐慌期をはるかに超える大規模な金融緩和政策が行われたが、現実は、第1章第2節で見たスティグ

(1) 構造改革や成長政策戦略と言ったサプライサイドの対策については、重不況下では不要不急の政策だと考える。構造改革については、向井［二〇一〇］で述べた。また、成長戦略は短期には効果がない。

リッツ（コロンビア大学教授）の「この危機が始まった時、全てのアメリカ人が『我々は日本の二の舞にはならない』と言っていた。…それで、我々はどうなった。日本の二の舞になっている」という言葉に象徴されるように、四年たっても実体経済には当初予想されたレベルの回復はなかった。

しかし、従来にない政策の効果は、これから実証されていく可能性もある。金融政策主体の対応は現在進行中であるから、それを見守るべきだろう。

だが、大規模な金融緩和には、内在する重大な問題がある。第一に、第1章で見たようにそれは、グリーンスパン前FRB議長が、米国のITバブルの崩壊を新たなバブル（その結果が現在の世界同時不況）で回復させたと批判されたのと同じ手法を大規模に使うものであることだ。そもそも、量的緩和政策とは、実体経済の資金ニーズとはかけ離れた資金供給であり、資金は、（金融緩和が効果を現わす直前までは）基本的に実体経済の活動には使われずに、資産市場の中で回転し滞留し続ける。

資金は実体経済に流れないだけでなく、重不況下ではリスク・不確実性が高いから、直ちには高リスクのバブルを生むような投資にも流れない。しかし、それらの資金は広い意味の投機的な運用方針の下にあるため、投機を前提とした思惑、予想が強く市場を支配し、それは市場の価格変動を大きくする（ボラリティが高くなる）。これは、特に回復期に金融緩和を終了させる政策（出口政策という）を難しくする。

仮に景気が回復をはじめ、リスク・不確実性に関する判断の重要性が低下すると、資金は一斉にバブルにつながる用途つまり株式市場や土地市場に流れ込んでいく。そうなる前に、市場の余剰資金を徐々に吸収する必要があるが、ちょっとしたタイミングのズレや思惑のずれが市場の崩壊を生む可能性がある。まして、世界同時不況下の現在の資金供給規模は、グリーンスパン時代をはるかに上回る。

第二に、金融緩和などによって金融資産の規模が実体経済の規模に比べて異常に肥大化し、(2) 金融資本による企業支配力が強まり、その短期利益志向などが実体経済に大きな影響を与えている問題がある。

第三に、金融万能主義が、欧州や日本で緊縮財政を生み、悲惨な大不況や長期停滞を生み出している。

では、こうした危険や問題を生じさせずに重不況から脱出するにはどうしたらよいだろうか。考えられるのは、輸出政策と財政政策である。以下では、この2つを考えよう。

第2節　重不況下の資金循環

前節を踏まえ、輸出政策と財政政策を整理する前提条件として、重不況下の経済の特色を確認しよう。

1　重不況下の資金循環を貯蓄の変動で見る

まず、次の式（第2章の(2)式）を思い出そう。これは財の需要を分解したものだ。セイ法則が成立するには、この総需要が総供給と一致しなければならない。

総需要＝民間消費＋住宅投資＋民間設備投資＋純輸出＋政府消費・投資

これらの財の需要は、家計部門と企業部門が民間消費を、主に家計部門が住宅投資を、企業部門が民間設備投資を、海外部門が純輸出を、政府部門が政府消費・投資を生み出す。

このバックで企業部門は、財の生産コストとして家計に賃金、利子、配当などを支払い、それが家計の

（2）多用されるようになった金融緩和政策などによって世界の金融資産は、八〇年には世界のＧＤＰの約一・一倍だったものが、〇六年には約三・五倍に肥大化した（向井［二〇一〇］図16参照。また、その負の影響については同第4章参照）。

収入となって民間消費や住宅投資の支出予算の原資となる。また、家計と企業部門は政府に税金を支払い、それが政府消費・投資予算の原資となる。これらのお金の流れはいずれも財の需要に直接つながっている。

各部門は、これらの残りを貯蓄する。この貯蓄とは、銀行預金、債券、証券、貨幣・タンス預金、土地などの資産購入への支出である。しかし、これらの貯蓄も、資金が不足している他の家計、企業、海外、政府各部門が借り出して（または国債などの債権や株式を発行あるいは売却するなどで）、自動車購入、住宅投資、設備投資、海外（外国）による輸入、政府消費・投資に充てられる。これらも財の需要となる。

このように、各部門の貯蓄が結局すべて財の需要になれば、生産で付加価値をを生みだした企業に、売上収入として（当初企業が支払った）全額が戻ってセイ法則が成立することになり、経済は円滑に回る。

しかし、第5章で見たような原因などで、こうした資金の一部が資産市場に純漏出する場合がある（このとき、漏出を超過させた部門では貯蓄が増加する）。この場合に、依然として総供給と総需要が一致（つまりセイ法則が成立）し続けるには、各部門の貯蓄の間に次の(1)式が成立している必要がある。

これは、セイ法則を前提に、第6章及び補論1と同様の考え方で、経済主体間の収入支出の相互依存と予算制約から導くことができる（**補論5**参照）。これは、セイ法則が成立する条件式でもある。

①家計貯蓄の増加＋②企業貯蓄の増加＝③政府貯蓄減少＋④資本収支赤字増加……(1)

家計や企業が消費や設備投資等を減らせば、①②の貯蓄の増加で式の左辺が増加する。この場合、この式が（つまりセイ法則が）成立し続けるには、右辺も同額だけ増えなければならない。右辺の③は政府の財政赤字が増加すること（政策的には財政出動）である。④は海外投資の増加（＝資本収支赤字増）である。④の赤字を増やすには、国際収支の恒等式「経常収支黒字＝資本収支赤字＋外貨準備増減の増」（**コ

ラム6参照）から、経常収支黒字を増やす必要がある。それを短期で増やすのは貿易収支黒字つまり「純輸出増加」しかない。これを短期で実現する方策は自国通貨安政策である。

また、政策的には金融政策で金利を下げて(1)式左辺①②の増加を抑制してもよい。金利が下がれば、貯蓄する企業や家計は減るし、金利が下がれば設備投資が増えて（借入増で）企業の貯蓄も減るはずだ。

つまり(1)式は、短期の不況・重不況対策としては、金利を下げるか、財政出動するか、輸出を拡大することで(1)式の四項目に働きかけるしかないことを再確認させる。それが不十分で(1)式が成立しない場合（**補論5**参照）は、セイ法則が破れることになり、不況状態が続くことになる。

2　重不況下の経済を部門別資金過不足で見る

部門別資金過不足の推移

(1)式は部門ごとの資金の過不足を示したものとも言える。部門別の資金過不足については日銀の資金循環統計があり、すでに図22で見た。これは(1)式が成立する前提のものだが、部門間の関係を見る点で有益なので、図22を二一年まで延長した**図36**で見てみよう。(3)

理想にほぼ近いAの時期　ここで、まず図36で理想の状態に近い状況（補論5の末尾参照）を探すと、Aの時期である。家計は資金余剰（貯蓄側）で、企業部門（非金融法人企業）は資金不足（借入側）である。つまり、家計の貯蓄を企業が借りて設備投資を行っている。これが正常な状態である。一方、政府は、

（3）第3章図22がGDP比表示なのに対して、この図は金額表示である。図の見方は図22の注を参照。

図36　日本の部門別資金過不足

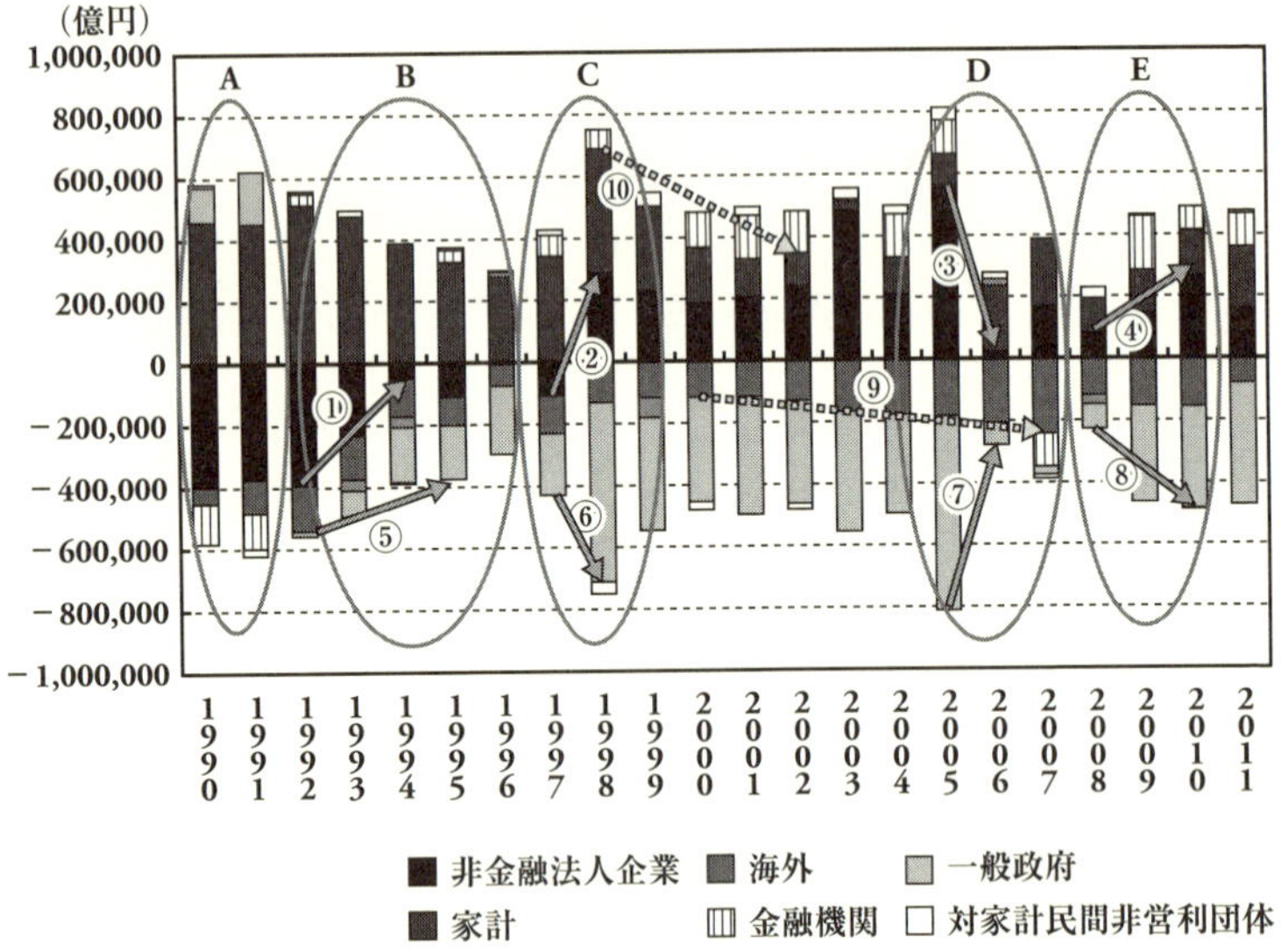

データ出所：日本銀行資金循環統計

当時プライマリーバランスが黒字（図20）だったので資金余剰である。海外は資金不足（借入）である。これは日本が海外にお金を貸している（日本の資本収支は赤字）ことを意味し、この同額分だけ経常収支は黒字である。[4] 残念ながら、この時期はバブルのピークで持続性はなかったが、バランス的にはよい。

財政赤字は企業の変動を相殺する方向に急増と急減を繰り返している

政府の財政赤字（資金不足）が急変動した時期はB－Eの四回である。Bは、バブルの崩壊期である。このとき、①のように企業の資金不足が急速に縮小している。これは企業が借入金返済を優先して設備投資（新規借入）を縮小していたことを意味する。一方、これを埋めるように、⑤政府の財政赤字は急増した。これは需要の急減を受けて税収が減少し、一方では景気対策のための財政出動が行われたことを意味する。

つぎのCは橋本改革後の変動である。②のように企業はさらに設備投資を抑制し九八年にはついに資金余剰部門に転換した。これはさらなる需要の減少を意味するから、大不況である。政府は需要減少を埋めるために、⑥減税と財政出動で財政赤字を急増させた。これが、図21で見たように九八年に財政赤字水準が一段と悪化した原因である。そして、この枠組みが現在までおおむね維持されているのである。

次はDである。米国は当時金融立国政策を取り、海外資金の流入を図るため高金利ドル高政策を採用し、自国の経常収支赤字増加を容認していた上に、バブルで輸入を増加させた。このため、日本も輸出を増やし貿易黒字が増加した。貿易黒字増加は経常収支黒字の増加につながり、経常収支黒字増≒資本収支赤字の増だから、それが⑨海外への資金貸付増となって現れている。図19で見た継続的な輸出増加を受けて、輸出関連企業は輸出財生産増のための設備投資に着手した結果、設備投資のための借入れで③企業部門の資金余剰は急速に縮小した。この結果、政府が景気を支える必要がなくなり、⑦政府財政赤字は急減した。

ところがEになると、〇七年の米国住宅バブル崩壊から〇八年にリーマン・ショックが発生し、企業は再び設備投資を抑制したため、企業の資金余剰は再び増加に転じた。その結果需要が減少して不況となったから、税収減と財政出動で⑧政府の財政赤字は急増した。

放漫財政ではない　以上のように、財政赤字は設備投資と逆方向に連動している。だが、設備投資減少の原因は、財政赤字による国債増発で設備投資資金が不足したためではない。図16と図36を比較すれば、企業が設備投資を減らしたとき、企業は資金不足どころか資金余剰が急拡大している。

(4) 政府の為替介入が行われていないなら。このとき外貨準備増減はゼロなので、資本収支赤字＝経常収支黒字。

また、この二〇年間に四回あった財政赤字の急変動が、いずれも設備投資の急変動と連動している点をみれば、日本政府の財政赤字が、漫然とした放漫財政とは異なることも明らかだろう。

橋本不況のCの時期に構造的な変化が生じた

Cの変動の結果、日本経済がどうなったか、CとDの間の二〇〇〇年代をみてほしい。日本は、家計と企業が共に資金余剰（貯蓄超過）部門となり、貯蓄を借りて財の需要として使う民間経済主体がいなくなってしまった。このままなら貯蓄は使われないままとなり（セイ法則成立条件に破れが生じ）、巨額の需要不足が生じて大恐慌期のフーヴァー政権時のようになっただろう。だから、政府は、総需要を維持するために、財政赤字増加を続けざるを得なかった。

そもそも、新古典派経済学では、こうした事態はあり得ない。貯蓄は直接には財の需要にならないが、貯蓄増加で金利が低下すると、低金利の貯蓄を企業が全額借りて設備投資に使い、生産設備などの財の需要に全額が変わる。このため、需要不足は発生しないし、発生しても短期で需要不足のない均衡状態に回復するというのが、新古典派の設備投資理論だった。だが、日本では、企業部門が資金余剰で家計の貯蓄を使わない状態が一五年間続いている。これは、新古典派的な経済ではあり得ないことだ。

また、政府赤字の水準が、九〇年代前半の公共事業による景気対策時よりも、公共事業を縮小したはずの二〇〇〇年代の方が高くなっている（図21参照）。この高水準の財政赤字は、プライマリーバランス論などを踏まえ、財政再建を目指した小泉政権下（〇一－六年）でも維持された。高水準の財政赤字の原因は、②によって拡大した企業部門の（投資抑制による）資金余剰（貯蓄超過）の定着である。

なお、この時期は、⑩家計の資金余剰は九〇年代よりも減少している。これは、家計への分配が縮小する一方で、家計の消費が維持されていたことを示している。一方、企業は、分配の増加に加えて設備投資の縮小が大きいため、資金余剰（内部留保）が増加した。企業は内部留保のうち、一定部分を⑨海外への貸付（資本収支赤字）に充て、残りは貯蓄の増加に充てている。それを政府が借りて支出し需要を保つことで、かろうじて総需要が維持されていた。したがって、問題は、政府でも家計でもなく、企業にある。リーマン・ショック後の現在も、こうした関係は変わっていない。

設備投資の縮小をカバーした財政赤字と輸出拡大　このように長期停滞下では、企業の設備投資の縮小（＝企業の資金不足の縮小、さらには企業の資金余剰への転換）が重要な影響を与えている。米国のIT不況や今回の世界同時不況でも同様の傾向が見られる。(1)式に戻ると、左辺の企業貯蓄の拡大（＝設備投資の縮小）をカバーするために、右辺の政府貯蓄の減少（財政赤字の拡大）が行われ、海外環境などの条件が許すときには資本収支赤字増加（≒経常収支黒字拡大≒輸出拡大）が行われ得ることがわかる。

第3節　資金循環で見た「海外」の特殊性：純輸出増加政策の限界

前節の2では長期停滞下の日本経済では、(1)式左辺（①家計貯蓄＋②企業貯蓄）の増加が生じていることを見た。左辺の貯蓄超過に伴う需要不足で経済は長期停滞している。これをバランスさせるには、左辺を小さくする（消費を増やして①を縮小するか、設備投資を増やして②を小さくする）か、右辺を大きくするしかない。左辺を小さくするのは、重不況下では容易ではない。したがって、緊急の対策は、右辺を大きくすることになる。右辺の③政府貯蓄減少（財政赤字拡大）とは、財政出動であり、④資本収支赤字拡大（経常収支黒字拡大）とは、短期的には輸出拡大である。この第3節では輸出を考えてみよう。

純輸出増加政策の限界

企業と家計だけの経済に、「海外」（の国）を加えてみよう。また簡単化のために、国際取引の相手国は一国だけとする（自国以外のすべての国を合算して一国だと考えればよい）。さらに簡単化のため、経常収支の各項目のうち貿易収支以外はゼロとする。また、為替レートは現在の変動相場制を前提としよう。

そこで、純輸出（貿易黒字＝輸出－輸入）が五億円だとしよう（貿易黒字五億円）。経常収支の他の項目はゼロとしたから、貿易黒字五億円はそのまま経常収支の黒字五億円である。

では、相手国（貿易赤字国）は、どうやって赤字分の支払いをするのだろうか。これは、コラム6で国際収支メカニズムを見ればわかるように、貿易黒字国側から借りるしかない。

つまり、黒字国（「円国」としよう）の企業は、家計に九五億円を生産コスト等として支払い、残りの五億円は「海外」（「ドル国」としよう）に貸す（海外投資する）。家計はその九五億円を消費に使い、海外も五億円分を使って企業の生産物を買って（輸入して）くれる。したがって、企業は、一〇〇億円分の売上収入が上がる。

純輸出分は内需が減少する

このように海外を加えてもマクロの資金循環は変わらず完結するように見える。だが、実は海外には、内需の場合と異なる問題がある。海外への純輸出分は、キャッシュでは支払を受けていないことだ。受け取っているのは、借用証書、ドル預金、ドル国にある資産の所有権、ドル国企業や政府発行の債券などである。これはストック（海外資産）であり、国内での支払いに使えない。

もちろん、ミクロの企業は、これを国内での支払いのために円に替えることができる。しかし、仮に全企業が全額を円に替えたとしよう。すると、資本収支赤字はゼロになる。となると経常収支黒字も必ずゼ

コラム6　国際収支メカニズム

　国際収支統計では、下の表のように「経常収支黒字＝資本収支赤字＋外貨準備増減の増＋誤差脱漏」が必ず成立する。つまりこの式は、恒等式である（このうち、誤差脱漏は統計上の誤差や漏れ。外貨準備増減は、政府・中央銀行の為替介入によって生ずる）。恒等式だから、変動相場制下では右辺がゼロなら、左辺もゼロになるように為替レートが動いて、経常収支も必ずゼロになる。逆に経常収支の黒字が増加すると、その黒字と同額だけ右辺が増加しなければならないから、必ず同額だけ資本が流出する（＝資本収支赤字の増＋外貨準備増減の増）。

　資本の流出とは海外に投資するということであり、投資するとは「貸す」ということだ。つまり、経常収支黒字国は、常に黒字額と同額を赤字国に貸しているのである。さもなければ、経常収支の黒字が減少するように為替レートが動くのである。

平成21年度国際収支統計

（単位：億円）

経常収支	貿易・サービス収支	貿易収支	65,998	（＝純輸出）
		（輸出）	555,669	
		（輸入）	489,671	
		サービス収支	−18,185	
		貿易・サービス収支計	47,813	
	所得収支		120,759	
	経常移転収支		−10,755	
	経常収支計		157,817	157,817
資本収支	投資収支		−118,227	
	その他資本収支		−4,886	
	資本収支計		−123,113	
外貨準備増減			−23,992	
誤差脱漏			−10,713	−157,818

ロである（コラム6参照）。そうなるように為替レートが変動（ドルを円に替えるために、円を買うから、円高になる）して、経常収支ゼロが必ず実現するのだ。

逆に、経常収支黒字があるということは、その黒字分だけ、国内企業の手元にあるのはキャッシュ（現金や預金）ではなく、海外ストック（資産）だということである。

つまり、純輸出五億円分の売上は、キャッシュとしては国内に還流しない。個々の企業としては、海外で使えばよいし、必要があれば海外資産を円に換えることもできるから、問題ない。ところが、経常収支黒字が維持されているということは、どこかの企業が海外資産を売って円に換えても、別の企業や政府が、それを替わりに買っているということである。結局、一国経済では、その資金は、国内のフロー経済（GDPの対象となる経済）に帰ってきていない。国内経済は、九五億円で運営されることになる。

輸出のコンスタントな伸びがない国では輸出産業の設備投資がないため内需不足のまま

だから、貿易黒字で国内経済が豊かになるわけではない。豊かになるのは、（第3章でみたように）輸出が伸びて生産を増強するための設備投資（内需に含まれる）が活発化するためだ。今の日本のように、輸出に伸びがないなら設備投資にはつながらないから、貿易黒字は内需をマイナスにする（したがって、経常収支黒字が縮小した方が景気はよくなる傾向がある）。

これは、ミクロ（個別企業）の行動に基づいて単純にマクロ経済を考える（マクロ経済学のミクロ的基礎付けという）と、重要な問題を見落とす場合があるという一例である。いずれにせよ、本書は、純輸出拡大を長期的に目指す「輸出立国政策」は推奨しない。そうした国が東アジアを中心に増えてきたが、グローバル・インバランスの原因であり、国内的にも国民を必ずしも豊かにしない(5)。日本の高度成長は輸出で行われたと誤解されがちだが、当時の貿易収支は黒字と赤字を交互に繰り返していた。日本の現在の長期停滞の原因の一つとしては輸出依存の経済構造に問題がある可能性もある。

景気対策としての純輸出増加政策

しかし、一時的な景気回復のためなら輸出は有力な手段だ。緊急の場合に短期的に純輸出を増やす政策を考えてみよう。国内に輸出に対応できる製品を持つ産業が存在するなら、為替レートの自国通貨安を実現すればよい。それは、海外投資を活発化（資本収支赤字を拡大）させれば実現できる（**コラム6**参照）。

自国通貨安は、通常、国内の金融緩和で実現できる。金融が緩和され、内外金利差が生ずれば、安い金利の自国の通貨で借りて海外に投資して利ざやを稼ぐ動きなどをはじめ海外投資が増え、資本収支赤字が拡大する。この海外投資（資本収支の赤字）の際には、海外通貨を（自国通貨で）買う必要があるから自国通貨安になり、輸出が有利になる。

問題は、世界同時不況のように世界中が大不況のときには、こうした政策には一定の限界があることだ。輸入してくれる国も少ないし、世界中が金融緩和しているからだ。これを破るにはよほど思い切った金融緩和政策が必要になる。

（5）輸出が伸び続ける若い国なら設備投資が生じるからよいが、先進国かつ大国ではそうした輸出の伸びはよほどのことがないと期待できない。米国のような大国がバブルになった上に、金融立国のために貿易赤字に寛容であるというかつての条件が復活すれば別だが。

第4節　財政出動による景気対策

財政出動については、そもそもの効果否定論や、財政赤字の持続可能性と累積債務の解消問題が存在することから、第1章第2節でもふれたように、リーマン・ショック以前は、不況対策としては、考慮の対象から外す意見が少なくなかった。ここでは、まず財政出動で問題とされた諸点を、ここまでの検討を踏まえて整理し、重不況からの脱出政策としての財政出動の可能性を考えよう。

1　不況下の財政出動に効果がないという主張は誤った根拠に基づく

効果がないという理論仮説は、不況期には機能しない

財政出動に効果がないという見方に理論的根拠がないことは順に触れてきた。クラウディング・アウト、マンデル゠フレミング・モデルについては、第6章でワルラス法則にしたがって不況下では機能しないことを示した。これらが、一見成立しているかに見える実証研究は、好況期と不況期を区別していないと考えてよい。

また、リカード中立命題のバロー的解釈については、第4章で国債発行のミクロ的理解のみに基づくもので、マクロ的観点を欠いていること、リカード中立命題に類する現象は、将来の増税予想という個々の経済主体の超合理的な判断を前提とせずとも、その時点のマクロ的な予算制約だけで十分以上に説明可能であることを示した。この説明は、ワルラス法則と整合的である。リカード中立命題は、財政出動の効果にはほぼ無関係だと考えられる。このバロー的解釈に関連する非ケインズ効果に基づいて提唱された「拡

張的緊縮論」は、欧州各国で悲惨な大不況を招いた。

すなわち、不況期の財政出動に効果がないという仮説には、いずれも根拠がない。

実証結果は重不況期の財政出動の有効性を示す

そして、序章、第1章で紹介したように、IMFが二〇一二年一〇月の「世界経済見通し」で示したとおり、今回の世界同時不況下では予想以上に財政乗数が高い（財政出動、財政緊縮の影響が大きい）ことが明らかになっている。また、本書第1章–第3章でも、過去の研究では重不況下の財政出動の効果が過少に評価されてきた可能性が高いことを示した。効果がないという実証研究の多くは、好況と不況の違いを区別していないと考える。ただし、これは、重不況期には財政出動の有効性が高いという結果は支持するが、好況期にも効果が高いことを意味しない。

日本の公共事業の乗数効果の低下

次に、長期停滞下の日本では、公共事業の乗数効果が低下しつつあるという問題（例えば飯田［二〇一三］）にふれておこう。その原因としては、第一に、東日本大震災復興での建設労働者の不足で明らかになったような供給能力の低下、第二にバランスシート不況による財政出動効果の吸収、第三に市場需要の成長期待の低下で、企業が設備投資を行わないなどが考えられる。

しかし、本書の議論は、乗数効果を前提とせず、財政支出が直接作り出す需要だけを扱っている。つまり、本書では乗数として一前後を想定していることになる。もちろん、それ以上に波及効果があればなおよい。逆に、バブル崩壊直後のような緊急時には、乗数が〇・七とか〇・八程度でもよい。

2 財政出動資金の調達は不況下でこそ円滑である

重不況下で財政出動のための国債発行が可能かどうかという問題は、第6章で整理した。

日本国債のパラドックスと「個人金融資産限度論」

「理解しがたい」日本国債のパラドックスを説明する説の一つに、日本には千数百兆円という巨額の個人金融資産があるからだというものがある。そして、政府の累積債務がその個人金融資産の額を超えると、それ以上は国債消化が難しくなるという。(6) しかし、これはほぼストックとフローを混同した議論であり、誤りだと考える。そもそも既存金融資産はすでに投資や融資に使われている。毎年数十兆円の新発国債を買うには、毎年その分だけ、既存の投資などを解約、売却する必要がある。それは毎年、市場に混乱をもたらすはずだが、そんな話は聞いたことがない。国債消化の原資はこうした既存資産(ストック)ではない。

日本国債の発行環境は構造的に安定している

重不況が続く限り、ワルラス法則にしたがって、財市場で財の需要として使われなかった数十兆円規模の資金が毎年新たに金融市場に流入(フロー)を続けているが、企業には資金ニーズがない(それどころか、図36のように企業自身が貯蓄を積み増している)。したがって、資金は余剰が続き、国債の発行環境は構造的に極めて安定している。これが日本国債のパラドックスのメカニズムである。これは不況が続く限り続く。

フリーランチ

需要不足が大きいほど、対策として大規模な財政出動が必要になるが、需要不足の規模に相当する大規模な資金余剰があるため、十分な資金調達が可能である。重不況では、政府の国債増発が財市場の需要不足相当額を上回らない限り、基本的には金融市場は資金不足もなく金利上昇もない。また、設備も労働力も遊休化しているからインフレにもならない。まさに重不況は政府にとってフリーランチの機会である。

それは、民間が自らの選択で消費や設備投資を抑制しているから実現できるのである。この意味で、政府のフリーランチは誰も負担していないのではない。その時点の民間（企業や家計）が負担しているのである。第4章でみたように、次世代に先送りしているのでもない。もっとも、民間の負担といっても、重不況では家計や企業は消費や設備投資するつもりがないのだから、負担感はない。

民間が我慢できなくなれば、このフリーランチは終了である。だが、それは民間需要が増え出すことを意味するから、同時に景気回復である。それまでの間は、政府は安定した資金調達が可能である。

こうした条件がないのに、中央銀行の力だけで金利を抑え、国債購入を円滑化することは出来ない。中央銀行がどれだけ資金を金融市場に供給しても、好況であれば、民間の設備投資や資産投資に資金がどんどん流れ、（相対的に）低金利の国債には流れない。その場合にこそ、中央銀行による国債の直接引受が必要になる。しかし、このときは好況なのだから、財政出動は不要であり国債も増発の必要はない。

（6）相沢・中沢［二〇一〇］、小黒［二〇一〇］、Hoshi & Ito［2012］など。もちろん、これらでも個人金融資産が単純に固定的なストックとして扱われているわけではない。例えば、高齢化の進行などを踏まえた家計貯蓄率の予測などを踏まえて伸びの推計がされている。しかし、その推計は、基本的にはトレンドに基づく推計であり、マクロ経済との関連の考慮は限定されたものである。当然マクロ循環制約については、政府累積債務、個人金融資産のいずれについても、まったく考慮されていない。

不況期に財政出動しなければ、かえって将来の財政悪化をもたらす

重不況下では、資本も労働力も使われないまま遊休化している。社会的インフラの劣化が問題になっているが、重不況下で余剰化し低コスト化している資金と労働力を使って対策をしないなら、それは、将来必要な財政負担として残り、将来の財政を悪化させることになるだろう。過去二〇年、日本は、社会的インフラの更新を怠ったから、将来の財政悪化の原因を自ら作ってきたと言える。これは、重不況下では、むしろ積極的に財政出動を行い、将来の負担を不況期に前倒して解消していくべきことを示唆する。

3　重不況からの脱出対策としての財政出動の運用

仮に重不況からの脱出対策として財政出動を採用するなら、それはどのように実行されるべきだろうか。まず、財政出動資金は、不況の深さが深いほど潤沢である。したがって、基本的には、それが確保できる限り、国債を発行して財政出動をすべきである。もし効果があれば、比較的短期間でそれを終了できる。

しかし、重不況がバブル崩壊で生じたのなら、バランスシート不況・負債デフレーションのメカニズムが働いているため（大恐慌と日本の長期停滞の初期の状況の例からも）生産の回復には少なくとも数年はかかる。また、生産が回復しても、当初は政府の財政出動によってかろうじて維持されていると考える。

こうした状況を誤って捉え、大恐慌ではルーズベルトが過早に財政均衡に転換したためにルーズベルト不況が、日本の長期停滞では橋本政権が過早に財政緊縮に転換したために橋本不況が生じている。

したがって、財政出動と民間の需要動向の関係を踏まえつつ、民間需要が自律的に回復していることを確認しながら、財政出動を徐々に遅れ気味に絞っていくことが求められる。

単純に生産や物価変動だけを見ていると、それが政府支出に依存したものかどうかはわからないが、金融緩和政策のラグとは異なり、財政出動の出動後のラグは比較的短いので、金融政策に比べてコントロールは比較的容易である。政府支出の縮小は、財政赤字を気にせずに、緩やかに行うべきだ。過去の財政出動はストップ&ゴーの繰り返しだったから、新たな財政出動を行っても、企業は同様の予想（早期の財政出動打ち切り）を前提に設備投資を抑制する。これを打破するには、まさにレジーム転換が必要である。

効果の高い財政出動

効果の高い財政出動としては、いろいろな議論があるが、結局は公共事業をはじめとする政府調達の拡大が効果的である。研究開発促進などのソフト事業も考えられるが、不況対策で積み上がった債務は、回復後には償還されなければならない。このとき、不況で膨張させた支出はカットされなければならない。

公共事業　不況対策で、民間需要が期待できない分野で支出を増やすと、財政出動の終了とともに企業・組織や人材が死屍累々となりかねない。これに対して、好況期に民間需要が増加するような分野、例えば建設分野は、財政出動打ち切りで公共事業が減少しても、景気回復で民間建設投資が回復する。

内容的には、老朽化した社会資本の補修、更新が優先されるべきであるし、研究開発に関するハードの基盤的投資（例：ＩＬＣ［国際リニアコライダー］）なども広義の波及効果が大きいだろう。

減税　一般論として、財政出動の一環としての減税には賛成できない。不況期には使われず貯蓄される割合が高いからだ。好況ならその貯蓄を企業が借りて設備投資につながるが、不況ではそうならない。単なる所得税減税や法人税減税などが典型である。これらは、不況対策として効果が小さいだけでなく、それ以後の財政悪化の原因になる。減税ではないが、ほぼ条件なしの定額給付金も同様である。しかし、エコカー減税や設備投資減税のように、実際に製品を購入したり設備投資を国内で行った額に応じて行われる減税は、景気対策としての費用対効果は大きい。エコポイントのような給付も同様である。しかし、これらは時限的なものが多いため、反動減を生み、かえって経済を不安定化し設備投資計画を上向かせるような効果はない。つまり、重不況から景気を回復させ成長軌道に乗せる効果は弱い。

4　政府累積債務の償還と税制

2でみたように、民間の負担で政府のフリーランチがあるとしても、財政出動で積み上がった政府の累積債務はどうなるのだろうか。大枠では問題はないと考えるが、以下で見てみよう。

第一義的には累積債務の償還は景気に中立である。

重要な点は、第4章で「マクロ的中立命題」と「負担の次世代先送論」について述べたように、国債の償還は、（償還の時期が好況期であれば）基本的には償還時点の経済にとって中立であることだ。国債償還のために増税で民間資金を吸い上げても、償還によって再び民間に資金を戻すだけだからだ。これは、単なる再分配なのである

償還のための現実の増税と経済

だが、現実には、増税自体が様々な軋轢をうむため、経済に影響が出るのは事実である。しかし、それ

は増税の方法次第であり、ある程度は避けることができる。

不況期に償還のための増税を行うのは最悪である

通常、増税すると、消費などに使うはずだった資金も強制的に吸い上げられる。一方、国債保有者は、一般に余剰資金を国債で運用している。つまり、償還を受ける側は、償還を受けても、それを消費に使う割合が低い。貯蓄の運用先を変えるだけである。

それでも景気がよければ、それを企業が借りて設備投資を行う。だが、不況下ではそれが少ない。したがって、不況期の国債償還は、増税で民間消費を減らすと同時に、償還を受けた資金は需要に使われない傾向が強く、全体として民間需要を縮小させる。これは景気を悪化させる。

好況期に増税があり、不況期には減税となる税が好ましい

したがって、償還のための増税は好況期に行われるべきだ。好況期に自動的に増税となり不況期には減税となる税があれば、何ら政治的な軋轢無しに増税が実現して、国債を償還できる。こうした税とは法人税とか所得税である。

法人税を減税して消費税を増税する愚

ところが、日本をはじめ先進国では、新自由主義の影響下で、法人税や所得税を減税して消費税を増税してきた。これは、国債償還のための増税決定時にしばしば政権交代が生ずるなど大きな政治的な軋轢の原因となり、財政出動を制約する原因となっている。まさに政治家は、誤った政策で自分の首を絞めている。

なお、法人税を減税するのは国内に投資してもらうためだという。どうも、金利が下がったり金が余れば経営者は自動的に設備投資すると考えられているらしい。そのバックには現代経済学がある。だが、重不況下では、労働力が余っているのと同様、資本も余っている。国内に投資が少ないのは、資本や資金がないからではない。単に国内市場の需要見通しが低いからだ。市場が拡大する見通しがないのに設備投資

すれば供給過剰に輪をかけるだけだ。経済学者が考えるほど経営者はバカではない。

長期財政計画

いずれにせよ、以上のような理解の下で毎年の適切な財政運営方針を立てるには、債務の償還を組み込んだ長期的な財政計画を考えるのがよい。この計画の基本的な考え方は、不況期に増加した政府累積債務を、好況期に償還することが基本的な枠組みになる。

このためには、状況に応じた削減が難しい分野の予算は、好況期になっても長期成長率ないしはそれ以下の伸びに抑制することが原則となる。これによって、長期成長率で予想される税収の伸びを前提に、不況期に積み上げた負債を好況期に償還していくという長期計画が機能する。

財政改革は必要か　多くの人々は、国債償還財源の捻出方法として、財政改革（財政縮減）を掲げる。しかし、図36で見たように、財政赤字は、民間企業の設備投資の縮小と常に連動して増減を繰り返してきたのであり、赤字の原因は放漫財政にはない。とすれば、緊縮財政は、政府のサービスや機能を削ることに等しい。「無駄のカット」がどの程度可能かは、先の民主党政権の実績をみればわかるだろう。

重不況からの脱出の位置づけ

長期の財政計画は、もちろん、中長期の税収見通しに大きく影響される。これに影響を与える基本的要素が二つある。長期経済成長と景気回復（特に重不況からの脱出）だ。

長期経済成長　日本は、過去二〇年名目成長率がほぼゼロだったため、経済規模が二〇年間変わっていない。九〇年の名目GDP（各国通貨ベース）を一〇〇とした指標で二〇一一年の経済規模を見ると、他のG7諸国は、イタリア二二四、フランス一九三、ドイツ二〇三、英国二六四、カナダ二五四、米国二六〇である。そして日本は一〇五である。日本の一般政府（第3章注16参照）債務は一一年現在、総債務でGDPの二・三倍、純債務で一・二七倍だが、日本の名目GDPが他のG7諸国並みに二倍程度になっていたなら、これは半分になり、他のG7各国の平均より低くなる（データはIMF[7]による）。

同じ税制、税率でも、経済規模が大きければ税収は大きくなる。一般に名目GDP成長率に対して税収の伸び率は同程度か高いので[8]、名目GDPが二倍なら税収も二倍以上であり、負担は相対的に軽くなる。

重不況　しかし、こうした成長を日本は達成できていない。この意味で日本は異常な長期停滞下にあった。原因は、重不況である。長い長期停滞によって、企業も家計も強い長期停滞期待を擦り込まれ、それが設備投資や消費に大きな影響を与えてきた。

バブル崩壊の直後は、バランスシート不況、負債デフレーションのメカニズムで、需要不足が長い期間続いた。これはやむを得ない。九〇年代後半には、それが回復しつつあったが、橋本財政改革によって、長期停滞期待が決定的に固定化されたと考えられる。その期待を成長期待に転換することが重要である。それには、在庫変動程度の軽い不況に対する金融政策や財政政策ではまったく足りない。

景気回復、重不況からの脱出　不況では赤字企業が増える。赤字企業は法人税を払わないし、家計の所得

（7）International Monetary Fund, World Economic Outlook Database, April 2013（補論7参照）。これは、名目GDPが一％成長すると税収が一・一％増加することを意味する。

（8）財務省は（長期の）税収弾性値として一・一を使っている

も伸びないから所得税も伸びない。重不況から回復すれば、赤字企業は次々に黒字に転換し、繰越欠損金の処理を終えた段階から法人税を払い始める。これは、長期的な経済成長とは異なって税収を急速に増加させる。重不況からの回復過程では、この急速な増加は短期では終わらず中期的に続くと考えられる。重不況からの回復を考える場合には、これは当然折り込まれなければならない（**補論6**参照）。

補論

補論1　マクロ循環制約と経済主体の資金配分行動に基づいてワルラス法則を導出

この項では、①第4章第2節で見た家計と企業という二つの経済主体間の相互依存関係、すなわち家計の所得が企業の生産コストの支払いに依存し、その家計所得の全額が、企業が生産した財の購入に使われることで、企業の売上収入が家計の所得に依存するという関係（マクロ循環制約）と、②各経済主体の予算制約に基づく支出選択行動という二点に基づいて、ワルラス法則を導いてみる。このために、まず家計と企業各々の可処分資金収入とその支出先の選択を個別に整理し、さらにこの二つの経済主体の選択を合算すると、ワルラス法則が導かれる。もちろん、この過程はワルラス〔一九八三〕と基本的に変わらない。

1　家計の収入と支出選択

まず、家計の行動を見てみよう。

家計の可処分資金調達　家計がその期に使う資金を「可処分資金」とすると、それは、おおむね①その期に労働力を企業に提供して得られた賃金、②保有する資金を、銀行を通じて企業に貸し出すか、債券や証券投資[1]することで得られた銀行預金等の利子や株式等の配当収入、③タンス預金の引出、④銀行預金引出又は借入、⑤債券や証券の売却、⑥土地の売却の合計である。

このうち、①は企業に労働力を提供した対価、②は直接あるいは銀行などを通じて債券市場や証券市場に資金を提供した対価である。また、③はタンスに退蔵されていた貨幣が、これによって貨幣市場（現金や普通預金など）に供給されることを意味する。④は、銀行を通じて企業に貸し出されたり、債券などを通じて企業に供給されていた資金の一部が引き揚げられる方向に作用する。⑤も同様である。⑥は取引の相手方に貨幣需要が発生することを意味する。こうした資金調達を式にすれば次のようになる。

家計の可処分資金＝労働供給の対価（賃金）＋資金供給の対価（預金利子・証券債券配当）＋タンス預金引出＋銀行預金引出・借入＋債券・証券売却＋土地売却……(1)

なお、ここで右辺の資産関連の三番目以降の各項目がゼロの場合、家計の可処分資金は、右辺の二項目、つまり企業の生産コストとして家計に支払われる額になる点に注意しよう。

家計の支出選択　家計は、こうして調達した可処分資金（収入）を、その必要や好みに応じて、自らの効用（満足）を最大化するように支出する。それをどのように配分するかは、その時点の個々の個人の価値観等に基づく判断基準による。それを式にすれば次のようになる。

家計の可処分資金＝消費＋タンス預金＋銀行預金・借入金返済＋債券・証券購入＋土地購入……(2)

家計が、可処分資金を(2)式右辺の各項目にどのように配分するかの判断基準は、個人のライフステージによっても変化するし、個人の所得状況や価値観の変化によっても変動する。また、マクロ的には、例えば「消費は美徳」とか「貯蓄は美徳」といった社会の文化や価値観、制度によっても変わる。さらには、重不況のように景気後退や停滞が長期に続く場合や、不況による失業不安の高まりといった経済的な環境の変化も、消費抑制などの方向に影響を及ぼす。

（1）債券も証券の一つであるが、証券は株式などがイメージされるため、ここではわかりやすく、債券と証券を別のものとして扱う。この場合、証券は債券以外のものということになる。

ライフステージによる変化など個人ベースの変化の多くは、全体では互いに相殺されるが、高齢化で世代別人口割合が変化する場合や、不況で社会全体の構成員がほぼ等しく失業不安を増すといった場合には、マクロ的に合算されても相殺されない変化が生ずる。

こうした判断基準は実証的に解明される必要がある。その解明は環境によって要因影響力が変化しうることなどを考慮して、平穏な時期だけでなく、重不況期などについては別に分析が行われる必要がある。しかし、ここでは、こういった配分が現実に行われているということを理解するだけでよい。それだけで、多くの経済現象の理解に役立つ。

家計の収入支出　次に、(1)式と(2)式の関係を見ると、(1)式の右辺の形で集めた資金の合計（＝左辺）を、(2)式の右辺のような形に配分し支出している。両式の左辺は同じだから、ここで、(2)式の左右両辺から(1)式の左右両辺をそれぞれ差引すると、左辺はゼロとなり次の式が得られる。これはすべての家計を合算しても成り立つ。

0＝消費－賃金－預金利子・証券・債券配当＋タンス預金（預金－引出）＋銀行預金（預金－引出＋（返済－借入））＋債券・証券（購入－売却）＋土地（購入－売却）

これを、各市場の区分に合わせて整理し直すと、次のように書ける。

労働供給の対価（賃金）＋資金供給の対価（預金利子・証券・債券配当）＝財需要（消費）＋銀行預金（預金－引出＋（返済－借入））＋タンス預金（預金－引出）＋債券・証券（購入－売却）＋土地（購入－売却）……………………………………(3)

これは、左辺のフローの家計の収入を、家計が右辺の各項目の支出にどのように配分するかを示している。家計は、生産要素（労働、資金）供給の対価として受け取ったお金の範囲内で（ここで予算の制約が課されていることに注意[2]）右辺の各項目に全額を配分していると考えられる。つまり、これは、予算制約式である[3]。これは、将来の収入、支出（支出の異時間配分）に対する各経済主体の判断を考慮しても成り立つと考えられる。

2　企業の収入と支出選択

次に企業を見てみよう。

企業の可処分資金調達　企業がその期に使う可処分資金は、おおむね①企業が生産した生産物の売上収入、②運転資金、在庫投資資金や設備投資資金として金融機関から借り入れた資金と銀行預金の引出、③債券・証券発行によって調達した資金、④保有している債券や証券を売却して得た資金、⑤土地を売却して得た資金の合計である。

企業の可処分資金＝生産物の売上収入＋銀行預金引出・借入＋タンス預金引出＋債券・証券発行による資金調達＋保有債券・証券売却＋土地売却……(4)

なお、ここで、右辺の第二項目以降は資産の取り崩しであり、これがゼロであれば、企業の可処分資金（収入）とは、生産物の売上げ収入のみにで決まること、かつそれは家計の支出（財需要［消費］）に依存

（2）その予算制約は、さらに労働市場や債券市場等の需給に制約されていることに注意。

（3）例えば浜田［二〇〇四］も「予算制約式を足し合わせたものが、ワルラス法則となる」と述べている（一三頁）。本項は予算制約式を合算することでワルラス法則を導こうとしている。

していることに注意しよう。

企業の支出選択　企業は、こうして得られた可処分資金を、①財（生産物）を生産するための賃金、②調達資金の利子、③債券所有者や株主への利子や配当に使う。ここでは、企業を独立した経済主体と捉えるので、株主配当は資金調達のために発行した株式証券への配当（コスト）として扱う。また④生産に必要な原材料・中間財仕入れ、各種消耗品の対価や生産のための各種サービス利用の対価を支払う。さらに⑤設備投資を行い、⑥銀行への預金・借入金返済、⑦タンス預金、⑧債券などの購入を行う。また、⑨設備投資の一環としてあるいは先行投資や資産の蓄積のために土地などの購入を行う。これを整理すると次のようになる。

企業の可処分資金＝労働の対価支払（賃金）＋銀行からの借入資金の対価支払（利子）＋債券・証券による調達資金の対価支払（利子・配当）＋原材料・中間財・消耗品・購入サービスの対価支払い＋設備投資＋銀行預金・借入金返済＋タンス預金＋他経済主体発行の債券・証券購入＋土地の購入……(5)

これらのうち、①–④までは、概ね生産量に応じて変動する。一方⑤の設備投資は、企業の製品販売市場の需要の将来見通しやその市場のリスク・不確実性の判断に左右されるし、銀行の貸出態度によっても左右されるかもしれない。例えば、不況が強まり、不透明感が高まると、企業の選択はリスク・不確実性を重視するようになり、設備投資を抑制して⑥–⑨の資産蓄積を優先するようになるだろう。

企業の収入支出　ここで、家計の場合と同様(5)式の両辺から(4)式の各辺をそれぞれ引き算すると、両式の左辺は同じだから左辺はゼロとなり、次の式が得られる。

0＝労働の対価支払（賃金）＋銀行からの借入資金の対価支払（利子）＋債券・証券による調達資金の対価支払（配当）＋原材料・中間財・消耗品・購入サービスの対価支払い＋設備投資＋銀行預金・借入金返済＋タンス預金＋他経済主体発行の債券・証券購入＋土地の購入－【生産物の売上収入＋銀行預金引出・借入＋タンス預金引出＋債券・証券発行による資金調達＋保有債券・証券売却＋土地売却】

以上は、個別企業でみた場合であるが、これを一国経済の企業全体で合算すると、原材料・中間財等への支払の項は、他の企業の売上収入と重複しているので相殺される。その上で、家計の場合と同様、各市場の区分に合わせて整理し直すと、次のように書ける。

0＝労働需要の対価（賃金）＋銀行借入の対価（利子）＋債券・証券による調達の対価支払（配当）＋設備投資－生産物売上収入＋銀行預金（預金－引出＋（返済－借入））＋タンス預金（預金－引出）＋債券・証券（購入－売却・発行）＋土地（購入－売却）

これを生産物売上収入を左辺側に、どのように支出に充てるかを右辺側にという観点で、左右両辺に整理するとつぎのようになる。

財供給（生産物売上）収入＝労働需要の対価（賃金）＋銀行借入の対価（利子）＋債券・証券による調達の対価支払（配当）＋設備投資＋銀行預金（預金－引出＋（返済－借入））＋タンス預金（預金－引出）＋債券・証券（購入－売却・発行）＋土地（購入－売却）…………(6)式

これが、企業の予算制約式である。また、家計の場合と同様、これは、将来の収入、支出（支出の異時点間配分）に対する各経済主体の判断を考慮しても成り立つと考えられる。

3　ミクロの経済主体の選択行動を基礎としたワルラス恒等式の生成

以上の企業の資金配分の(6)式と家計の資金配分の(3)式は、ミクロの経済主体の最適化行動に基づいている。両式の左辺、右辺をそれぞれ足すと[4]、まず、債券・証券による資金調達に係わる企業の配当支払と家計の受け取りは一致するので、これらの項目は相殺される。同様に、企業の銀行借入資金の利子支払と家計の銀行預金利子の受取りが一致すると考えると[5]、それらの項目は相殺される。次に設備投資は生産設備などの財の需要を形成するので、それを財の需要に含めると、次のようになる。

財（供給－需要）＝労働（需要－供給）＋銀行預金（預金・返済－引出・借入）＋タンス預金（預金－引出）＋債券・証券（購入－売却・発行）＋土地（購入－売却）

右辺の各項を左辺に移項するとつぎのようになる。

財（供給－需要）＋労働（供給－需要）＋銀行預金（引出・借入－預金・返済）＋タンス預金（引出－預金）＋債券・証券（売却・発行－購入）＋土地（売却－購入）＝0

ここで、債券・証券の購入とは債券や証券の需要であることは明らかであり、売却や発行はその供給に当たることも明らかだ。同様に、銀行に預金をするということは、預金を引き出す権利証書を買うということと同じだから、預金は銀行（の定期）預金証書に対する需要であり、引き出したり借入れたりすることは、その逆だから銀行預金証書の供給に当たる。また、土地の購入が需要、売却が供給にあたることも当然だろう。さらに、タンス預金とは貨幣（普通預金などを含む）に対する需要、その引出は貨幣の供給を意味する。すると、この式は、最終的に次のように書くことができる。

財（供給－需要）＋労働（供給－需要）＋銀行預金（供給－需要）＋貨幣（供給－需要）＋債券・

証券（供給－需要）＋土地（供給－需要）≡0 ……(7)

つまり、この(7)式は、財、労働、預金、債券・証券、土地の市場の超過供給（＝供給－需要）の和がゼロであることを表している。つまり、この(7)式はワルラス法則（ワルラス恒等式）である。

このように、家計と企業の可処分資金（収入）とその支出配分に関する選択行動にしたがえば、自然にワルラス法則が導かれるわけである。こうしたプロセスは、漏れがなく重複がないから(7)式は恒等式である。もし、漏れがあれば、その項目を追加するだけで、その項目を加えた形で同様のプロセスにしたがって(7)式と同様の形の恒等式が導けることがわかるだろう。

また、経済学では、しばしば、銀行預金は貨幣や債券に含めて考えられることが多い。また証券は債券に代表させる場合が多い。すると(7)式は次のように書ける。

財（供給－需要）＋労働（供給－需要）＋貨幣（供給－需要）＋債券（供給－需要）＋土地（供給－需要）≡0 ……(8)

補論2　財市場の重要性

GDPが対象とする経済活動は、財市場を中心とする。財市場に超過需要があれば、経済は好調で、設備投資と雇用が増加し、賃金や利益も上昇して消費も増加する。逆に財市場が超過供給となれば、設備投

(4) これは、経済内のすべての経済主体の収入支出を合算することを意味する。

(5) 直接的には、銀行の手数料などの取り分があるので一致しないように見えるが、銀行の取り分も経済全体の企業の区分の中に合算され、各市場の供給や需要として配分されるので、このように考えて問題はない。

資と消費は低迷する。財市場は企業の生産活動で生産される財の量と価格を決定し、それが一国の付加価値の総和であるＧＤＰを規定している。財市場以外の市場は、この生産活動に資本（資金）や労働力という生産要素を供給する形で係わる。

しかも、各期の生産活動に必要な資金の大部分は、その期の生産物の売上収入によってまかなわれており、その売上収入は財市場で決定されている。設備投資の際には一時的に大きな資金が必要になり、債券市場などから資金が供給されるが、それも、一定期間の売上収入で回収されることが予定されている。つまり、債券市場や貨幣市場が資本や資金を供給しているとはいっても、それは資金の時間的な調整を行うバッファーとしての役割を果たしているだけである。経済のほとんどは、財市場が規定しているのである。債券市場、貨幣市場や土地市場の取引が生み出しているのは、債券や土地等の価格の調整のみであり、それは物価の変動と同じものである。ＧＤＰとは一国内で生成される付加価値の総和のことだが、資産市場では、価格変動は生じても付加価値は発生しない。したがって、先にもふれたように、ＧＤＰの計算では、資産市場で生じる価格差益や差損はカウントされない。

補論３　不足制約原理：不足しているものが支配する

経済現象には様々な要因が関わる。このため、ある状況下ではどの要因が経済現象を規定するのかを特定する方法が必要になる。以下で述べる不足制約原理は、具体的には、その環境の変動の原因として「不足」に着目し、それが主要因の交替をもたらすほど大きな影響を与えると考える。

因果関係の推定手法

経済学で因果関係を推定する方法としては、第一に「統計的な相関の高さ」による方法がある。しかし、統計的な相関の高さは必ずしも因果関係の存在を意味しない。疑似相関(6)など、因果関係が存在しない場合にも強い相関がある場合がある。

第二に、一定期間の経済データを元に経済変動をトレースできる経済モデルを構築し、特定の変数（要因）の影響を把握する方法もある。VARなどの時系列モデルもこれに含まれる。

しかし、これも、モデル構築の際に使用されるデータの期間や範囲によって、モデルの構造（具体的には、様々な変数間の関係を記述するパラメーター等）が変動してしまう問題がある。それは、採用したデータの範囲で成立する関係式であって、たとえば「重不況」では成立しないかもしれない。

また、こうしたモデルが示す経済変数間の関係式は、ある変数と他の変数（要因）間の関係を表すものに過ぎず、因果関係の存在や、因果関係が働く方向を示すものではない。

また、第三に、VARなどと組み合わせて使われる「グレンジャーの因果性」分析のように、時間的に前後して変動する二つの変数の関係を統計的にみる手法もある。しかし、これも必ずしも一般的な意味での因果関係が存在しない場合もある。

この結果、経済現象の説明は、それを解釈する経済学者の立場によってまったく逆になることもある。一つの現象に関して、因果関係が逆の説明が併存するように見えることもあるし、結果をもって原因を動

(6)疑似相関とは、二つの変数間に因果関係がないにもかかわらず、別のもう一つの要因（変数）がこの二つの変数に同時に影響を与える結果、その二つの変数が同時に連動して動き、二つの変数間に統計的な相関関係が生じること。

かそうとする提言がなされることも少なくないように見える。

因果関係の推定手法としての「不足制約原理」

そこで、因果関係の推定を補完するごく常識的で単純な考え方を提案する（以下、それを「**不足制約原理**」という）。これは、「不足」するものが主に経済現象とその変動を直接「制約」し支配する一方で、「余剰」なものは状況を制約せず、経済現象を支配する主要因とはならないというものだ。また、需要と供給の関係で、供給が不足するものの価格は高くなり、供給過剰で余っているものの価格は安くなるというのも、この原理のメカニズムに係わっている。これも不足制約原理のメカニズムの一部に含めよう。

さて、多くの問題には、それを左右する要因が多数ある。その中で影響力の大きい要因は、制約やボトルネックを作る要因だ。ボトルネックは、何かが「不足」しているために生じる。

例えば、製品を作る際に、不足している材料や生産要素（労働力や資本）は、その製品の生産量や生産スピード、生産性、品質、コスト、価格などを左右する。とすると、その製品の動向はその不足している材料などの動向を見ていれば予測しやすい。つまり、何らかの問題の説明要因を抽出しようとするときに、説明力の高い要因は「不足するもの」に係わっている。これが不足制約原理の基本的な考え方である。

ケインズによって有名になった「ひもを（引くことは出来ても）押すことはできない」は、ひもを引くとは「不足させる」こと、又は不足の状況を変えることであり、ひもを押すとは余っているものをさらに余らせることを意味していると考える。

現代経済学は価格を中心に組み立てられている。この不足制約原理は、それに量の観点を加えることになる。量を考えることで問題ははるかに簡単になると考える。

主要因の交替は相関状況だけをみていては必ずしも把握できない

環境の変動次第で「不足している」ものは交替する。それまで不足していたために状況を支配していたものが不足度を低下させると、影響力を低下させ、他の不足しているものが状況を支配するようになる。例えば、通常時は、金利は設備投資を支配していると言えるが、資金が余剰となるような状況では、資金はもはや設備投資を支配しなくなると考える。

注意すべきは、ある要因が不足状態から余剰状態に転換し、経済への影響力を低下させても、その要因自体は、経済の変動に応じて引き続き変化を続けることである。そして、受動的に変動するようになった場合でも、一定の関係が維持されることはありうる。このときには、依然としてその元の要因が状況を支配しているように見える。しかし、それは誤りである。

主要因の交替を把握する方法論としての不足制約原理

多数の要因が相互に依存しあっている上に、主要因が交替するとすれば、どの時点でどの要因が特定の経済現象の能動的な要因になっているかを把握することは難しい。経済状況を表す様々な他の変数と「要因」を表す変数の相関状況だけを見ているだけでは、こうした主要因の交替は把握できない

不足制約原理は、これを把握する重要な方法だと考える。何かの価格が低下しているとき、それは余剰状態にあるから、それは（不足制約原理により）その経済状況を支配している主な要因ではない。逆に価

格が上昇しているとき、それはその量が不足している状態にあり、その経済状況を支配していると考える。おおむね単純にそう考えることで、ある場合には例えば供給が成長を左右し、別の場合には需要が成長を左右していることが把握できる。要因の交替を把握するには、不足制約原理は極めて有効だと考える。

不足制約原理の類例

不足するものが状況を支配するという見方は、さまざまな分野に存在する。参考までに見てみよう。

希少性　第一は、経済学における「希少性」である。経済学は、希少性を持つものに関する学問だとされる。例えば、空気や水は人の生命の維持には不可欠だが、ありふれているために、経済取引では価格が非常に安い。一方、ダイヤモンドは生命維持にはほとんど意味がないが、希少性があるために高い価格で取引されている。希少性が高いモノとは、供給が需要に対して「不足」しているもののことである。

重要なことは、モノの希少性は常に固定されているわけではなく、環境によって変化することだ。例えば、上の例で、砂漠では、水の価値はダイヤモンドよりも高くなることもあり得る。また、原油の価格は、現在の需要に対する供給の不足状況や将来の原油の希少性の予想に影響を受け日常的に変動している。これは、どのような財でも生じていることだ。希少性は環境によって変動するということである。

ショートサイド原理　第二は、「ショートサイド原理」である。不均衡分析では、需要と供給が不一致（不均衡）のときの取引量は需要と供給のどちらか小さい方の数量で決まると考える。これは、供給が少なければ供給量以上の需要には応えられないし、需要量が少ないときには供給量が多くても買われないからだ。取引量が生産量を規定すると考えれば、需要が不足しているときには需要が生産量を規定し、供給が不足しているときには供給側の要因が生産量を規定することになる。「不足制約原理」は、これを需要と供給の関係以外にも拡張するものと言える。

補論4 説明範囲に関する原理：説明範囲の広い仮説ほど正しい

理論や仮説の正しさの判定には、説明力の高さや予測能力の高さしかないかという問題を見てみよう。これは理論仮説の正しさの評価に関して、最も重要な原理だと考えるもので、向井［二〇一〇］補論の中心テーマの一つだった。

1 説明範囲の広さの重要性

フリードマンは、理論仮説の正しさは、説明力や予測力によって測られると考えた。本書もそれを支持する。だがもう一つ正しさを図る方法があると考える。

フリードマンは予測能力の高さしかないと考えた

フリードマン［一九七七］は、「観察された諸事実は必ず有限個であるが、ありうべき仮説は無限にある。」（九頁）と述べ、「仮説を支持する証拠というものは、その仮説がくりかえし否認されなかったということから成り立っている」（二三頁）、また、「〝説明〟しようとする現象のあつまりにたいしてどの程度それが予測能力を持つかにしたがって判断されるべきである」（同九頁）と述べている。

向井［二〇一〇］補論では、こうしたフリードマンの思考を前提に、複数の仮説が事実を同程度に「説明」できるときに、どれが正しいかを決定する条件を検討した。

ガリレイはなぜ地動説を支持したか

この問題について、ガリレオ・ガリレイの地動説と天動説の例で見てみよう。

ガリレイの支持した地動説は天動説に対して観測上の優位はなかった　実は、ガリレイが支持した地動説は、コペルニクスによる円軌道で太陽の周りを惑星が回るという地動説だった。しかし、ケプラーが発見したように、惑星の軌道は正しくは楕円軌道だった。このため、コペルニクスの地動説は、楕円軌道である実際の軌道とのずれのために、説明力や予測能力の程度において天動説と優劣はなかった[7]。

このように、実証的観測データが豊富にあって定量的に優劣を評価可能な惑星軌道の説明力においては（＝フリードマン的観点の評価レベルでは）、両説には優劣がなかったため、地動説は、天動説を圧倒することはできなかったのである。したがって、地動説の勝利は、実際には楕円軌道に基づくケプラーの地動説によって確定していったのである。

だが「説明範囲の広さ」でガリレイの地動説は優位にあった　では、ガリレイはたまたま支持した説が「当たった」だけなのだろうか。だが、ガリレイは、人類として初めて望遠鏡で天体観測を行い、木星の衛星四つ（今日、ガリレオ衛星と総称されている）を発見し、また金星に月と同じように満ち欠けがあり、金星の大きさが変化することを発見した。

こうした観測事実は、天動説では簡単に説明することが困難だった。地動説は惑星運動の説明に加えて、金星の満ち欠けや金星の大きさの変化などを容易に説明できたが、天動説はそうではなかった。この意味で、地動説の「説明範囲は広かった」のである。

しかし、当時の多くの天文学者は、定量的に比較が可能な惑星運動に注目し、天動説を捨てる必要を認めなかった。これは、今日の経済学にも当てはまる点があると考える。

正確に誤るより漠然と正しい　ケインズは、「正確に誤るよりも漠然と正しくありたい」（I'd rather be vaguely right than precisely wrong.）と述べたが、まさに、ガリレイが支持したコペルニクスの地動説は「漠然と正しかった」のである。コペルニクスの地動説は、円軌道によるという点で誤りがあり、正確さに欠けていたが、仮説の方向性は正しかったのであり、それが正しいということは「説明範囲の広さ」に現れていたのである。

荒唐無稽な理論ですら説明力が高い　天動説の例は、今日見れば荒唐無稽な「理論」すら、長期にわたって実証的にも正しいとみなされ得ることを示している。まさにフリードマンが述べたように「観察された諸事実は必ず有限個であるが、あり得べき仮説は無限にある」のであり、その無限にある仮説の中には、荒唐無稽でも「説明力」が高い仮説が現実にあり得るということなのである。

説明範囲原理＝「説明範囲」を広げるほど説明力の高い理論仮説の数は急速に減少する

したがって、狭い範囲の事象について説明力が高いことは、必ずしもその理論の正しさの程度が高いことを保証しない。説明力の高い事象の範囲が「広い」ことが重要である。言い換えれば、誤った仮説でも、

（7）楕円軌道と円軌道のズレを修正するために、コペルニクスの地動説は周転円その他の天動説のサブモデルを多用する理論体系だった。その概要は向井［二〇一〇］補論を参照されたい。

説明範囲が狭くなるほど説明力は容易に高くなり得る。つまり、説明範囲が狭いほど、説明力の高い仮説がより多く存在しうる。逆に説明範囲が広いほど、急速に説明力の高い仮説の数は減少する。言い換えれば、「説明範囲が広い仮説ほど正しい蓋然性が高い」[8]。これがここでいう「説明範囲原理」である。

すなわち、この観点は、仮説の正しさの検証の重要な基準となるということである。現代マクロ経済学が世界同時不況を十分に説明できないとするなら、それは説明範囲が狭いというべきであり、その理論体系全体は誤っている可能性が高い。

2　例外の重要性

説明範囲が「広い」には、「例外が少ない」ということが含まれる。これに関する問題は経済学の研究手法に内在する問題が認識されていないように見えることだ。

統計的手法に内在する問題

現代経済学の研究手法、特に実証の手法は、統計的方法が中心である。ところが、統計的手法では、例外的現象は「外れ値」としてネグられてしまう。こうした統計的な手法の影響が高いため、現代経済学では、頻度の高い現象だけを集めてモデルが構築される。そして、それは当然、頻度の高い現象からなるサンプルで統計的に実証されることになる。

大恐慌など例外的現象も、そのモデルに基づいて解釈されることになるが、当然その「基本モデル」では解釈できない部分が出てくる。そこで、その解釈出来ない部分を説明するために、アドホックに（極端に言えば「その場限りに」）様々な要因を追加して解釈しようと試みることになる。戦後の現代マクロ経済学の歴史は、そうした基本モデルでは解釈出来ない現象を、様々な要因を追加することで解釈する試みの歴史とも言える。もちろん、このこと自体は、自然科学でも見られることだ。

今回の世界同時不況の経験でわかったことは、結局そうした試みは有効ではなかったということである。

自然科学の先端部門とは例外の研究

実は、こうした経済学の研究の方向は自然科学の先端部門のそれとはほぼまったく異なる。例えば、ノーベル物理学賞の受賞研究はすべて「例外」の研究である。近年の例では、南部陽一郎氏のノーベル物理学賞受賞理由の一つは「自発的対象性の破れ」に関するものだが、これはまさに例外的現象であるし、小林・益川両氏のノーベル賞受賞対象となった理論も、ＣＰ対称性の破れという例外的現象の説明にかかわっている。自然科学は「例外」と「特殊」な問題にほとんどの資源とエネルギーを注ぎ込み続けている。そして、それが豊穣な成果を次々に人類にもたらしてきたのである。

自然科学で、なぜ「例外と特殊」の研究が重視されるかと言えば、例外や特殊な問題を説明できない理論体系は正しくないと考えられ、それらを説明できる新たな理論が追求されなければならないと考えられているからだ。そして、自然科学では、例外の発見を踏まえて、例外を包含した新たな理論体系の構築が目指される。自然科学は、こうしたプロセスで理論を発展させ続けてきている。

（8）こうした議論の詳細は、向井［二〇一〇］補論「フリードマン対ガリレオ」で整理している。

統計的手法では発生頻度の低い問題を支配する要因を抽出することは難しい

ところが、統計的観点が重視されている学問分野では、こうした方向には研究が進みにくい。統計は例外の排除に使われやすいからだ。もちろん、統計によって例外とその要因を抽出することも可能だが、限界もある。少なくとも、経済学では、統計学を使うことで、例外を重視する方向には進まなかった。現代のマクロ経済学では、例外と特殊は、単に例外は「例外」として無視されるのである。経済学は、数学を多用しているために一見自然科学に近いように見えるが、この意味では疑似自然科学というしかない。

供給側に問題を抱える経済

例えば、分析の対象が米国、ギリシャや開発途上国が中心であれば、それらは、いずれも「供給側に問題を抱える国々」である。

米国は一九七〇年代以降恒常的な貿易収支赤字国である。これは、米国経済が、貿易財に関して国内の効率的な供給力が需要に対して不足している経済であることを意味する。こうした経済では、供給側の問題を改善すれば経済は成長する。供給側を改善するとは生産性向上であり、資本の導入であり、労働力の増加である。ギリシャなども同様である。また、経常収支赤字とは資本収支の黒字であり、それは海外から資本を導入し続けていることを意味する。米国経済は資本不足の経済でもあった。

開発途上国も、国内資本の蓄積不足から設備投資資金が不足がちであり、また教育の不足で高質の労働力が不足している傾向がある。

これらはいずれも供給側に問題を抱える経済を意味する。その中に二、三、需要側に問題を抱える国が混じっていても、それは攪乱要因として働くのみで、全体の趨勢は供給側に問題を抱えるデータが支配するから、分析結果は、供給側の説明力が高い結果が出てきてしまう。「ほら、やっぱり供給側の要因の説明力が高いじゃないか」というわけである。

補論5　部門間の相互依存関係からセイ法則を見る

一般に、経済主体は、大きく家計、企業、政府、海外の四つに区分される。この補論5では、このように、各経済主体を性格別にまとめた部門単位で考えよう。

マクロ資金循環をみれば、各部門の収入支出は相互依存の関係にあり、各部門の支出選択は互いに他部門の収入を規定し、それは各部門の支出予算を制約している。財の需要が足りないとは、企業部門の支出に対して、どこかの部門の財に対する支出が不足していることを意味する。部門間の相互依存関係をみれば、どの部門の支出先選択が、需要不足をもたらしているかを知ることが出来る。対策も理解しやすい。

1　部門別の貯蓄増減で部門間の相互依存関係を見る

第6章では、主に家計と企業で理念的に考えたが、より実態を理解しやすいように、家計と企業の中から、政府と海外を分離し、部門別に整理し直そう。また、第6章では貯蓄も支出先の一つとして捉えたが、ここでは分けて考える。

各部門の収入支出と不況の意味

各部門は、収入を本来の活動のために「支出」し、残りは「貯蓄」する。ここで「貯蓄」とは、銀行預金のほか証券投資、債券投資、タンス預金や土地投資を含むものとしよう。この貯蓄に入ったお金が借り出されて使われないと、資金の循環がそこで止まってしまい、財の需要にまわらないことになる。しかし、通常は、本来の活動のための資金が足りない部門は、他の部門の貯蓄を借り出して支出に充てる。全額が借り出して使われることが、セイ法則が成立する条件だ。セイ法則が成立するには、誰かが貯蓄をすれば、必ず誰かがそれを借りて設備投資や住宅投資などに使われる必要がある。

部門別の収入と支出

こうした資金の流れを部門単位で見て、各部門のある年度の「収入」（左辺）に対する使い道（右辺）は、それぞれつぎのように書ける。ここで「貯蓄増」にはマイナスの場合（借りる）もある。

家計の収入　≡　家計の消費・住宅投資への支出＋家計の貯蓄増
企業の収入　≡　企業の消費・設備投資への支出＋企業の貯蓄増
政府の収入　≡　政府の消費・政府投資への支出＋政府の貯蓄増
海外の収入　≡　海外の消費・海外による投資支出＋海外の貯蓄増
（右辺＝海外の国が自国で消費するための日本からの輸入・海外の国の日本への設備投資・住宅投資＋海外の国が日本で行う貯蓄増加）

これらの各式は、それぞれ恒等式である、また各式の右辺第一項は財市場の需要となり、[9]第二項は金融資産市場の需要となる。こうした式の構造は「漏出・還流」モデルの第7章(2)式と同じである（ワルラス法則を導いたミクロの経済主体の支出選択の式（補論1の(2)式）とも同じ）。

また、これはキャッシュフローを見ている。したがって、貯蓄増とは「使わなかった資金」という程度の意味である。この四つの式の左辺、右辺をそれぞれ合算すると、次の恒等式が得られる。

｛家計の収入＋企業の収入＋政府の収入＋海外の収入｝ ≡ＧＤＰ
＋ ｛家計の貯蓄増＋企業の貯蓄増＋政府の貯蓄増＋海外の貯蓄増｝ ……………………(1)

この式の左辺は、各経済主体の収入の合計だが、それは企業が生産コストの対価等として家計など各経済主体に支払ってしまった額の合計と等しい[10]。企業は、事前に計画した売上収入を前提に、労働力、原材料・中間財、サービス、資金を調達し、さらに過去の設備投資に係る負担など固定的な支払いを予定する。その上で企業は生産を行い、市場に財を送り出す。その後に企業の売上収入が確定し、それを全企業で集計したものがＧＤＰ（＝各経済部門の「支出」の合計）となる。

事前の計画通りであれば、この式の左辺とＧＤＰは一致するが、普通は企業単位では計画と実績は一致しない。全企業（マクロ）ではどうかである。

セイ法則の成立条件と不成立条件

需要不足がない状態とは、この式の右辺の「ＧＤＰ」と左辺が一致することである。さもないと、生産者は赤字となる。左辺と右辺のＧＤＰが一致し、企業が赤字にならないためには、(1)式右辺第2項の｛　｝内の合計はゼロでなければならない。つまり、次の式がセイ法則の成立条件式である。

｛家計の貯蓄増＋企業の貯蓄増＋政府貯蓄増＋海外貯蓄増｝ ≡０ ……………………(2)

---

(9) この右辺第一項の和は、総需要を表した第2章(2)式の右辺の各項目に相当する。
(10) 企業自身に支払ったものは、内部留保になる。それは、右辺の「企業の貯蓄増」と一致する。

この式の左辺をSと置く（「S＝家計の貯蓄増＋企業の貯蓄増＋政府貯蓄増＋海外貯蓄増」[11]）と、セイ法則不成立の条件は次式である。

S≠0……………(2')

だが、これはあり得ることだろうか。例えば家計が銀行に預金をすれば、同額だけ銀行が負債を負う（＝銀行の貯蓄減）。このように、貯蓄が増えれば通常は必ずそれを借りる主体がいるから合計は常にゼロのはずだ[12]。しかし、わかりやすい例としてタンス預金の増加がある。このとき、誰の負債も増えていないから[13](2')式が成立する。また、第5章で見たように、不況期等には、資金利用の回転率（貨幣の流通速度）が低下する。タンス預金とは資金を使わずに手元に置いておくことを意味するが、それは企業や家計の手元や金融機関の口座などにある資金がたまたま使われない状態が長くなることと違いはない。不況などで使われない期間が斉一的に長くなれば、それはタンス預金の増加と同じ効果をもたらす。

不況　(2')式でS＞0のときは、(1)式で見ると、左辺（生産者の支払額）よりもGDPが小さくなるから、財市場では需要不足となる。これは、財を購入すべき資金の一部が、S内のどれかの項の「貯蓄増」に吸収されるからだ。その結果、生産物は売れ残るか、予定していた価格より低い価格でしか売れない。その代わりに貯蓄が増加するわけだ。需要不足と貯蓄増加は表裏の関係にある。

好況　逆にS＜0のときは「貯蓄増」がマイナスだから、各部門は、その期の収入に加えて貯蓄を取崩したり借入れたりして財を購入する。すると財市場は需要超過で好況になる。

資金循環の視点

ここで(1)式の左辺は生産コストの対価の和だから供給規模を表しており、右辺のＧＤＰは実現した需要、そして｛｝内つまりＳは純漏出を示す。つまり、これは「漏出・還流モデル」を、視点を変えて部門別に見ているのである。

2　貯蓄で見たセイ法則成立条件

まず(2)式を、わかりやすく整理する。ここで政府貯蓄増とは政府財政黒字の増、また海外貯蓄（海外の国が日本に行う貯蓄）増とは日本から見ると資本収支黒字増である。これらを右辺に移行すると符号が変わる。ということで、これらを右辺では政府財政赤字と資本収支赤字と書いている。つまり、次の式は見かけが変わっただけで(2)式と同じ式である。左辺に二つの黒字、右辺に二つの赤字である。

①家計貯蓄の増加＋②企業貯蓄の増加＝③政府財政赤字＋④資本収支赤字……(3)

これは、(2)式と同じく、セイ法則が完全に成立する条件、つまり景気が順調であるための条件式である。以下の本章の説明の便のために、各項目を(3)式の番号で表すことにする。この番号を使えば(3)式は次のように書ける。

①＋②＝③＋④……(3)

---

(11) なお、(1)式から「Ｓ＝｛家計の収入＋企業の収入＋政府の収入＋海外の純収入｝－ＧＤＰ」でもある。

(12) なお、所有権に基づく貸借関係のバランスと、ここで考えるキャッシュフローのレベルの問題は異なる。

(13) もっとも、こう言えるのは、ここでは通貨の価値と通貨発行量は「環境」だと考え、考慮の外に置いているからだ。

⑶式が成り立つには、どれかが動けば、他のどれかがその影響を相殺するように動かなければならない。例えば、左辺の①＋②（家計と企業の貯蓄）が増加するなら、③＋④（財政赤字と資本収支赤字の合計）も増加しないと⑶式は成立しない。

つまり、日本をはじめ多くの国の財政赤字は、家計と企業の貯蓄が増えているからなのだ。

緊縮財政政策

例えば⑶式の左辺（①＋②）が0ではないのに、緊縮財政政策によって右辺の政府赤字③を0にしようとしたら、セイ法則は成立せず経済は縮小スパイラルに陥る。これこそまさに、一九三〇年代の大恐慌下のフーヴァー政権で生じたことであり、日本の長期停滞下の橋本財政改革で生じたことであり[14]、現在の世界同時不況下のヨーロッパ各国の緊縮財政政策によって生じていることだ。

③（政府赤字）を縮小しても景気が後退しないためには、右辺④の資本収支赤字が、③の縮小分と、③縮小で生じた景気悪化による①＋②の増加分を加えた規模で拡大しないといけない。以上は、緊縮財政で景気拡大があった4つの例では、いずれも景気拡大の原因は輸出拡大だったというペロッティ（Perotti［2011］）とも整合的である（第1章脚注8参照）。

理想の経済

次に、この⑶式で理想の状態を考えると、もちろん政府の財政赤字はゼロが望ましい。また、政府が為替介入をしない場合は「資本収支赤字＝経常収支黒字」である。経常収支黒字は、日本では黒字が当然でそれが望ましいと考えられているが、経常収支黒字の国があることは赤字の国が必要なのであって、グローバル・インバランスの原因でもある。理想的にはこれもゼロが望ましい。つまり、セイ法則成立の理想的な状態は(3)式の右辺＝0であり、したがって左辺＝0である。

（右辺）政府財政赤字＋経常収支黒字＝（③＋④）＝0

この場合でも、さらに、政府赤字＝0、かつ、経常収支黒字＝0　が好ましい。

（左辺）家計貯蓄の増加＋企業貯蓄の増加＝（①＋②）＝0

左辺は、「家計貯蓄増＝企業の借入増（企業貯蓄の減少）」、つまり、家計の貯蓄を企業が全額借り入れて設備投資を行う状態が理想の状態であることを示す。

補論6　景気回復過程における金利上昇と国債利払い

景気が回復し始めると、生産設備や労働力の稼働率が上昇し始め、設備や労働力の過剰が順次解消していく。重不況下では、稼働率が上昇しても、しばらくはインフレも金利の上昇もない。フィリップス曲線のフラット部分を移行していくからだ。しかし、過剰がある程度解消すると、その後は、新たな設備投資、雇用の増大で、資金需要、労働力需要が増加し、金利の上昇、物価の上昇、賃金の上昇へと移っていく。

景気が拡大すれば、税収は増加し、また景気対策のための財政出動は不要となるから、財政は黒字方向に変化し、新規国債の発行は減少していく。しかし、発行済み国債全額の償還が終わるまで、国債の借り

(14) 実際は、なりかけたので、あわてて大規模な財政出動を主に減税で行ったために回復した。しかし、改革以前よりも財政赤字幅は大幅に拡大した。

換えを続ける必要があり、借り換えの際には、その時点の上昇した金利で借りる必要がある。この問題は、金利の動向と経済成長に規定される税収の動向に規定される。

金利上昇による利払費増加は相当程度が利子・配当課税の税収増でカバーされる　金利一％の上昇で政府の利払いはどうなるか、簡単に考えてみよう。政府の資産には利子収入があるので、これを差引いた一般政府の純債務は平成二四年三月末現在で約六一三兆円である。[15]したがって、金利一％の上昇で利払費は約六兆円増加する。

しかし、国内の預貯金や債券などの金融資産には一八－二〇％の利子・配当課税が行われている。金利が一％上昇した場合、税収はどうなるだろうか。課税対象を概算すると、平成二四年三月末現在の家計の金融資産は株式投資と海外投資を除くと一四一七兆円[16]である。これらの金利や配当は、国債金利や景気動向に連動して上昇する。また、金利は景気の回復と連動するから、法人税など他の税収も増加する。

重不況からの回復過程における税収弾性値[17]　重不況からの回復過程の特に初期段階では、赤字企業黒字化、企業収益増加、雇用者報酬の増加などを通じて短期的には税収が大きく増加すると考えられる。

重不況で中期的に供給能力の過剰傾向が継続するとき、まず経済成長率は極めて低くなっている。そして、企業収益は強い下押し圧力下にあり、多くの企業は、ぎりぎりのコスト削減努力の下でかろうじて損益分岐点の近傍で運営されていると考えられる。

こうした状態から需要が回復すると、多数の企業で斉一的に売上が損益分岐点近傍を離れて上昇し、利益が急速に増加していく。この結果、個々の企業単位で見れば、法人税納税額も赤字欠損の解消を経て、ゼロなどから急速に増大していく。これは個々の企業単位では、ごく自然なプロセスだろう。重不況からの回復期には、こうした変化が各分野の各企業で斉一的に生ずる。

需要回復でテイクオフしても、需給ギャップが解消されるまでの間、企業は、稼働率の上昇のみで（つまり低コストで）生産を増加できるため、利益は急速に増加する。したがって、需要の回復過程では、当初の税収弾性値はかなり高いことが予想される。しかし、回復が続き需給ギャップが順次解消していけば、新たな設備投資や、正規雇用を含めた雇用増加が必要になり、生産の増加に応じてコストは増大していく。

このように考えると、重不況で経済成長率がゼロ近傍の状況では、税収弾性値はかなり高いが、景気回復につれて、累積欠損解消によるラグなどを折り込みながら、税収は増加していくことになる。そしてさらなる景気拡大で需要超過状態となれば、生産の増加に伴うコスト増等の影響から税収弾性値も次第に（指数関数的に）低下して行くと予想される。

こうした予想と、現実に計測される税収弾性値との関係はどうだろうか[18]。財務省は「税収弾性値」に、長期の実績から一・一という数字を使っている。これに対して、内閣府経済成長と財政健全化に関する研究会［二〇一二][19]は、〇一－九年について、税制改正の影響を除いた税収弾性値は「三・一三」との計測結果を示した（**表4参照**）。

こうした高い数値が出た理由については、定額貯金の大量満期の影響、企業の繰越欠損額解消の影響や

（15）日本銀行資金循環統計の平成24年3月現在の資産残高による。
（16）日本銀行資金循環統計の平成24年3月現在の資産残高による。
（17）「税収弾性値＝税収の伸び率％÷名目ＧＤＰ伸び率％」である。
（18）なお、需要超過期と特に重不況下の需要不足期等では、税収弾性値を左右する要因の影響力は変化すると考える。
（19）岩田一政元日銀副総裁を座長とする内閣府の「経済成長と財政健全化に関する研究会」の議論を岩田座長が取りまとめたもの。

表4　税収弾性値の推移

期間	所得税		法人税		所得税＋法人税		税全体	
	実績	改正なし	実績	改正なし	実績	改正なし	実績	改正なし
1981-1990	1.52	1.77	1.39	1.46	1.44	1.62	1.43	1.47
1991-2000	0.86	▲1.30	10.11	7.63	4.21	1.69	1.91	0.38
2001-2009	4.80	2.69	8.64	6.84	6.36	4.18	4.04	3.13

注：各年度の税収弾性値を期間ごとに平均したもの。
出所：内閣府『経済成長と研究報告書』平成23年10月17日（http://www5.cao.go.jp/keizai2/keizai-syakai/k-s-kouzou/shiryou/k-s-3kai/pdf/2.pdf）

名目ＧＤＰ成長率が小さいために変動が拡大される傾向などの議論がある。

しかし、重不況からの回復過程に関する短期の変動を考えるなら、長期的な観点の議論の多くは当てはまらない。例えば、繰越欠損の解消過程の影響は短期では折り込むべき対象である。また、低い成長率は変動を拡大すると考えられるものの、一定期間の平均をとれば、その影響はある程度排除されるはずである。実際、税収弾性値が高く算出される年の寄与状況を見ると、名目ＧＤＰ成長率の変動よりも税収変動の影響が大きい。

〇〇－一年の定額貯金満期の影響については、その影響が〇二－三年まで及んでいると考えて除外し、〇四－九年の六年で見ると、実績値は四・〇三と（偶然もあろうが）ほとんど違いがない。また、この報告書では名目ＧＤＰに二〇〇〇年基準の九三ＳＮＡを使っているが、新しい二〇〇五年基準を使うと、〇一－九年の税収弾性値の実績値は七・八、〇四－九年では九・六となる。

すなわち、この実証的結果は、税収弾性値は長期停滞下で高くなることを示しており、本書の上記の予想と整合的である。中でも重不況が継続する中で（特に）成長率が低いときには、税収弾性値はさらに高い可能性がある。実際、リーマン・ショック直後の〇九年に比較して一二年のGDPは〇・一八％しか増加していないのに、国の一般会計税収は一一・九％、四・五兆円増加（決算見込額の五・二兆円増から、復興特別税による増収約〇・七兆円を控除）している。重不況からの回復過程では、税収の増加はかなり大きなものになると考えられる。

あとがき

本書の推敲を終えた二〇一三年九月初旬現在、米国経済は回復しつつある。その回復の様相は一時「力強い」ともされたが、現時点で見る限り必ずしもそうでもないようだ。ヨーロッパでは、二〇一二年後半から一三年にかけて財政緊縮政策からの転換が行われ、景気は底を打ちつつある。日本もまた「アベノミクス」によって、景気に明るい兆しが現れつつあるとされる。だが、世界経済全体の回復は、必ずしも力強いものとは言えず、脆弱なもののようである。

この間、各国で取られた継続的な対策は金融緩和のみである。財政政策は、効果や財政の持続可能性に対する疑問などから、リーマン・ショック直後を除けば実施は限定的であり、むしろ二〇一一年頃からは欧州を中心に財政緊縮政策が優勢となっていた。本書は、それこそが世界経済の回復の脆弱さの原因と考える。本書での議論を踏まえれば、「重不況」からの脱出策の主体は財政政策であるべきであり、金融政策はそれを支え、投機対策をはじめとする経済安定化の役割を担うべきことが期待される。

現在日本では、世界最大規模に膨らんだ政府累積債務への対策として、二〇一四年四月に三％の消費税増税が予定されており、実施の是非は一三年一〇月の安倍総理大臣の決断にかかっている。

この増税の影響を本書の観点で見れば、憂慮せざるを得ないものがある。仮に増税三％と（財政再建のための）歳出削減を同時に行えば、日本は大不況に突入し、住宅、自動車などの高額耐久消費財の需要は

（駈け込み消費の反動減ではなく）恒久的に縮小する。この最も牽引力のある分野への打撃により、日本経済は成長力を失う可能性が強い。これら住宅や高額耐久消費財の分野では、家計の可処分所得が（論理的には）再び三％増えるまで、需要は縮小したままになるだろう。この縮小は、自動車取得税の減免程度では解消されない。需要縮小の原因は、増税による家計の可処分所得縮小の影響のほぼすべてが（高額で耐用年数の長いこれらの製品等の需要に）しわ寄せされ集中する点にあるからだ。これは杞憂だろうか。

本書の観点では、増税額以上に財政支出を増やせばマクロ的な影響はカバーされる（一九八九年の消費税導入時はそうだった）。だが、効果は不均等に生じ、住宅や自動車分野の打撃は十分にはカバーされない。

こうした「重不況」からの脱出に関わるさまざまな問題、リーマン・ショックを景気とする「新しい経済学」に向けた議論に、本書が少しでも資するところがあれば幸いである。

最後に、桂木健次先生、古田俊吉先生には、最終段階の原稿に目を通していただき、有益なご意見、アドバイスをいただきました。ここにあらためて感謝いたします。また、本書の出版に当たり、お世話になりました新評論代表取締役武市一幸氏および編集部の吉住亜矢氏に感謝します。

二〇一三年九月初旬

著　者

Ball, L. and Mankiw, N. G. [1995] "What Do Budget Deficits Do?," *Federal Reserve Bank of Kansas City Proceedings*, pp. 95-119.

Barro, Robert J. [1974] "Are Government Bonds Net Wealth?," *Journal of Political Economy*, Vol. 82, No.6, pp. 1095-1117.

Barro, Robert J. and Redlick, Charles J. [2010] Macroeconomic Effects from Government Purchases and Taxes, mimeo.

Blanchard, O. J. and Perotti, R. [2002] "An empirical characterization of the dynamic effects of changes in government spending and taxes on output," *Quarterly Journal of Economics*, 117(4), pp. 1329-1368.

Cashin, D. and Unayama, T. [2011] "The Intertemporal Substitution and Income Effects of a VAT Rate Increase: Evidence from Japan," *RIETI Discussion Paper Series*, 11-E-045.

Christiano, M., Eichenbaum, M. and Rebelo, S. [2011] "When is the Government Spending Multiplier Large?," *Journal of Political Economy*, 119(1), pp. 78-121.

Coen, Robert M. [1973] "Labor Force and Unemployment in the 1920's and 1930's: A Re-Examination Based on Postwar Experience," *The Review of Economics and Statistics*, 55(1), pp.46-55.

Eichengreen, Barry [1992] *Golden Fetters: The Gold Standard and the Great Depression, 1919-1939*, Oxford University Press.

Friedman, Milton and Schwartz, Anna Jacobson [1963] *A Monetary History of the United States*, 1867-1960, Princeton University Press.（抄訳：フリードマン＆シュウォーツ／久保恵美子訳[2009]『大収縮1929-1933「米国金融史」第7章』日経BP社）

Giavazzi, F. and Pagano, M. [1996] "Non-Keynesian Effects of Fiscal Policy Changes: International Evidence and the Swedish Experience," *Swedish Economic Policy Review*, Vol. 3, No.1, Spring, pp. 67-112.

Giavazzi, F. and Pagano, M. [1990] "Can Severe Fiscal Contractions Be Expansionary? Tales of Two Small European Countries," *NBER Macroeconomics Annual*, pp. 95-122.

Guajardo, J., Leigh, D., and Pescatori, A. [2011] "Expansionary Austerity: New International Evidence," *IMF Working Paper*, WP/11/158.

Hall, Robert E. [2009] "By How Much Does GDP Rise if the Government Buys More Output?," *NBER Working Paper Series*, No. 15496.

Hoshi, Takeo, and Ito, Takatoshi [2012] "Defying Gravity: How long Will Japanese Government Bond Prices Remain Highe?," *NBER Working Paper Series*, No. 18287.

IMF [2012] *World Economic Outlook*, October.

Perotti, Roberto [2011] "The "Austerity Myth": Gain Without Pain?," *NBER Working Paper Series*, No. 17571.

Reinhart, Carmen M. and Rogoff, Kenneth S. [2010] "Growth in a Time of Debt," *American Economic Review*, Papers & Proceedings 100 (May 2010), pp. 573–578.

Romer, Christina D. [1992] "What Ended the Great Depression?," *Journal of Economic History* 52, pp. 757-84.

Woodford, Michael [2011] "Simple Analytics of the Government Expenditure Multiplier," *American Economic Journal: Macroeconomics 3*, January, pp. 1-35.

古野高根［2008］『20世紀末バブルはなぜ起こったか』桜井書店

フリードマン，M.／佐藤隆三・長谷川啓之訳［1977］『実証的経済学の方法と展開』富士書房（原著：Milton Friedman［1953］*Essays in Positive Economics*, Chicago University Press）

星岳雄・カシャップ，A. K.［2013］『何が日本の経済成長を止めたのか――再生への処方箋』日本経済新聞出版社

堀雅博［2002］「銀行破綻とマクロ経済：アメリカ大恐慌と拓銀破綻の経験から」，原田泰・岩田規久男編著『デフレ不況の実証分析』東洋経済新報社，121-144頁

前岡健一郎・神田佑亮・藤井聡［2013］「国民経済の強靱性と産業，財政金融政策の関連性についての実証研究」，『土木計画学研究・講演集』土木学会，48

松尾匡［2009］『対話でわかる痛快明快経済学史』日経BP社

向井文雄［2010］『「重不況」の経済学』新評論

ラインハート，C. M.&ロゴフ，K. S.／村井章子訳［2011］『国家は破綻する　金融危機の800年』日経BP社（原著：Reinhart, Carmen M. and Rogoff, Kenneth S.［2009］*THIS TIME IS DIFFERENT*, Princeton University Press）

ラカトシュ，I. 著／ウォーラル，J. &カリー，G. 編／村上陽一郎・井山弘幸・小林傳司・横山輝雄訳［1986］『方法の擁護――科学的研究プログラムの方法論』新曜社（原著：Lakatos, Imre［1978］*The Methodology of Scientific Research Programmes*, Philosophical Papers Volume Ⅰ, Worrall, J. and Currie, G.(eds.), Cambridge University Press）

リカード，D.［1970］「公債制度論」，スラッファ，P. 編／玉野井芳郎監訳『リカードゥ全集IV』雄松堂書店（原著：Ricardo, David［1820］*Funding System*, an article in the supplement to the fourth, fifth and sixth editions of the ENCYCLOPAEDIA BRITANNICA）

リカード，D.［1972］「経済学及び課税の原理」，スラッファ，P. 編／堀経夫訳『リカードゥ全集Ⅰ』雄松堂書店（原著：Ricardo, David［1817］*On the Principles of Political Economy and Taxation*, John Murray）

ローマー，D.／堀雅博・岩成博夫・南條隆訳［2010］『上級マクロ経済学』日本評論社（原著：Romer, David［2006］*Advanced Macroeconomics*, Third Edition, McGraw-Hill）

ワプショット，N.／久保恵美子訳［2012］『ケインズかハイエクか――資本主義を動かした世紀の対決』新潮社（原著：Wapshott, Nicholas［2011］*KEYNES HAYEK: The Clash That Defined Modern Economics*, W. W. Norton & Company）

ワルラス，L.／久武雅夫訳［1983］『純粋経済学要論』岩波書店（原著：Léon Walras［1926］*Eléments d'économie politique pure, ou théorie de la richesse sociale,* Paris et Lausanne）

【英語文献】

Abel, A. B., Mankiw, N. G., Summers, L. H., Zeckhauser, R. J.［1989］"Assessing Dynamic Efficiency Theory and Evidence," *Review of Economic Studies*, Vol. 56, pp.120.

Ahearne, Alan, Gagnon, Joseph, Haltmaier, Jane, Kamin, Steve etc.［2002］"Preventing Deflation: Lessons from Japan's Experience in the 1990s," *Board of Governors of the Federal Reserve System International Finance Discussion Papers*, No. 729.

Alesina, Alberto and Ardagna, Silvia［2009］"Large changes in fiscal policy: taxes versus spending," *NBER Working Paper Series*, No. 15438.

Auerbach, Alan J. and Gorodnichenko, Yuriy［2011］"Fiscal Multipliers in Recession and expansion," *NBER Working Paper Series*, No. 17447.

ケインズ，J. M.／塩野谷九十九訳［1941］『雇傭・利子および貨幣の一般理論』東洋経済新報社（原著：J. M. Keynes［1936］*The General Theory of Employment Interest and Money*, MacMillan & Co.）
サージェント，J. T.［1988］「四大インフレーションの研究」，サージェント／國府田桂一・鹿野嘉昭・榊原健一訳『合理的期待とインフレーション』東洋経済新報社，第3章（原著：Thomas J. Sargent［1982］"The End of Four Big Inflations," in Robert E. Hall(ed.), *Inflation: Causes and Effects*, University of Chicago Press）
貞廣彰［2005］『戦後日本のマクロ経済分析』東洋経済新報社
白川方明［2008］『現代の金融政策――理論と実際』日本経済新聞出版社
杉原茂・太田智之［2002］「資産価格の下落と企業のバランスシート調整」，原田泰・岩田規久男編著『デフレ不況の実証分析』東洋経済新報社，95-120頁
スティグリッツ，J. E.／楡井浩一・峯村利哉訳［2010］『フリーフォール』徳間書店（原著：Joseph E. Stiglitz［2010］*FREEFALL: America, Free Markets, and the Sinking of the World Economy*, W. W. Norton）
田中敦［2006］『日本の金融政策――レジームシフトの計量分析』有斐閣
田中淳平［2010］『ケインズ経済学の基礎――現代マクロ経済学の視点から』九州大学出版会
田中秀臣・安達誠司［2003］『平成大停滞と昭和恐慌』日本放送出版協会
田中宏樹［2005］「政府投資活動の動的効率性に関する実証分析」，『フィナンシャル・レビュー』第79号
テミン，P.／猪木武徳・山本貴之・鳩澤歩訳［1994］『大恐慌の教訓』東洋経済新報社（原著：P. Temin［1989］*Lessons from the Great Depression*, MIT Press）
内閣府［2011］『社会保障・税一体改革の論点に関する研究報告書』（2011年5月30日）
内閣府経済成長と財政健全化に関する研究会［2011］『経済成長と財政健全化に関する研究報告書』（2011年10月）
野口悠紀雄［2012］『消費増税では財政再建できない――「国債破綻」回避へのシナリオ』ダイヤモンド社
バーナンキ，B.／栗原潤・中村亨・三宅敦史訳［2013］『大恐慌論』日本経済新聞出版社（原著：Ben S. Bernanke［2000］*ESSAYS ON THE GREAT DEPRESSION*, Princeton University Press）
服部茂幸［2007］『貨幣と銀行――貨幣理論の再検討』日本経済評論社
浜田宏一［2004］「平成不況の性格は何か」，浜田宏一・原田泰・内閣府経済社会総合研究所編『長期不況の理論と実証』東洋経済新報社
浜田宏一・堀内昭義・内閣府経済社会総合研究所編［2004］『論争　日本の経済危機』日本経済新聞社
林文夫編［2007］『経済停滞の原因と制度』，〈経済制度の実証分析と設計〉第1巻，勁草書房
原田泰・飯田泰之［2004］「90年代以降の大停滞期に対する説明仮説について――VARモデルによる検証」，『ESRI Discussion Paper Series No.123』内閣府経済社会総合研究所
原田泰［2003］『日本の「大停滞」が終わる日』日本評論社
藤野正三郎・寺西重郎［2000］『日本金融の数量分析』東洋経済新報社
藤野正三郎［1994］『日本のマネーサプライ』勁草書房

参考文献

【日本語文献】
相沢幸悦·中沢浩志［2010］『2012年，世界恐慌――ソブリン·リスクの先を読む』朝日新聞出版
赤羽隆夫［1981］『“非”常識の日本経済論』日本経済新聞社
浅子和美・飯塚信夫・宮川努編［2011］『世界同時不況と景気循環分析』東京大学出版会
伊藤宣広［2006］『現代経済学の誕生』中央公論新社
井堀利宏・加藤竜太・中野英夫・中里透・土居丈朗・佐藤正一［2000］「財政赤字の経済分析：中長期的視点からの考察」，『経済分析　政策研究の視点シリーズ 16』経済企画庁経済研究所（2000年8月）
岩田規久男［2004］『昭和恐慌の研究』東洋経済新報社
岩田規久男・八田達夫［2003］『日本再生に「痛み」はいらない』東洋経済新報社
ヴェルナー，R. A.／村岡雅美訳［2003］『虚構の終焉』PHP研究所
江口允崇［2011］『動学的一般均衡モデルによる財政政策の分析』三菱経済研究所
岡田靖・安達誠司・岩田規久男［2004］「昭和恐慌に見る政策レジームの転換」，岩田規久男編著『昭和恐慌の研究』東洋経済新報社，169-185頁
岡田靖・安達誠司・岩田規久男［2002］「大恐慌と昭和恐慌に見るレジーム転換と現代日本の金融政策」，原田泰・岩田規久男編著『デフレ不況の実証分析』東洋経済新報社，171-193頁
翁邦雄［2011］『ポスト・マネタリズムの金融政策』日本経済新聞出版社
川崎研一・青木大樹［2004］「マクロ計量モデルによる歴史シミュレーション：1990年代の金融政策の効果」，浜田宏一・原田泰・内閣府経済社会総合研究所編著『長期不況の理論と実証』東洋経済新報社
小黒一正［2010］『2020年，日本が破滅する日』日本経済新聞出版社
北坂真一［2003］「金融政策の非対称的効果――LST－VARモデルによる検証」，林敏彦・松浦克己・米澤康博編『日本の金融問題――検証から解決へ』日本評論社
北坂真一［2009］「わが国のバブル期以降の経済見通し・景気判断と経済政策――その経緯と現時点からの評価」，深尾京司・内閣府経済社会総合研究所編『マクロ経済と産業構造　バブル／デフレ期の日本経済と経済政策1』慶應義塾大学出版会
木村武・藤原一平・原尚子・平形尚久・渡邊真一郎［2006］「バブル崩壊後の日本の金融政策――不確実性下の望ましい政策運営を巡って」，『日本銀行ワーキングペーパーシリーズ』No.06-J-04（2006年2月）
クー，リチャード［2001］『よい財政赤字　悪い財政赤字』PHP研究所
クー，リチャード［2007］『陰と陽の経済学』東洋経済新報社
クラウアー［1980］「ケインジアンの反革命:理論的評価」，花輪俊哉監修／丹羽昇・丹羽明・清水啓典・外山茂樹訳『ケインズ経済学の再評価』東洋経済新報社（原著：R. W. Clower［1965］”The Keynesian Counter-Revolution: A Teoretical Appraisal,” in F. Brechling and F. Hahn(eds)., *The Theory of Interest Rates*, Macmillan）

ヤ行

ラ行

ワ行

タ行

ナ行

ハ行

マ行

人名索引

事項索引

【略号】

ア行

カ行

サ行

著者紹介

向井文雄（むかい・ふみお）
1951年富山県生まれ。東北大学理学部卒。財団法人北陸経済研究所情報開発部長兼地域開発調査部部長，富山国際大学非常勤講師，富山県知事政策室参事，同県職員研修所長等を経て，現在富山県民ボランティア総合支援センター専務理事，富山県立大学非常勤講師。地方財政学会，計画行政学会，経済地理学会他会員。
単著：『「重不況」の経済学』（新評論，2010年）。
論文：「一面的な交付税論議の検証と行政のメカニズム」（2006年）他。共著：『100年後の中部』（中部開発センター2100年委員会編，日刊工業新聞社，2002年）。

日本国債のパラドックスと財政出動の経済学
――ワルラス法則を基盤とする新たな経済学に向けて

2013年10月10日　　初版第1刷発行

著　者　向　井　文　雄

発行者　武　市　一　幸

発行所　株式会社　新　評　論

〒169-0051　東京都新宿区西早稲田3-16-28
http://www.shinhyoron.co.jp
電話　03（3202）7391
FAX　03（3202）5832
振替　00160-1-113487

定価はカバーに表示してあります
落丁・乱丁本はお取り替えします

装訂　山　田　英　春
印刷　神　谷　印　刷
製本　日　進　堂　製　本　所

ISBN978-4-7948-0956-8
Printed in Japan